大连外国语大学日本研究院研究系列

日本"道"文化研究丛书
崔世广 王猛 主编

神道与日本文化

王猛 著

中国社会科学出版社

图书在版编目（CIP）数据

神道与日本文化 / 王猛著. -- 北京：中国社会科学出版社，2025.3. --（日本"道"文化研究丛书）.
ISBN 978-7-5227-4880-1

Ⅰ. B981

中国国家版本馆 CIP 数据核字第 20255RX804 号

出 版 人	赵剑英	
责任编辑	张　林	
特约编辑	张冬梅	
责任校对	李　锦	
责任印制	戴　宽	

出　　版	中国社会科学出版社	
社　　址	北京鼓楼西大街甲 158 号	
邮　　编	100720	
网　　址	http：//www.csspw.cn	
发 行 部	010-84083685	
门 市 部	010-84029450	
经　　销	新华书店及其他书店	

印　　刷	北京明恒达印务有限公司	
装　　订	廊坊市广阳区广增装订厂	
版　　次	2025 年 3 月第 1 版	
印　　次	2025 年 3 月第 1 次印刷	

开　　本	710×1000　1/16	
印　　张	15.25	
插　　页	2	
字　　数	251 千字	
定　　价	86.00 元	

凡购买中国社会科学出版社图书，如有质量问题请与本社营销中心联系调换
电话：010-84083683
版权所有　侵权必究

总　　序

日本文化的一个重要特征，是对超越性、抽象性的形而上学不感兴趣。日本近代思想家中江兆民曾说过"我们日本自古至今没有哲学"，此言不谬。从历史上来看，不仅从日本文化自身没有产生出哲学思想，就是对外来佛教、儒教、道教等的移植，也在很大程度上摒弃了其思辨性形而上学的内容。与缺乏严密的世界观体系相对应，日本文化中没有类似于中国思想的那种超越性存在的"道"，但却形成了将形而上的"道"形而下化、具体化的各种各样的"道"，并由之构成了日本独特的"道文化"。

日本的道文化有三个层次，一是宗教信仰的层次，如神道、佛道、儒道等；二是阶级道德的层次，如武士道、町人道、农民道等；三是艺术、技艺的层次，如书道、画道、茶道、花道、香道，以及弓道、剑道、柔道、相扑道等。这些形式多样的道文化，具有鲜明的日本特色，是日本文化的重要组成部分，对日本国民性格的形成发挥了重要作用。因此，研究日本的道文化，不仅有助于深入了解日本文化的本质特点，也有助于探索日本人的心理、行为和价值观念的根源。

近年来，日本的神道、武士道、茶道和花道日益受到中国学术界的关注，出现了不少学术研究成果和大众普及读物，日本的道文化正在成为人们的一个新的关注热点。当然，这同时也对学术界提出了更高的要求，即超越只关注某个具体领域的视角，从整体上对日本的道文化进行研究，为社会提供更为全面和系统的学术成果。我们组织日本道文化研究的团队，在比较统一的方法论指导下，着眼于日本道文化的几个层次开展研究，就是对上面这样的社会需求的一个回应。

作为大连外国语大学日本研究院的科研成果，该套丛书由四本专著组成，分别是《神道与日本文化》《武士道与日本文化》《茶道与日本文化》《剑道与日本文化》。其中，《神道与日本文化》从宗教信仰的层面来探讨日本的道文化，《武士道与日本文化》从阶级道德的层面来探讨日本的道文化，而《茶道与日本文化》和《剑道与日本文化》两书，则从艺术和技艺的层面来探讨日本的"文道"和"武道"。旨在通过对各个层面具有代表性的道文化的研究，充分展现日本道文化的多样性与丰富内涵，比较全面地把握日本道文化的整体面貌。

在方法论方面，丛书采用文化形成论和文化形态论相结合的方法展开研究。日本文化始终处于变化之中，但这种变化又呈现了某种阶段性，每个阶段既有相对独立的形态，又与其他阶段保持着内在联系，只有将文化形成论与文化形态论的研究结合起来，才有可能真正理解和把握日本文化的本质。具体而言，在分析神道、武士道、茶道、剑道的历史演变轨迹的同时，还要深入探究其在每个时代的主要特征，并论述这些不同的道在日本文化中的位置及其功能，试图通过纵向和横向相结合的方法，为人们呈现一个更加全面的日本道文化的图景。

希望这套丛书的出版，能够为认识和理解日本文化提供某种参考，对中国的日本道文化研究的发展有所助益。

丛书编者
2024 年 10 月

序　言

"神道"一词对于了解日本文化的人来说并不陌生，但神道到底是什么？神道是宗教吗？对于这些问题，不仅中国人难以回答，就连日本民众也存在各种见解和分歧。原因在于神道多表现为一种民间信仰，没有明确的教义和经典，也没有公认的教皇或教祖，相关的组织和制度也不像佛教、基督教等宗教那样严密规范。然而，神道强调超自然和超人类的神圣力量，重视对神圣事物的信仰，拥有巫术、禁忌、礼仪等相对规范的仪式和活动，具备基本的宗教观念和宗教形式。因此，学术界通常将神道视为日本土生土长的本土宗教，认为其是建立在日本固有信仰基础之上的精神传承。可以说，神道涉及政治、礼仪和艺术，涵盖信仰、观念和哲学，与社会组织形式和人们的行为方式密切相关，是一个内涵复杂、表象多样的文化现象。正因为神道与日本文化关系如此紧密，所以探讨二者之间的关系就成为神道研究中必须重视的角度和领域，神道研究也成为剖析日本人和日本文化的重要途径。通过深入研究神道，我们可以更好地理解日本人的思维方式、价值观和行为习惯，进而更加全面地把握日本文化的本质。

最早对神道进行系统研究的学者，应该是明治时期就职于皇典研究所（国学院大学的前身）的宫地直一。他采用实证方法研究神道，编写了《神祇史》《神社纲要》等多部神道著作，成为日本近代神道研究的主要代表人物。如果从宫地直一开始进行神道研究的明治时期算起，日本的神道研究至少经历了百余年。在这一百多年的时间里，各国涌现出很多神道研究者，出版了大量专著、论著和论文。面对众多的研究成果，对于非母语的研究者而言，研究神道貌似是自不量力、自找苦吃。但是，国内外层出不穷的研究成果表明，神道研究一直是日本思想、文化、宗教等领域研究的重点和热点，其重要性并未随着历史的发展而减弱。同时也说明神道中仍有许多有待探索的问题，需要现代人重新认识和理解。尤其是很多日本学者往往从美化神道的角度出发，掩盖其负面的影响，使神道研究难以做到客观和公正。

在"二战"前，由于近代的日本神道与国家意识形态紧密联系在一起，相关研究往往成为服务于近代天皇制和支撑日本国民信仰的重要内容。很多研究人员曲解古代神话、美化天皇家族系谱、粉饰天皇形象，使神道研究偏离了科学的研究轨道。特别是那些把神道作为国学进行研究的学者，继承了近世国学的观点，将神道视为亘古不变、纯粹地道的日本文化，有意无意地排斥了佛教以及外来文化对神道的影响。被日本人尊为"民俗学之父"的柳田国男在构建所谓的"新国学"体系时，也未能摆脱这种潜在意识的影响。"二战"后，日本近代军国主义被废除、国家神道被取缔后，神道研究有所改观，但神道研究者仍集中在国学院大学等被改建了的近代服务于国家神道的研究机构，也包括一些神社的神官和其他宗教人士。尽管他们极力掩饰其研究的政治目的、宗教目的，但在材料的选取、结论的得出等方面仍然表现出偏袒神道的立场和态度。

与美化神道的研究不同，"二战"后也有不少持有唯物史观的历史学家批判国家神道，揭示近代日本国粹主义皇国史观的危害，认为神道是律令制时期日本朝廷以及近代日本政府统治民众的工具。这些学者虽然相对客观地剖析了神道被作为政治手段用于国家统治的一面，但却弱化了神道作为宗教信仰和民间信仰对于日本人生活和思想的影响，所以其神道认识也不能说是公正、全面的。

当然，也有研究者以科学、客观的态度，用文献考证、田野调查的方法追溯日本神道的历史和现实。他们努力呈现各地神社、祭祀、信仰的细致面貌，并取得了一些优秀的研究成果。然而，这类研究往往拘泥于资料的选取和判断、实地调查的进展和取样，而欠缺逻辑的推导、理性分析。过于微观的研究范式使很多研究只停留在"小处着眼"的层面，未能达到"以小见大"的目的，甚至导致"只见树木不见森林"情况的出现。也就是说，这类研究在取得一定研究成果的同时，也因轻视神道与政治、文学、艺术、思想等方面的关联，难以真正揭示神道的真实面貌，无法真正深入剖析神道的本质。

随着交叉学科研究和跨学科合作的进展，近年来日本的神道研究方法逐渐多样化，研究视角也逐渐拓宽，研究成果不断推陈出新，涉及宗教学、民俗学、历史学、政治学等多个领域。然而，相关研究者大多将神道视为日本文化的核心特征，试图从神道中推导出日本文化中不变的部分，从而弱化了对于神道变迁部分的文化生成和变迁角度的深入分析。而且，过度强调不变、固有、传统的结果，就是有意无意地轻视外来文化、其他宗教对于神道的影响，甚至抵触神道与海外文化的横向比较。而且，即便可以将神道称作日本文化的一个特质，但它也并非日本文化的整体。如果不将神道置于日本文化的整体框架去理解，就无法准确把握神道在日本文化中所处的位置，也无法深入分析神道与其他日本文化要素之间的关系。

在中国，从2000年前后开始，以王守华为首的国内学者不断加强神道研究，从中日文化交流、神道的历史演变、神道思想等角度开展研究，并陆续出版了一系列神道研究的著作。包括范景武的《神道文化与思想研究》（内蒙古人民出版社，2001年）、王维先的《日本垂加神道哲学思想研究》（山东人民出版社，2004年）、牛建科的《复古神道哲学思想研究》（齐鲁书社，2005年）、王金林的《日本神道研究》（上海辞书出版社，2007年）、王守华的《神道与中日文化交流》（河北人民出版社，2010年）等。在神道研究较为兴盛的背景下，中国社会科学院日本研究所还于2010年主办了以"神道与日本文化"为题的国际学术研讨会。研讨会上，来自国内外的多名学者讨论了神道的性质、生命观、祭祀观、时空观等问题，并分析了神道与日本文化的关系。这些研究取得了许多可喜的成绩，无论是研究视角，还是研究结论，都有很多独特之处。但是，似乎从2010年开始，国内学者对日本神道的关注度逐渐降低，对相关领域的涉猎也越来越少。在过去的十多年间，国内很少有与神道相关的高质量论文发表，也几乎没有相关著作问世。相比之下，日本学术界却一直关注神道研究，并不断产出相关成果。尤其是随着人类学、考古学、历史学等相关领域研究成果的涌现，过去的神道观点有的被推翻，有的被质疑，神道研究不断呈现出新的面貌。在这样的背景下，中国国内的日本研究界如果不在最新的研究成果的基础上进行深入剖析，就很难对涉及日本人方方面面的神道做出正确的评判。

对于日本神道，当然不应该采取绝对肯定和绝对否定的态度，既不能因为神道曾被用作日本军国主义、法西斯主义的宗教支撑而全盘否定，也不能因为神道在培养日本国民性格方面的作用而盲目赞扬。笔者坚持辩证唯物主义和历史唯物主义的基本立场，采用实证研究与理性分析相结合的方法，在解读原典、史实、文物等基础材料的基础上，从文化形成的角度纵向考察神道的起源和演变过程；从文化形态的角度横向分析神道与日本的政治制度、风俗习惯、思想观念等之间的关联。通过纵向和横向相结合的方法，客观揭示神道与日本文化的关系。

基于此，为了对内容繁多、外延广泛的日本神道进行更加深入的研究，笔者将先抓住神道的主要层面，然后分析其在各个时期的具体表现以及与日本文化的关联。具体而言，作为一种宗教，神道需要从形而下的现象和形而上的思想两方面进行讨论，既要分析神社、祭祀、神话等与神道有关的有形表达，又要剖析相关的神道理论以及它们反映的信仰心理。而无论是有形的层面，还是无形的层面，都要关注统治阶层和普通民众的祭祀行为以及对神道的态度，以避免过于强调某个侧面而有意回避其他侧面的情况。只有在全面理解神道的基础上，才能真正弄清神道与日本文化的关系。

然而，文化也是一个包罗万象、内容广泛的概念，包括政治制度、社会组织、风俗习惯、文学作品、哲学思想等各个方面。作为日本的本土宗教，神道当然与日本的自然风土、社会形态以及人们的行为方式、思维方式等方面有着密切的联系。但是，由于笔者能力有限，同时也为确保论述的逻辑性和完整性，本书无法涉及文化的所有层面，只能选择与神道有较深关联的政治、宗教、自然观、共同体主义等内容进行重点讨论。对于神道在文学、建筑、绘画、音乐等方面的体现，将在论述上述内容时予以涉及，但不设专门章节加以论述。在此基础上，本书的"终章"将重点论述神道的历史演变轨迹、神道的文化特征、神道在日本文化中的位置等问题。

目 录

第一章　神道的历史演变 …………………………………… （1）
　第一节　古代日本的神道 ……………………………………… （1）
　第二节　中世日本的神道 ……………………………………… （20）
　第三节　近世日本的神道 ……………………………………… （27）
　第四节　近代日本的神道 ……………………………………… （35）
　第五节　现代日本的神道 ……………………………………… （41）

第二章　神道与日本的政治 …………………………………… （48）
　第一节　律令制下神道对天皇制的支撑 ……………………… （48）
　第二节　近代日本的国家神道 ………………………………… （56）
　第三节　"二战"后神道与政治的分离与交合 ……………… （63）

第三章　神道与其他宗教、学说 ……………………………… （70）
　第一节　神道与佛教 …………………………………………… （70）
　第二节　神道与儒学 …………………………………………… （89）
　第三节　神道与国学 …………………………………………… （111）

第四章　神道与日本人的共同体意识 ………………………… （130）
　第一节　从氏族共同体的氏神信仰到家族的祖先信仰 ……… （130）
　第二节　村落共同体的集体意识及村氏神祭祀 ……………… （139）

第五章　神道与日本人的"死后"观 ……………………（150）
第一节　"含冤之人"死后被祭祀为神 ……………………（150）
第二节　具有"特殊才能"之人死后被祭祀为神 …………（156）
第三节　"有功之人"死后被祭祀为神 ……………………（164）

第六章　神道与日本人的自然崇拜 …………………………（176）
第一节　日本人的山岳信仰 ………………………………（176）
第二节　日本人的水崇拜 …………………………………（188）
第三节　日本人的火信仰 …………………………………（201）

终　章 …………………………………………………………（212）
第一节　神道的历史演变轨迹 ……………………………（212）
第二节　神道与日本文化 …………………………………（221）

参考文献 ………………………………………………………（231）

第一章

神道的历史演变

第一节 古代日本的神道

对于神道出现的时间，学术界有很多观点。有的学者认为神道等同于日本人的神信仰，所以日本人原始信仰出现的时间就是神道的起点；有的学者认为神道一词最早出现在《日本书纪》中，而且《神祇令》中有关于神祇祭祀的系统规定，所以日本律令制出现前后是神道的起点；也有学者从日本人的神祇意识出发，认为佛教传到日本后日本人才逐渐具有了神祇意识，所以将日本人的神祇意识出现的奈良时代末期作为神道的起点；还有学者从神道思想出发，认为伊势神道等具有一定理论体系的神道思想出现在镰仓时代，所以将神道出现的时间认定为镰仓时代以后。然而，神道是以自然崇拜为基础的泛神论的宗教，是将动物、植物、自然现象等作为神灵加以供奉、祭祀的意识形态，所以从日本人萌生自然崇拜的意识之时起，神道就已经出现。之后，在古代日本朝廷建立以后，受政治权力干预以及外来佛教的影响，神道逐渐具有了一定的信仰体系和思想基础。

一 早期神道的出现和发展

（一）自然崇拜下的神意识

在早期人类社会，人们常常对自然界中无法解释的现象进行神灵化的想象，如熊、蛇等攻击性较强的动物以及花开花谢、风雨雷电等自然现象都曾被赋予神灵的属性。人的生育功能也是古代人们敬畏的对象，因此许多地方都有过崇拜生殖器以及妊娠妇女的历史。从"八百万神"

等后世对于神道的描述以及山岳祭祀、磐座祭祀①的相关遗迹来看，日本古代也早就存在对自然的崇拜。

从可以考证的历史来看，日本最迟在绳文时代就已经出现了对神灵的崇拜，并且具备了祭祀的早期形态。土偶是绳文时代的代表性遗物，可以用来推测当时日本人的信仰状态。具体而言，早期的土偶与人的形象较为接近，而且多呈现带有乳房和腹部的妊娠女性形态。例如，被称作日本最古老土偶的粥见井尻遗迹中出土的人偶刻画的就是女性的上半身，而相谷熊原遗迹中的土偶也是带有显著乳房的女人形象。对于女性土偶的用途有各种说法，有的认为是玩具，有的认为是护符，有的则认为是神像。如果确实是神像的话，那么绳文时代的人们就具有了女性崇拜的意识，拥有了对生命再生的敬畏之情。而且，遗迹中的竖穴型房屋可供多人居住，表明进入定居生活以后，日本人逐渐形成了相对一致的、群体性的神灵崇拜的意识。而到了绳文时代中后期，出现了与实物样态相差甚远、抽象且夸张的土偶，如群马县乡原出土的"心型土偶"，其脸型呈心形。这种抽象的、非现实性的土偶表明，古代日本人的神观念逐步从具体走向抽象、从现实走向非现实，神成为视觉上难以感知的东西。

对于死后的世界，绳文人也有了一定的认识。从绳文时代早期和中期的"集落内环状列石"②来看，死者多被埋葬于共同体成员居住地的中央广场，有的孩子甚至被埋葬于自己的住所内。这表明当时的人们已经意识到了死亡的存在，形成了灵魂的观念。他们或许相信，虽然人的肉体会在死亡后消失，但灵魂仍然存在，死者仍是现实世界中人们的亲人，可以与人们进行亲密交流。到了绳文时代后期，出现了居住地与坟墓相分离的"集落外环状列石"。例如，大汤环状列石遗迹包含有多个用于祭祀和坟墓的石群，列石遗迹不远处还发现了人们居住的房屋和仓库。尽管人们的居住地距离坟墓、祭祀的场所并不远，但与早期遗迹不同的是，

---

① 磐座指古代日本人将岩石作为神格化对象的一种信仰。当时的人们认为大自然中的岩石具有神圣的力量，并把岩石视为神灵的依托和所在之处。磐座的形态和规模各异，有些是简单的石块或巨石，有些则是由多块岩石组成的复杂结构。

② "环状列石"是由一圈圈排列在一起的巨大石块组成的日本考古遗迹。这些石块通常垂直插入地面，形成一个环状或椭圆形的结构。据推测，"环状列石"可能曾被用于特殊的仪式或仪式场所，与古代日本人的宗教仪式、宇宙信仰、祭祀活动等有关。

人们不再把死者埋葬于人们居住场所的中央。而且，据说该石群建造时考虑到了日出和日落的方位，在夏至时人们应该会在此处举行追思祖先的仪式。如果推测符合事实的话，那么绳文时代的日本已经形成了在固定时间祭祀祖先的习俗，日本人有了生者与死者、现世和彼世、日常与非日常的观念。

（二）农耕社会的形成与祭祀

进入弥生时代以后，社会生产力获得了迅速发展，铁器和青铜器开始出现，木器工具进一步改进。与此同时，从中国传入的水稻种植逐渐在日本普及开来，成为日本农耕社会的基础。日本人逐步掌握了水利灌溉以及施肥的方法，水稻栽培技术不断进步。随着大型水利设施的兴建，日本人开始在平地上修建水渠、种植水稻，并在水田周围建起村落，开始了以农业耕作为主要生产方式的定居生活，并举行祈祷农业丰收和共同体安全的祭祀活动。以青铜器为例，弥生时代中期出现了很多青铜制作的祭祀品。其中，四国、近畿地区以铜铎为主，而九州一代以青铜武器为主。从铜铎上绘制的农业耕作、稻谷脱壳等与农业相关的景观来看，很多地方曾举行过农耕祭祀。而青铜制作的剑、戈、矛等武器可能是为了显示权威、展露力量，用于祈祷战争获胜、农业丰收、共同体安全等。毕竟为了争夺土地、管制辖地，弥生时代时各地曾发生过很多斗争。即使在安定的社会秩序下，统治者也要显示权威，维护共同体的稳定和安全。这样，以祭祀者身份祭祀神灵抑或以神附体的方式与神对话，就成为统治者加强统治的重要手段，而青铜武器也成为统治者突显权势的重要方式。到了弥生时代后期，青铜武器在祭祀中被埋葬的情况逐渐增多，其咒术性、政治性的特征表现得越来越明显。

木制品方面，日本各地发现了很多形态各异的祭祀品、咒术用品，如农业用具、狩猎用具、炊事用具等。在小犬丸遗迹、朝日遗迹、石川条理遗迹、玉津田中遗迹等遗迹中，还出土了许多形似鸟的木制品。在日本的农耕祭祀遗址中，许多陶器和铜铃上则绘制有鸟的图案，可见鸟对于当时祭祀的意义。实际上，东亚很多国家都曾赋予鸟以神的意象，存在过用鸟来招引农耕神和祖先的风俗。因此，可以推测弥生时代的鸟形木制品很可能也是主要用于农耕祭祀，祈祷农业丰收。此外，为防止病邪进入村庄，守护村庄安全，有些鸟形木制品还被置于村庄的边界或入口处，类似于区分神圣区域和俗世之地的神社的鸟居。而且，鸟居通常也多采用木制，并且鸟居一词中还包含有"鸟"字。据此推断，弥生时代村庄边界处放置的鸟形木制品可能就是神社鸟居的原型。

　　同时，随着物质财富的增加和贫富差距的增大，弥生时代还出现了埋有豪华随葬品的坟墓，发现了铜剑、铜镜、勾玉等随葬品。铜镜在中国古代经常用作随葬品，弥生时代传入日本后，与刀剑、勾玉一起出现在了弥生时代中后期的坟墓中。因为八咫镜、草薙剑、八尺琼勾玉在"记纪神话"中是天孙降临时天照大神给予天孙的"三件神器"，也是后世很多神社的神体，所以铜镜、刀剑、勾玉作为随葬品出现在神道发展史上具有重要意义。而且，有些坟墓周围还建有用于祭祀的建筑物，如在大阪池上曾根遗迹中，护城河似的水道环绕着集落，集落中心都有独立"栋持柱"①支撑、围绕井口而建的大型建筑物。由于"栋持柱"是后世用于"神明造"式神社建筑的一部分，学者们推测该建筑物应该就是古代的神殿。再如，吉野之里遗迹中的集落中也有埋葬集落首长的"坟丘墓"，以及埋葬共同体其他成员的"土坑墓"，周围还有用于祭祀的主祭殿、东祭殿和斋堂。这说明集落的人们已经在固定的地点祭祀神，神逐渐走进建筑物中，且具有了共同体祭祀的一致性。而这种共同祭祀的神应该就是随着农村共同体结合度的增强而孕育出来的祖先神，也就是说，坟墓中埋葬的死去的人成为了神。

　　然而，从出土的文物来看，弥生时代的神很少有具体的实物形象，而是比较抽象、难以捉摸的样子。神逐渐走出日本人的视野，成为一种无法看见的、虚幻的存在。但是，神明所依附的磐座、神篱却以石头、树木等实物的形式显现，如三轮山附近就有多处磐座祭祀、神篱祭祀的遗迹。当时的人们在可以清晰看到三轮山的地方设置祭坛，并将祭坛附近的岩石、树木作为神所依附的神圣之物，然后请神来到附近接受人们的祭拜。这种神篱、磐座等神的临时居所被福山敏男等学者认为是神社

---

　　① "栋持柱"指日本传统建筑中用于支撑和固定整栋建筑的柱子，通常由较粗的木材制成，直接插入地面或地基中，通过深入地面的方式支撑建筑物，确保整个建筑物的结构牢固稳定。而"神明造"作为神社建筑形式之一，强调对自然的崇敬和神圣的感觉，其重要的特点之一就是使用"栋持柱"。

的最初形态①，也就是神社的雏形。随着日本农耕社会的不断发展，祭祀活动逐渐增多，人们开始搭建临时的神殿，祭祀完毕后再拆掉。到了后世，这种临时的神殿就逐渐演化成为具有永久性质的神殿。

（三）豪族势力的壮大与信仰

进入古坟时代以后，随着大和王权的建立以及各地豪族的崛起，一些统治者的坟墓规模不断扩大，出现了大量的前方后圆坟。最古老的前方后圆坟据说是埋葬邪马台国卑弥呼的箸墓，建成于3世纪中叶前后。之后，从最南端的冢崎古坟群，到最北端的角冢古坟，各地出现了数千座前方后圆坟。古坟的前半部分为方形，据说是举行葬礼时通往坟丘的通道；后半部分为圆形，主要用于埋葬死者。同时，方形部位和圆形部位都有举行祭祀的说法，但从考古研究的成果来看，祭祀主要集中在圆形部分。在与坟丘相连接的地方，有的古坟还建有专门的祭祀场域，称作"造出"，如奈良县的中山大冢古坟、赤土山古坟、佐纪陵山古坟等都有"造出"。"造出"多为平台式，位于古坟方形部位和圆形部位连接的地方，用于祭祀古坟中埋葬的首领。但是，"造出"上的祭祀一般只限于葬礼后的一段时间，之后人们会把"埴轮"置于"造出"内，而人不能再登上"造出"或坟丘，只能在遥望坟丘的地方设置祭坛进行祭奠。如果把坟丘比作山的话，那么对逝去首领的祭祀仍是在能看到山的地方设置临时祭坛，然后把神"劝请"②至祭坛之地，和山岳信仰的做法相似。或许当时的人们认为，山是神的依止之所，现世人不能随意进入山中，只能在山的周边即能望到山顶的地方进行祭拜。而古坟就是人们模拟山的形状建成的人工山，是首长之灵的栖息之地。

而"埴轮"是古坟时代特有的祭祀陶器，一般放置在坟丘或"造出"处。埴轮形态多样，如房子形、人形、动物形、器具形等等。其中，房子形"埴轮"被认为是死去首领的居所，即死者灵魂的依附之地，所以是最为重要的"埴轮"。人形"埴轮"则有多种形态，有的是身披盔甲、

---

① 井上寛司：『「神道」の虚像と実像』，講談社2016年，第23頁。
② "劝请"一词起初主要与佛教有关，后来被应用于神道中，表示邀请神灵降临并接受人们的祭祀。通过"劝请"，日本人请求知名神灵的保佑、指引和神秘力量。"劝请"后的神灵称为"分灵"，即分离自原本所在的神社，降临到新建神社的神灵。

手持刀剑的侍从形象，有的是弹奏乐器、手舞足蹈的侍女形象，还有的是身着高贵服饰、带有首饰的巫女形象。如埼玉县儿玉町古坟群出土的梳着"岛田发"、身带饰品的巫女，大阪今城冢古坟出土的身着甲胄的"挂甲武人"，等等。人形"埴轮"的摆列可能是为了再现前任首领死后举行的新任首领的继承仪式，展现新任首领拥有首领权的正当性，表达了人们祈祷死去的首领护佑新任首领的心愿。但是，人形"埴轮"中并没有首领形象，而是把首领之魂"劝请"至祭祀之地，即神灵仍然是不可见的。

再有，用滑石或蛇纹岩等软质石头打磨的"石制模造品"也是古坟时代具有特色的陪葬品、祭祀品。"石制模造品"由农耕仪式中使用的石器发展而来①，最早出现在4世纪末5世纪初建成的誉田御庙山古坟、大山古坟等大型古坟中。之后逐渐向其他地方普及，并被用于各种祭祀中。到了5世纪中期以后，日本多地都已经使用了镜形、剑形等形状的"石制模制品"，说明随着大和朝廷统治力和影响力的增强，各地开始举行相对一致的祭祀。同时，朝鲜半岛传入日本的青灰色土器——"须惠器"、勾玉背部和腹部带有多个小勾玉的"子持勾玉"，也在古坟时代中期的祭祀中被使用。当然，铁器也是当时祭祀的重要器具，如铁制武器、农具、工具、纺车等。而布帛也与铁器、"须惠器"一起，作为由大陆传入的先进技术产物，成为5世纪祭祀的重要显著特征。关于三者的结合，冈田庄司指出："布帛、弓箭、铁锹与《延喜式》'四时祭'中的祈年祭、月次祭中使用的币帛吻合；铁铤与镇花祭、大忌祭、风神祭中的'鐵'对应；纺织用具与风神祭中的币帛一致。"② 如此，古坟时代上述组合式的祭祀用具，一定程度上构成了律令制时期祭祀的基础和原型。

祭祀地点方面，山脚下、岩石旁、水渠边、水田处、交通要道都是祭祀的场所，祭祀神灵及祭祀方式也越来越多样化，如千叶县的长须贺条里制遗迹中是在水田旁举行祭祀，静冈县天白磐座遗迹是在巨石旁举行祭祀。当时的首领既是农业财富的享有者，又是农业耕作的推动者，

---

① 白石太一郎：「神まつりと古墳の祭祀—古墳出土の石製模造品を中心として」，『国立歷史民俗博物館研究報告』，1985年，第108页。
② 冈田荘司：『日本神道史』，吉川弘文館2019年，第83页。

所以他们会积极开发田地、兴修水利，并加强与农业生产相关的祭祀。这样，河流周边、田地周围就成为举行祭祀的重要地点。

二 律令制下国家主导的神道体制与"神佛习合"的初显

（一）国家层面建立神道管理机构和相关法令

6世纪的日本面临着严峻的国内外危机。国际上，589年，中国大陆上隋朝建立。隋朝拥有日本无法比拟的经济实力和军事实力，给日本造成了很大压力。与此同时，日本在朝鲜的占有地——任那被新罗所灭，沉重打击了日本的自信心。在国内，臣、连、伴造等豪族肆意攫取私地私民，天皇权威颓废。而豪族夺取私地私民的争斗最终导致了内乱，致使国家体制遭受重创。在内忧外患的背景下，当时的政治家认为，力量的分散是造成大和国家力量薄弱的主要原因，建议引进具有中央集权性质的唐朝律令制来集中国内所有的力量以对抗内外危机。为此，大和朝廷编纂正史、兴建都城、更改国号，并在国家层面规范了官僚制度、税收政策以及祭祀体制。

为了确立天皇的宗教权威，加强对地方豪族的控制权，大和朝廷组织编纂了《古事记》《日本书纪》，在神话中构建天皇的祖先系谱，使天照大神成为天皇乃至所有日本人的祖先神，并让其他豪族的祖先神成为辅佐天照大神以及天孙的神灵。《古事记》和《日本书纪》在神道史上的意义非同小可，不仅是后世神道学家建构神道理论的基石，而且是国家神道、皇室神道的基础。

机构方面，设置专门负责管理官社、负责国家祭祀的机构——神祇官，并配置有以神祇伯为首的，包括大副、少副、大祐、少祐等官员在内的一系列官员。关于神祇官的具体职责，"职员令"规定神祇伯为长官，"掌神祇祭祀、祝部神户户籍、大尝、镇魂、御巫、卜兆、惣判官事，余长官判事准此"[1]。也就是说，神祇伯不仅掌管祭祀，而且负责全国的神社、神官以及审判相关的事宜。但这里的祭祀是国家主管的祭祀，与一般意义上的民间祭祀活动不同。神祇伯多由大纳言、中纳言兼任，

---

[1] 井上光贞、関晃、土田直镇、青木和夫校注：『日本思想大系3 律令』，岩波书店1982年，第157页。

而大纳言、中纳言多是天皇的近侍，有时甚至可以代行太政官的职责，所以神祇伯的地位和身份往往比较特殊。神祇伯以下依次为次官、判官、主典等。次官设大副、少副，官位多为五位、六位，执行神祇伯布置的事务。判官设大祐、少祐，官位多为正六位、从六位，主要负责判定并纠正神祇官内的违法事宜，审核并签署大史、少史做成的文案等。主典下设大史、少史，官位多为正八位、从八位，主要任务是记录判官做的判定、制作文案、检查文书、阅读公文等。以上长官、次官、判官、主典构成了神祇官的领导阶层，称为"四等官"。"四等官"以下设有负责奏请祝词、制作币帛的神部，担当龟卜的卜部，承担杂务的使部等专门从事各种事务的机构，其工作人员是受"四等官"差使的役员，无官位而言。神祇官的官员和役员多为世袭，如次官、判官多由大中臣氏、斋部氏、卜部氏担任，神部的役员多出自中臣氏、忌部氏。

　　法令方面，大和朝廷制定了日本历史上最早关于日本国家祭祀的法令——《神祇令》。据推测，《近江令》和《大宝令》中都有《神祇令》的相关条款，但因为这两部法令已经佚失，现在能看到的最早记载是718年编撰而成的《养老律令》。但无论《近江令》《大宝令》，还是《养老律令》，《神祇令》的部分都是在效仿唐朝《祠令》的基础上，结合当时日本的传统信仰，对相应条款进行删减增补而编成。① 《神祇令》共有二十条，涉及祭祀的名称、斋戒的时间、祭祀的运行、大祓的要求、官社的管理等等。法令第一条规定："凡天神地祇者，神祇官皆依常典祭之"②，即神祇官负责天神地祇的祭祀，且需要遵照该令的规定进行。第二条到第九条规定了国家祭祀的名称，但并没有对各个祭祀的流程和要求做出明确规定。③

　　然而，关于天皇即位的践祚祭、大尝祭的规定却非常翔实，要求也比较苛刻，规定："凡天皇即位，惣祭天神地祇，散斋一月，致斋三日，

---

① 井上光贞、関晃、土田直鎮、青木和夫校注：『日本思想大系３　律令』，岩波書店1982年，第529頁。

② 井上光贞、関晃、土田直鎮、青木和夫校注：『日本思想大系３　律令』，岩波書店1982年，第211頁。

③ 关于国家祭祀的具体内容，参考第二章第一节。

其大币者，三月之内，令修理讫。"① "散斋"和"致斋"均来自汉语，是中国古代帝王举行祭祀前的预备性礼仪。"散斋"指在祭祀仪式前的一段时间内进行的净化、禁欲行为，而"致斋"则是在"散斋"之后举行的更为庄重的斋戒。在"致斋"期间，所有人必须专心致力于祭祀，即使不直接负责祭祀的官员也必须停止工作，谨慎对待自己的行为，以充分尊重神圣的仪式。《神祇令》规定："凡散斋之内，诸司理事如旧，不得吊丧、问病、食完，亦不判刑杀，不决罚罪人，不作音乐，不预秽恶之事。致斋，唯为祀事得行，自余悉断。"② 意思是说，散斋期间不能吊丧、看病、杀人等，致斋期间则要专心进行祭祀。而且，按照"斋"的时间长短分为大祀、中祀、小祀，一个月为大祀，三天为中祀，一天为斋祀。践祚祭的条款中还规定了负责祭祀的氏族的职责，即"凡践祚之日，中臣奏天神之寿词，忌部上神尔之镜剑"③。"天神之寿词"指祝福天皇的贺词，"神尔之镜剑"则指神奇的镜和剑。中臣氏、忌部氏曾是割据一方的豪族，在大和国统一日本的过程中大力辅佐了当时的统治者。大和朝廷建立后，中臣氏、忌部氏得到重用，主管祭祀、神事。后世把中臣氏在祭祀时宣读的"祝词"称作"中臣祭文""中臣祓词"，如有名的《延喜式》中的"六月晦大祓词"就是指大祓时中臣氏宣读的词。

大祓是驱邪避灾的祭祀活动，在每年6月和12月举行。《神祇令》中写道："中臣上御祓麻，东西文部上祓刀、读祓词。讫百官男女，聚集祓所。中臣宣祓词，卜部为解除"④，对操作祓麻、祓刀以及宣读祓词的人员都做了明确要求。而且，在大祓期间，各郡和户要提供祭祀所需的物品，包括"每郡出刀一口、皮一张、锹一口，及杂物等。户别麻一条。其国造出马一匹"⑤。这样，大和朝廷通过法令要求地方资助国家的祭祀

---

① 井上光贞、関晃、土田直鎮、青木和夫校注：『日本思想大系3 律令』，岩波书店1982年，第213页。

② 井上光贞、関晃、土田直鎮、青木和夫校注：『日本思想大系3 律令』，岩波书店1982年，第213—214页。

③ 井上光贞、関晃、土田直鎮、青木和夫校注：『日本思想大系3 律令』，岩波书店1982年，第214页。

④ 井上光贞、関晃、土田直鎮、青木和夫校注：『日本思想大系3 律令』，岩波书店1982年，第215页。

⑤ 井上光贞、関晃、土田直鎮、青木和夫校注：『日本思想大系3 律令』，岩波书店1982年，第215页。

活动，以保证国家祭祀的顺利进行。特别是对于属于官社管理的神户，更是要求其租庸调专门用于国家祭祀或官社建设。通过相关法令的实施，神道祭祀成为律令制国家管理的重要支撑。

（二）神社的建立与官社的确立

国家祭祀由神祇官负责管理，由隶属于神祇官的神社负责举行。但是，律令制时代以前，日本并没有真正意义上的神社。天武天皇十年（681），朝廷下令修建神社后，拥有固定祭祀神灵以及神灵常驻神殿的神社在日本各地才大量出现。这种由大和朝廷出资修建并置于神祇官管辖之下的神社称作官社，不在神祇官管辖范围的原有的祭祀设施自然就不在官社行列。据《出云国风土记》记载，"在神祇官社"即官社共184社，"不在神祇官社"即非官社共215社。[1] 可能是为了对抗代表先进文明的外来佛教，当时的日本统治者模仿日本已有的宫殿建筑、豪族住宅、祭祀设施等的建筑模式，采用木制的"掘立柱式"结构，并用茅草铺设屋顶，有意识地将官社建成了不同于寺院的形态。同时，为了突显天皇的宗教权威，建构天皇家的祖先系谱，朝廷把神话中的神灵作为官社的祭祀神，如天照大神、素戈男尊等都是神话中的神灵。这样，官社的祭祀神就成为与大和朝廷塑造的神话故事相一致的，助力大和国家形成、增强天皇宗教权威的神。

在众多官社中，伊势神宫位于官社体系的最高位，由祭祀天照大神的内宫和祭祀丰受大神的外宫组成。《古事记》记载，天照大神在天孙降临时授予天孙"三件神器"，并说"这面镜子如同我的灵魂，要象供奉我那样来祭祀它"[2]，所以历代天皇均把八咫镜置于身边。但崇神天皇时疫病发生，天皇担心八咫镜遭受损害，于是让人置于皇宫外保存。之后，垂仁天皇二十五年时，由皇女倭姬命转移到了伊势国。因此，伊势神宫把象征着天照大神的八咫镜作为神体，把天照大神作为主祭神。大和朝廷高度重视伊势神宫的祭祀和建设，让其承担国家祭祀中的祈年祭、月次祭、新尝祭、神尝祭、神衣祭等大型祭祀活动，并每隔二十年举行一次"式年迁宫"，即将内宫和外宫供奉神明的神殿搬至新建的神殿的仪

---

[1] 井上寛司：『「神道」の虚像と実像』，講談社2016年，第40页。
[2] ［日］安万侣：《古事记》，邹有恒、吕元明译，人民文学出版社1979年版，第47页。

式。"式年迁宫"据说最早由天武天皇设定，在持统天皇时期举行了第一次迁宫。之后，除战乱等原因中断以外，该仪式一直持续到了今天。至于举行"式年迁宫"的缘由，学术界有很多说法。如"掘立柱式"建筑物的耐用年限大约是二十年、一代天皇的在位时间约为二十年、传承以前的建筑技术的同时引进新的技术等等。但无论具体原因如何，律令制下的"式年迁宫"肯定是出于对伊势神宫的重视，想要提高天照大神的神威以及天皇的权威。

神社的出现一定程度上改变了日本人的信仰方式。以前很长一段时间，人们认为神只有在祭祀时才会降临到祭祀之处，祭祀完后就会离开，所以需要给神设定临时的依止之物，如神篱、磐座、临时搭建的小屋等等。神社成为神的常居之处后，人们就不需要在祭祀时专门请神来到此地，只要去神社参拜神灵即可。皇陵祭祀也不用请亡灵来到山脚下，而是派使者直接去皇陵进献币帛。而且，在很长一段时间内，人们祭拜神灵时必须通过女性巫师等"灵验"之人才能得知神意。无论巫师所言是否合理，是否符合自身意愿，人们只能深信不疑，不敢违背。后来随着男性王权势力的增强，男王逐渐掌握了判断巫师语言真伪的权力，甚至被认为可以直接接受神意，从而凌驾于巫师之上了。[①] 况且，神社出现以后，人们可以随时去神社祈祷，一般也不需要巫师作为媒介。因此，律令制时期使神驻留在固定的建筑物即神社内，无论从日本人神观念的发展史来看，还是从宗教设施的规范性来说，都具有重要意义。

但是，当时的官社建设和运行并没有达到大和朝廷最初设定的目标，如有的官社最初并没有建设用于国家祭祀的祭场，而是借用当地祭祀氏神或其他神的场所和设施。之后，朝廷积极整修官社，"遣使于畿内七道，令造诸神社"[②]，并不断投入经费。但是，律令制国家似乎并没有太在意由谁来具体管理整修后的官社，导致许多官社仍由地方氏族或地方共同体负责运营。而且，国家意志传达到地方本来就有一定的困难，加上当地氏神祭祀、农耕神祭祀一般都有悠久的传统，所以有些官社并没有将朝廷规定的天神地祇作为主祭神。不仅如此，班币仪式时，有些官

[①] 佐藤弘夫：『日本人と神』，講談社2021年，第85—86页。
[②] 黑板胜美编辑：『国史大系第2卷　続日本紀』，吉川弘文馆1984年，第148页。

社的祝部、神官需要在朝廷的催促下才会前去参加，宗教层面的律令政策从开始推行时就面临着很大困难。如此看来，大和朝廷设定的神祇制度与日本社会的现实存在很大乖离，预示着国家层面的神祇制度必须结合日本社会的现实做出调整才行。宝龟年间（770—781），巨额的官社整修费用以及官社的管理、运营等问题逐渐暴露，大和朝廷只能从特定的氏族中挑选神主，让其担任律令体制下的神职，从而使本来由国家负担的官社整修任务转移到氏族一方了。[①]

（三）佛教传入后引起神道变化

佛教自飞鸟时代传入日本后，就不断与神道进行冲突与融合，激发了日本人对神道的自觉认识。"神道"一词最早出现在《日本书纪》"信佛法、尊神道"[②]中，指的就是有别于佛教的日本本土信仰。7世纪末，一些地方开始流传神希望脱离神身、皈依佛法的"神身脱离谭"故事。故事中，神向修行的人诉说作为神的痛苦，请求修行之人帮助自己进入佛门，解脱痛苦之身。为了让神脱离神身，有些人在神社旁修建寺院即神宫寺，让神成为守护佛的"护法善神"。同时，这些人还要在神前读经，让神倾听佛法，进而达到开悟的目的。

如此看来，神和众生一样，都需要由佛来救济。而且，神不能像人一样自行修行佛法，必须借助人的力量。如此抬高佛、贬低神的认识历来被认为是佛教一方的观点，"神身脱离谭"故事也被认为是佛教徒的捏造之作。神道一方的观点认为，"神身脱离谭"故事以及神宫寺的出现并不能说明佛教高于神道，而是从事神道的人们不满足于当时已有的祭神模式，希望借助佛教仪式来礼拜神灵。理由是，"神身脱离谭"故事和神道中的很多故事非常相似，都是某地先发生威胁共同体秩序的灾难，之后某人接受神的指示或托付，然后按照神意进行祭祀、修行，最后消解威胁人们生产生活的事态。由此说来，修建神宫寺、神前读经等行为或许反映的是人们希望借助佛的力量去除疾病和灾害、维护共同体安全与

---

① 小林宣彦：「律令制の成立と祭祀：出雲神郡の成立を中心に」，『国学院雑誌』第116（9），2015年，第14頁。

② ［日］舍人亲王：《日本书纪》，四川人民出版社2019年版，第289页。

稳定的心理。①

三 平安时代的神道制度与"神佛习合"的发展

（一）天皇积极主导神社祭祀

进入平安时代以后，日本各地土地私有化现象越来越严重，并形成了以大规模土地所有为特征的初期庄园。在土地私有化的影响下，权臣们争权夺利、明争暗斗，出现了外戚长期控制政治大权的摄关政治，以及上皇、法皇代替天皇管理政务的院政，律令制规划下的中央集权遭受巨大挑战。皇权的受挫以及地方权力的增强一定程度上影响了天皇以及官员对于神社、神祇祭祀的态度，促使朝廷和地方根据现实情况修改神道政策。而平安时代末期末法思想的流行又增强了人们想要借助佛教拯救众生的愿望，推动了"神佛习合"的进一步发展。

早在奈良时代后期，随着班田制的动摇和初期庄园的出现，律令制的执行遇到很大困难。同时，宫廷内部的权贵之争也愈演愈烈，争先扶植天皇的继承人。而天皇则想借助近臣加强统治，并不断充实内廷机构。在这样的背景下，天皇把很多与皇室密切关联的神社祭祀定为公祭，并亲自参与祭祀。律令制刚刚确立时，只有伊势神宫的神尝祭等少数祭祀被认定为公祭，且在神祇官的管理之下。但是，称德天皇时期，在其母亲藤原光明子的推动下，称德天皇把祭祀藤原氏氏神的春日神社的祭祀也认定为公祭。进入平安时代以后，平野祭、贺茂祭、梅公祭、大原野祭、大神祭、当麻祭、平冈祭、率川祭、当宗祭等很多神社的常规祭祀也都被认定为公祭，享受公祭的待遇。但是，负责这些祭祀的机构大多是太政官，而不是神祇官。律令制下的太政官本是管理立法、司法、行政的机构，并不负责神道祭祀。但由于天皇不断加强内廷建设，近衞府、春宫府、内藏府等负责天皇起居的机构担任起了公祭任务，天皇的近臣也作为敕使被派往神社奉币，天皇成为神社公祭的主导者。

不仅如此，平安时代的天皇还按照自己意愿举行临时祭祀，如宇多天皇举行过贺茂临时祭，朱雀天皇举行过石清水临时祭、花山天皇举行过平野临时祭，等等。祭祀时，天皇派人准备贡品、指派祭使，并参加

---

① 冈田庄司：『日本神道史』，吉川弘文馆2019年，第128—129页。

在殿内举行的奉拜神灵仪式。临时祭本是在重大事件或灾难发生前或发生后天皇临时举行的祭祀，但由于有些临时祭总在固定时间举行，后来就逐渐演变为一种常规祭祀。例如，贺茂临时祭就是由于多次在相同时间举行，从醍醐天皇时起固定为天皇参与的常规祭祀。有些临时祭还专门选择在神社的公祭时间举行，如花山天皇时期的平野临时祭就在作为公祭的平野祭当天举行。即便如此，临时祭仍然称作临时祭，那是因为该名称可以突显按照天皇意愿进行祭祀的含义。

此外，平安时代还开启了天皇直接去神社祭祀即神社行幸的先河。承平天庆之乱后，朱雀天皇为感谢神灵，于942年行幸了贺茂神社，成为首个天皇郑重行幸神社的记录。之后，圆融天皇、一条天皇、后三条天皇、白河天皇等均行幸过很多神社，包括石清水、贺茂、平野、大原野、松尾、北野、日吉、稻荷、祇园等多个神社。但是，神社行幸并非天皇直接参拜神灵，而是去往神社的行宫，然后在行宫派祭祀使前去祭祀。律令制刚确立时，只有伊势神宫才享有天皇派奉币使的待遇，其他有资格获得朝廷贡品的官社则需要来到神祇官接受奉币。但是，随着律令制实施越来越难以推行，天皇权威难以保证，天皇就想借助神佛的加护来维护自己的世俗权力。进入院政期以后，很多上皇也去神社祭拜神灵。例如，平安时代的很多上皇、法皇参拜过熊野权现①，白河院参拜了9次，鸟羽院参拜了21次，后白河院参拜了34次，后鸟羽院参拜了28次。上皇、法皇毕竟不是在位的天皇，其执掌的"院"更多带有私的性质，所以祭祀神灵的方式以及祈祷的仪礼也没有太多拘束。他们既可以进行神前参拜，也可以为自己的私事而进行祈祷。从"熊野五所王子"到"十二所权现"，退位的天皇曾亲自祭拜过很多那些所谓的能带来救济的本地佛和权现神，祈祷现世的平安以及极乐往生。熊野三山早在古代就是很多日本人信仰的神山，到了"本地垂迹"盛行的平安时代以后，在修验者的推动下，影响力进一步扩大，吸引了众多的参拜者。而上皇、法皇的熊野参拜则进一步增强了熊野三山的名气，使熊野信仰进一步向

---

① "权"的意思是权威、权力，"现"则表示显现、呈现，所以"权现"可以理解为权威显现或神佛显现。在神佛融合的时代，很多神道中的神以"权现"命名，意为佛、菩萨为拯救众生以假借的形态予以显现。

民间扩展开来。

（二）官社的细化与"二十二社奉币"的形成

到了奈良时代后期，在举行祈年祭、月次祭等国家祭祀时，很多官社已经不来朝廷接受神祇官的班币，地方自主进行祭祀的情况越来越多，律令制原有的神祇制度越来越难以执行。桓武天皇即位后，对神祇祭祀制度做了进一步调整。798 年，朝廷把官社分为官币社和国币社，官币社由神祇官管理，而国币社由各国国司管理。举行祈年祭等国家祭祀时的班币也进行分化，官币社由神祇官班币，国币社由国司班币。由于国司较为了解当地情况，国司管理国币社的做法无疑有利于贯彻朝廷的神祇制度。官国币社的数量十分庞大，据平安时代中期成书的《延喜式》"神名账"记载，官币社有 500 多个，国币社有 2000 多个。官币社和国币社统称为延喜式内社，简称"式社"，属于社格①较高的神社。而官币社又分为官币大社、官币小社，国币社分为国币大社、国币小社。

与此同时，祭祀"名神"的名神祭也在桓武天皇执政时期逐渐兴盛起来。"名神"是朝廷授予神的称号，指从古代传承下来的"灵验之神"。祭祀"名神"的神社称名神大社，多位于官社之列，且多是官币大社，是在国家出现重大事件或为防止某些灾害发生而举行临时祭的神社。关于名神祭较早的记载是 787 年朝廷因干旱而举行的临时祭。当时，由于持续干旱，朝廷多次举行祭祀，天皇也亲自向神灵请愿，但均没有奏效。之后，朝廷向伊势神宫等都城附近的名神大社派使者奉币后，下起了大雨，解决了农业干旱的难题。之后，名神奉币作为国家祈愿的灵验之法越来越受到重视，成为朝廷在面临干旱、水涝等自然灾害时请求神灵的固定神事活动。但是，名神大社的数量有很多，名神奉币大多面向固定的几所神社，如嵯峨天皇、淳和天皇、仁明天皇时期的名神奉币大多集中在伊势、贺茂、松尾等特定神社。这样，在名神奉币的过程中，朝廷进一步精选了神社，最终选出二十二个神社作为在遇到国家大事时举行临时祭的神社，也就是"二十二社"。随之，名神奉币也变得名存实亡，

---

① 社格指大和朝廷规定的神社的等级制度。神社按照其历史、规模、重要性和地位等因素，被划分为不同的社格。一般来说，社格的高低与神社所承担的神道职能、历史渊源以及地方社会对神社的认可程度有关。

逐渐被"二十二社奉币"所取代。

从平安初期的名神奉币，到后来的"十六社奉币"①，再到日吉大社作为第二十二个神社被确定下来，"二十二社奉币"的形成经历了几百年的时间。1081年，"二十二社奉币"作为神祇制度最终被确立下来，并成为中世日本公家祭祀的主要内容。这二十二个神社分别是太神宫（伊势神宫）、石清水、贺茂、松尾、平野、稻荷、春日、大原野、大神、石上、大和、广濑、龙田、住吉、丹生、贵布祢、吉田、北野、广田、梅宫、祇园、日吉。这些神社大多是官币大社，而且都是朝廷认可的发展历史较为顺利、祭祀神灵较为灵验的神社。其中，贺茂、大神、大和、石上、稻荷、松尾祭祀山城国、大和国的土地神；丹生、贵布祢祭祀雨神；广濑祭祀河神；龙田祭祀风神；伊势、石清水、广田祭祀天皇家的祖先神；吉田、春日、大原野祭祀藤原氏的氏神；平野、梅宫祭祀桓武天皇、文德天皇母亲家的氏神；日吉祭祀比睿山的镇守神；住吉祭祀对抗外敌时的军事保护之神；北野、祇园祭祀御灵。这些神社的祭祀神具有较高地位，曾被朝廷授予很高的位阶②。如在"六国史"结束的887年，贺茂别雷神社的贺茂别雷神、春日大社的春日神、日吉大社的比睿神已经处于正一位，大和神社的大和大国魂神、住吉大社的住吉神位于从一位，而伊势神宫的伊势大神位于最高位，不以位阶来恒定，处于超位阶的地位。

从祭祀神灵来看，"二十二社奉币"主要是为了保护国家、国土，守护朝廷、公家，而藤原氏氏神的编入可能是希望其外孙继承皇位并执政长久，均含有很强的政治目的。同样是祈祷国家长治久安，同样是出于政治目的，律令制初期的朝廷祭祀并非局限于少数与天皇、贵族密切相关的神社，而是把全国数千座神社都纳入朝廷的管辖范畴之内，让这些官社参与国家祭祀，服务于皇权建立和国家繁荣。但平安时代以后，由于律令制实施遇到困难，中央集权难以具体落实，公祭、临时祭、天皇

---

① "十六社奉币"是在名神奉币的基础之上逐步发展而来，指对太神宫、石清水、贺茂、松尾、平野、稻荷、春日、大原野、大神、石上、大和、广濑、龙田、住吉、丹生、贵布祢十六个神社进行奉币的制度。

② 位阶是律令制中划分官员以及神、神社层次的指标，位阶越高，则地位、身份越高。

行幸只能寄托于与皇室密切相关且距离都城较近的少数神社。当然,"二十二社奉币"也吸收了稻荷信仰、祇园信仰、天神信仰等民间信仰的部分,将民间广为流传的神祇作为国家的守护神加以祭祀。当民间信仰的神祇受到国家重视,被授以较高的神格后,反过来又促进了神祇信仰在民间的进一步传播。

(三) 国司的初任参拜与"一宫"的形成

在朝廷对镇守国家的神社进行精挑细选的同时,地方也对镇守当地的神社进行了层次划分,进而产生了"一宫制"。"一宫"指各地地位最高的神社,所以"一宫制"是对地方神祇进行地位划分的制度。与"一宫"相对应,有的地方还有二宫、三宫等,也就是排位第二、第三的神社。据说"一宫"的起源与律令制下国司任职时的祭祀礼仪有关。当时,新任国司到地方就任时要巡拜当地的主要神社,但各国神社很多,国司必然会确定参拜的先后顺序,其最先祭拜的神社后来就成为"一宫"。同时,作为朝廷派往地方的官员,国司本来就有负责地方神社管理与祭祀的职责,这种职责也促使国司对当地神社进行整编和分类。但是,被确定为"一宫"的神社一般都是当地民众广为信仰的神社,并非国司随意指定。国司只是根据当地神道信仰的状况,对当地神社序列进行"公"的认可。

对于"一宫"出现的时间,学术界没有统一说法,但从12世纪前半期成书的《今昔物语集》中"今昔,国防国之一宫玉祖大明神申神"[①]来看,"一宫"最迟在12世纪就已经确立。但10世纪起就有了国司初任参拜时的多个记录,如《兼盛集》中骏河国国司对富士山本宫浅间大社的参拜、《时范记》中因幡国国司对宇倍神社的参拜等等。而富士山本宫浅间大社、宇倍神社后来就是骏河国、因幡国的"一宫"。初任参拜时,国司一般会带去朝廷进献的"神宝",到了赴任之地后还要马上命令手下制作"神宝",把准备"神宝"作为到任后的首要任务。朝廷的"神宝"带有中央的权威和灵力,而当地准备的"神宝"则含有地方的心意和希望,所以国司初任参拜既要代表朝廷祈祷国泰民安、五谷丰登,也要代

---

① 山田孝雄、山田忠雄、山田英雄、山田俊雄校註:『日本古典文学大系24 今昔物語集(三)』,岩波書店1961年,第534頁。

表地方祈祷当地风调雨顺、平安繁昌。

然而，由于后来律令制推行遭遇挫折，12世纪初很多国司不去地方就任，初任参拜也随之被其他形式所取代。国司采取的取代方式是，赋予某些神社以较高的地位，让神官或"目代"①代其祭拜。这些地位较高的神社大多是与当地官员具有较深渊源的神社，所以地方官员在确定神社层次、选择神社主次方面具有很大的主动性。由此说来，"一宫制"的确立离不开当地官员的参与。另外，尽管平安时代中期以后很多国司不进行初任参拜，但这并不意味着国司不重视任职地方的神祇信仰，也不能说明当地民众对朝廷官员不祭祀当地神的做法置之不理。《中右记》记载，子息宗成就任因幡守后八年没有到任，所以没有进行初任参拜。当地民众对此十分不满，担心神灵作祟引起灾难。宗成得知民众想法后，去往因幡国，在卸任前以临时祭的方式祭祀了当地神祇。②可见，民众对朝廷官员参拜当地神灵抱有很大期待，甚至认为神灵会因国司不参拜而愤怒；而国司对民众的意愿亦不能忽视，即便将要卸任也要去祭祀当地神灵。由此看来，地方祭祀体制实际上采取了朝廷和地方双向祭祀的模式。

（四）"佛主神从"的神之形象

随着佛教在日本的传播，佛教对神道的影响日益加深，神与佛之间的距离逐渐缩小。在神与佛融合的过程中，很多神开始称作菩萨或佛。比较知名的八幡大菩萨早在延历二年（783）的"神谕"中就称作大自在王菩萨，在延历十七年（798）朝廷发给大宰府的太政官符中则称作八幡大菩萨。之后八幡大菩萨的称号在政府文书中多次出现，说明该称号在平安初期已经得到了朝廷的认可。之后，很多神被冠以菩萨称号，如《延喜式》中记载的大洗矶前药师菩萨明神社、酒烈碕前药师菩萨神社均以菩萨命名，两神社的祭祀神即《日本书纪》中的大己贵神和少彦名命也随之有了菩萨的称号。这样一来，神就不再是"神身脱离谭"中需要佛来救济的众生之一，而是自身变成了菩萨。

---

① 国司在任职国的代理人，代替国司执行公务。但属于国司私人指派，不是朝廷规定的公职。平安中期以后，国司一般指派当地官员担任此职。

② 冈田莊司：『日本神道史』，吉川弘文馆2019年，第158頁。

随着"神佛习合"的推进，10世纪末左右开始流行起"本地垂迹说"。"本地垂迹"意为神是佛、菩萨在本地的再现，佛、菩萨是本体，而神是佛、菩萨借助的形象。"本地垂迹"下的神多以"权现"命名，如熊野权现、春日权现、热田权现、山王权现等。"权"意为虚假、不真实，"现"为呈现，所以"权现"是佛不以佛本来的样态呈现之意。这种强调佛主神从的"权现"很多由佛教徒所创作，如最澄模仿中国天台宗国清寺的镇守神——山王元弼真君，将比睿山的山神认为是日本天台宗本山的镇守神，称作山王权现。在平安时代，很多神成为佛或菩萨的垂迹，就连平安初期尚在排斥佛教，甚至将佛教用语认为是污秽之语的伊势神宫也没能避免。在《政事要略》宽弘三年（1006）的记录中，天照大神被说成是观音菩萨的"御变"①。到了平安时代末期，真言密教的僧侣又认为伊势神宫内宫的天照大神是胎藏界大日如来的垂迹，外宫的丰受大神是金刚界大日如来的垂迹，创立了两部神道，也称两部习合神道、真言神道。

此外，平安时代的人们还模仿佛像、菩萨像，制作出很多神像。神像最早的记录是763年满度制作的多度神神像，但这一纪录是否属实仍有争议。之后，从平安初期开始，陆续出现了很多神像，如八世纪初制作的东寺的僧形八幡三神坐像，8世纪末制作的药师寺的僧形八幡三神坐像同，等等。八幡三神坐像采用佛教"一木造"的制作方式，即用一根木头雕刻而成。其中，男神是僧侣模样，女神是贵族女性模样，说明男神和女神模仿的对象不同。与八幡三神坐像不同，9世纪后半期制作的松尾大社的俗体男女神坐像都是贵族形象，身着贵族服饰，且表情十分形象。如此，平安时代的神像虽没有统一的制作标准，但都是清晰可见且具有人的特征的形象，表明日本人心目中的神逐渐向人格化的方向发展。而且随着怨灵思想、御灵祭祀的盛行，人们把对怨灵、恶灵的恐惧也呈现于神像之上，塑造出许多形态各异、特征不同的神像。

---

① 伊藤聪：『神道とは何か　神と仏の日本史』，中央公論新社2021年，第58頁。

第二节　中世日本的神道

源赖朝在镰仓开设幕府以后，武士阶层掌控了国家的政治权力。作为统治阶级，武士们努力寻找守护武家政权的神灵，建构适合武士阶层的道德条目。幕府通过守护、地头掌握各地的警卫权和庄园管理权，不断蚕食公家的政治权力和经济来源。随之，朝廷的世俗权力逐步萎缩，天皇逐渐演变成为宗教权威的象征。但是，贵族创立的制度和文化仍然存在，很多还成为武士和庶民追捧、效仿的对象。另外，在庄园领主和在地领主的双重压迫下，中世的日本农民加强了农村自治，出现了强调集体和团结的惣村。与之相对应，庶民文化日益昌盛，农村神社建设和祭祀呈现出繁荣的景象。

一　朝廷神道祭祀体制的延续及武士神道祭祀制度的建立

镰仓幕府建立以后，武士阶层并没有消灭天皇、贵族构成的朝廷，也没有废除律令制下的行政机构、制度法规，而是一边沿用平安时代的政治制度，一边进行改革、重组，同时设置武士政权下的政治机构和法律法规。神道方面，镰仓幕府沿用了平安时代制定的"二十二社奉币"和"一宫制"，让其成为规范国家和地方神社的体制。其中，"二十二社"仍是镇守国家的神社，也是天皇举行临时祭以及神社行幸的重要选择。而"一宫"作为各国的"总镇守"，受到幕府和地方的重视和庇护，由各个时期地方的实际掌权者管理。例如，平安时代管理"一宫"的官职主要是国司，但镰仓时代转移到了守护，室町时代又转移到守护大名，战国时代则转移到了战国大名。此外，各国国衙旁还建有"惣社"，和"一宫"共同构成了地方神道体系的主干部分。"惣"通"总"，意为总体、综合，所以"惣社"就是所有神灵之总体的神社，是统合、管理国内神社的机构。但"惣社"并非出现在中世，而是和"一宫"一样，出现在平安时代中后期。当时，很多国司为了方便"出任参拜"，就在国衙旁建立汇集任职国所有神灵的"惣社"，让"惣社"成为国衙的一个部门，其中的神官、社僧也成为国衙的官员。

在镰仓时代，与贵族密切相关的神社还有庄园镇守神社，即守护庄园的神社。当时的庄园领主大部分是平安时代延续下来的贵族、寺社首领,他们是庄园镇守神社建设和祭祀的主要参与者,也是相关费用的承担者。他们要么"劝请"知名的神灵作为庄园镇守神,修建新的神社;要么将村落或当地的神灵认定为庄园镇守神,改建原有的神社。每年还要定期举行祭祀活动,以祈祷庄园的安全和农业丰收。在庄园领主以及庄园内农民的共同建设下,庄园镇守神社虽然规模有大有小,但一般都建有神殿,并有神官、社僧等专职人员进行维持和经营。各国对庄园镇守神社也很重视,将这些神社置于"惣社"的管辖之下,登录在各国的"神名账"中。

另外,武士阶层也积极构建自己的守护神,制定相应的神社管理制度。1063年,源赖义将石清水八幡宫的八幡神"劝请"至镰仓的由比乡。1180年,源赖朝又将八幡神迁至现在的所在地。从此,鹤冈八幡宫成为守护幕府和王城的神社,八幡神则成为镰仓武士的精神支柱。当时,御家人十分重视鹤冈八幡宫的神事活动,参加放生会,敬奉流镝马、相扑、舞蹈等表演。放生会本来是佛教中基于禁止杀生的思想而产生的礼仪,在"神佛习合"的过程中影响了鹤冈八幡宫,成为八幡宫神事活动之一。流镝马则是骑着马把叉形箭射向箭靶的骑射演技,于平安时代后期在武士中开始流行。之后,在源赖朝的推动下,流镝马表演有了统一形式,并被用于神道祭祀。御家人还把八幡神"劝请"至封地,让八幡神成为封地以及庄园的镇守神。这样,日本各地出现了很多八幡神社,八幡神信仰进一步向民间普及开来。

到了北条泰时执政时期,社会趋于安定,幕府统治者开始总结武士需要践行的道德和规矩,出台了武家政权的第一部法令——《御成败式目》。该法令第一条写道:"可修理神社专祭祀事"[1],意思是说御家人应修整神社,重视神社祭祀。因为"右神者依人之敬增威,人者依神之德添运"[2],所以御家人不得疏漏进献神灵的贡品,亦不能疏忽传统的祭祀。

---

[1] 石井進、石母田正、笠松宏至、勝俣鎮夫、佐藤進一校注:『日本思想大系21 中世政治社会思想(上)』,岩波書店1982年,第8页。

[2] 石井進、石母田正、笠松宏至、勝俣鎮夫、佐藤進一校注:『日本思想大系21 中世政治社会思想(上)』,岩波書店1982年,第8页。

可能与该法令的实施有一定关系,中世武士非常重视神道祭祀。战国大名大多会定期修缮"一宫""惣社","二战"前还会前去祭拜。武田信玄就是诹访大社的信奉者,甚至把军旗命名为"诹方南宫上下大明神""南无诹方南宫法性大明神",以此来祈祷诹访大社的加护。丰臣秀吉则深受唯一神道的影响,深信自己死后可以成为守护丰臣氏的神灵,并最终获得了后阳成天皇赐予的"丰国大明神"的神号。

二 探求"根源之神"的神道理论

中世的日本战乱较多、灾害频发,社会环境极不安定。在无法预知生死的时代,日本人更加渴望得到佛教的现世救济,希望死后能够往生净土,所以末法思想和净土思想在镰仓时代进一步流行开来。而僧侣们在继承奈良时代古老佛教的同时,又创立了"镰仓新佛教",即净土宗、净土真宗、时宗、日莲宗、临济宗、曹洞宗。在佛教如此盛行的背景下,中世的神道思想家一方面深受佛教影响,但同时又努力排除佛教元素,建立神道独有的理论体系。

中世的神道流派很多,既有平安时代初现雏形的两部神道和山王神道,也有新确立的伊势神道和唯一神道。其中,两部神道深受真言密教影响,以空海为创始人;而山王神道主要受天台密教影响,以最澄为创始人。两派虽然所持观点不同,盛行之地也不同,但都是建立在"本地垂迹"的思想基础之上,并在密教影响之下产生的学说。然而,镰仓末期左右开始,二者对待神与佛的认识出现了很大不同。两部神道继续坚持"本地垂迹"的思想,并派生了御流神道、三轮神道等多个流派,而山王神道却逐渐转向了"反本地垂迹说",开始主张佛是神的垂迹。

山王神道的转向经历了一定的过程,与"蒙古来袭"后日本民族主义的兴起有一定关系。在镰仓初期,山王神道和两部神道一样,也是主张"本地垂迹"、佛主神从,认为日吉神是释迦牟尼的垂迹。如《耀天记》中就写道,日本是末法之地,释迦牟尼为拯救日本的众生,以大慈悲的姿态垂迹到了日吉社。然而,"蒙古来袭"后,神风、神国的说法泛起,本土神的地位不断提升。随之,山王神道的相关著作也提出了日本神是"本源之神"的看法。如14世纪成书的《溪岚拾叶集》就指出,日本的神是本源,释迦牟尼是日本神的垂迹。这样,曾在末法思想中被认为是劣根之地的日本反而成为"本源之神"的所在地,日本国的地位也因此被提高。

而两部神道虽然一直坚持"本地垂迹"的观点,但其理论中也有探究"根源之神"的内容。其基本观点是,伊势神宫内宫的祭祀神天照大神是胎藏界大日如来的垂迹,外宫的祭祀神丰受大神是金刚界大日如来的垂迹,即二神都是大日如来的垂迹。而大日如来在密教中是佛的"根源之佛",其他佛只是大日如来的显现。既然大日如来具有根源性,那么其垂迹后的天照大神和丰受大神也就具有了"根源之神"的特征。但是,天照大神在律令制国家体制下是皇祖神,本来就具有丰受大神等诸多神灵无法企及的神格。伊势神宫的内宫也因祭祀天照大神,在地位上高于祭祀丰受大神的外宫。然而,两部神道却认为天照大神和丰受大神均是大日如来的垂迹,二神所在的胎藏界和金刚界都是构成世界的基本要素。这就意味着二神没有地位上的高低之分,外宫与内宫也没有贵贱之分。

在两部神道的影响下,外宫的度会氏为进一步提高外宫的地位,把外宫的祭祀神阐释为高于天照大神的"根源之神",创立了伊势神道①。他们的做法是,把丰受大神与"神代七世"中的天之御中主神或国常立尊神结合,让"记纪神话"中先于天照大神出现的天之御中主神、国常立尊神成为创造世界、主宰世界的神。同时,针对两部神道中"本地垂迹"思想,度会氏还提出了神佛分离的原则,倡导从神道中剥离佛教,如《造伊势二所太神宫宝基本记》的"守混沌之始,屏佛法之息"②、《倭姬命世记》中的"屏佛法之息,再拜神祇"③ 等都阐述了这一点。到了南北朝时期,服务于南朝的慈遍继承了度会氏的伊势神道理论,编写了《丰苇原神风和记》等著作,指出神道才是世界之根源,佛教只是在二元对立的现象世界中施行救济而已。他还提出了"根叶花实"的理论,认为神国日本是根,中国是枝叶,印度是果实,把日本国提升到了诸国之根本的位置。

---

① 伊势神道形成的原因还有很多,如"蒙古来袭"后,日本人的神国意识逐渐高涨;伊势神宫经费受困时,外宫神官为民众祈祷,从而提高了外宫的认可度;伊势信仰的影响力不断扩大,参拜神宫的僧侣络绎不绝等。
② 末木文美士:『日本宗教史』,岩波书店 2020 年,第 107 页。
③ 末木文美士:『日本宗教史』,岩波书店 2020 年,第 107 页。

在对上述诸多神道理论进行统合、整理的基础上，吉田兼俱于室町时代末期创立了唯一神道（又称吉田神道），成为中世神道的集大成者。他在《唯一神道名法要集》中将神道分为本迹缘起神道、两部习合神道、元本宗源神道三类，并认为自己践行的神道超过了前两者，是追求本源的元本宗源神道，即唯一神道。他还把国之常立神称作大元尊神，试图用国之常立神统合神道整体。1484年，吉田兼俱在吉田山上建成"大元宫斋场所"，"劝请"全国神社的祭祀神于此地，并称该场所是全国神社之根基。他自称"神道管领长上"，向神社颁布授予位阶、神职的文书，即"宗源宣旨"。在中世以前，神社需向公卿或天皇奏请，由朝廷颁布"宣旨"后，才能获得神位、神阶。负责颁布"宣旨"的是担任神祇长官的白川家，而不是担任神祇官次官的吉田兼俱的祖辈——卜部氏。所以，吉田家颁布"宗源宣旨"最初是为了对抗卜部氏，试图通过模拟古代朝廷"宣旨"的方式确立吉田家的绝对地位。后来，"宗源宣旨"得到天皇的认可，影响力不断扩大。加上吉田兼俱的子孙主动靠近朝廷，积极走访各地，宣传并颁布"宗源宣旨""神道裁许状"[1]，唯一神道就进一步确立了在神道中的权威。

总之，中世神道理论关于"根源之神"的主张是在佛教的影响下出现的，是在与佛教的较量中逐渐形成的。可以说，外来佛教刺激了神道思想家对本土宗教的再思考，激发了他们反对"本地垂迹"、创立神道独有理论的热情。同时，"根源之神"思想的逐渐增强离不开中世日本社会动荡对人们思想意识的冲击，尤其是"蒙古来袭"后，日本中心主义、神国意识的强盛带来了神道理论的巨大变化。正是在镰仓时代末期前后，坚持"本地垂迹"的山王神道逐渐走向没落，两部神道开始从"本地垂迹"转向"反本地垂迹"，慈遍、北畠亲房则进一步发展了伊势神道理论。经过探索"根源之神"之理论著作大量出现的室町时代，战国时代的吉田兼俱综合诸多神道理论，最终创立了唯一神道。

三 惣村镇守神社祭祀与知名神社信仰的民间化

镰仓时代后期，随着庄园公领制的变质，农民们加强了地域之间的

---

[1] 吉田家颁发的神道证书，涉及神主资格、神职等级、神社名称、祭祀服饰等多个方面。

结合，并形成了百姓自治的惣村。惣村本来指农户聚集在一起的村落，因强调组成人员的集体性、共同性而得名。惣村的村民们共同制定村规村约，共同决定村里的大事，把集体商定后形成的意见或约定称作"神虑"。村内还设立集体耕种的神田，建有共同祭祀的镇守神社，并定期举行祭祀活动，以祈祷惣村安定、农业丰收。祭祀时，村民们聚集到神社，焚烧"起请文"，然后将燃烧后的灰放入神水中，让人们轮流饮用。"起请文"是村民们向神发誓恪守约定的文书，目的是以神惩罚的方式防止人们违背誓约，维护共同体的集体意识。这种方式在室町时代频繁爆发的土一揆中发挥了重要作用，有力地提高了村民们的凝聚力和士气。

在惣村镇守神社的管理和祭祀中，"宫座"发挥了极为重要的作用。"宫座"是村里负责神社祭祀的组织，据说最早出现在平安时代。到了室町时代，随着村落的自治性逐渐增强，负责神社祭祀的"宫座"的权力也越来越大，成为村里事务的实际管理者。"宫座"由村里的成年男子组成，一般按年龄顺序确定其成员。因此，并非男子成年后就可以立刻成为"宫座"成员，而是要等"宫座"成员有缺位时才能依次补充进去。为了更好地进行神社祭祀，很多惣村还设有"头屋"，即准备祭祀的负责人。"头屋"也是从村里的成年男子中产生，有的是"宫座"候补中年龄最长的男子，有的是当年刚参加过成人礼的男子。他们在"宫座"的指挥下操办祭祀，和"宫座"成员以及其他村民一同完成祭祀。但是，无论"宫座"成员，还是"头屋"，都不是专职的神职人员。惣村镇守神社也很少有常驻的神职人员，而是由惣村村民共同运营。作为村民共同管理村社并进行集体祭祀的组织，"宫座"大量出现在中世日本的惣村，尤其在近畿、九州一带较多，并一直延续到了"二战"后。

在注重惣村镇守神社建设以及镇守神祭祀的同时，中世的庶民也越来越关注知名神社的祭拜，希望通过祭拜人们公认的"灵验"之神获得更多保佑。例如，在修验者的推动下，平安时代既已风靡各地的熊野信仰在中世吸引了很多信仰者。当时，人们成群结队地前往熊野三山参拜熊野权现，还在家门口或灶旁粘贴熊野神社发放的"熊野牛王符"，用来预防火灾、疾病、偷盗等不祥之事。还有很多人在"熊野牛王符"的背面写上誓言，用作向熊野权现发誓遵守约定的"起请文"。"熊野牛王符"是祈祷牛头天王守护的神符，最初只有熊野三山的熊野神社制作。到了中世以后，各地熊野神社都开始制作并发放，可见当时熊野信仰的兴盛。

伊势信仰也在平安时代后期逐渐兴盛起来，中世已经有了很多信众。如镰仓时代成书的《堪仲记》记载，人们不远千里去伊势神宫参拜，参宫人不计其数。其中包括很多僧侣，贞庆、睿尊、无住、一遍等高僧都参拜过伊势神宫。但是，律令制国家建立之初，伊势神宫是举行国家祭祀的神社，有朝廷划拨的神郡、神田，并不接受私人进献的土地和金钱，所以当时的伊势神宫参拜和祭祀主要是为了守护国家和天皇，与个人现实利益的诉求几乎没有关系。然而，律令制的实施遭遇挫折后，朝廷的集权能力下降，伊势神宫的财政遇到困难。神宫开始接受地方领主的捐赠，并向庄园征收课税，从而打破了神宫不接受私人财物的规定。接受私人捐赠的伊势神宫也就开始为贵族、武士甚至平民个人进行祈祷，伊势信仰随之逐渐下沉至民间。为了扩大伊势信仰的影响力，也为了获得更多的钱财，伊势神宫的"御师"们效仿熊野神社的做法，与信众结成"师檀"① 关系，给他们发放"御被大麻"②，并为他们提供住宿和向导，在伊势信仰的传播中起了重要作用。

如此，在庶民生活逐渐改善、庶民文化日益繁荣的中世，民众对知名神社表现出了浓厚兴趣，掀起了祭拜知名神社、"劝请"知名神的高潮。除熊野信仰、伊势信仰以外，祭祀藤原氏氏神的春日大社、祭祀大国主神的出云大社也都吸引了众多信仰者，出现了春日信仰、出云信仰的热潮。而写有天照皇大神宫、八幡大菩萨、春日大明神的神号和托宣的悬挂物，即"三社托宣"在室町时代也流行开来。在"三社托宣"中，天照大神宫的神号、托宣被写在中央，代表了正直；八幡大菩萨的神号、托宣位于右边，代表了清净；春日大明神的神号、托宣位于左边，代表了慈悲。如此，"三社托宣"以神说教的方式展现了中世日本强调的德目，即正直、清净、慈悲。后来，在吉田兼俱的解释和推动下，"三社托

---

① 最初是佛教词汇，指僧侣和布施者，后来在熊野信仰和伊势信仰中被使用。这里的"师"指代人们向神灵祈祷的神职人员，即"御师"；"檀"指布施的人家，即檀家。当时，很多"御师"声称可以将人们的愿望带到伊势大神前进行祈祷，所以很多人家就请"御师"代替自己前去参拜、祈祷，并和"御师"建立了固定的互惠关系。

② 神道祭祀中驱邪避灾即修被时使用的被串称作大麻，一般用麻、布、纸等做成。"御师"把被串放入箱子，或用纸张包裹后送给檀家，作为替檀家进行神前祈祷的证明。

宣"进一步向民间普及，成为近世庶民信仰的重要组成部分。

第三节　近世日本的神道

德川幕府建立后，大力加强对各地大名和武士的监管，实行"参觐交代"、兵农分离等政策；对外采取锁国策略，限制基督教在日本国内的传播；加强对神道、佛教的管理，制定相应的管理制度。藩作为地方的行政机构，一方面服从幕府的统治，另一方面具有相对的自主性，与幕府形成了相互依存、相互补充的关系。在严密的幕藩体制的控制下，江户时代的日本没有出现大名混战的局面，迎来了二百多年和平、安定的时期。得益于此，儒学、国学、水户学等方面的研究成果层出不穷，吉川神道、儒学神道、国学神道等多种神道思想应运而生。

一　战国时代中断的朝廷祭祀相继恢复

战国时代，各地战乱不断，室町幕府权威败落，丧失了对各地大名的控制能力。连年的混战导致各地田地荒芜、税收减少，幕府和地方的财政日益匮乏。经费的减少使很多朝廷祭祀活动被迫中断，如二十年一度的伊势神宫迁宫在15世纪中叶停止，新尝祭、大尝祭在应仁之乱前也无法举行。应仁之乱爆发后，"二十二社奉币"也难以举行，就连守护天皇的神祇官八神殿也在战火中被烧毁。后来，神祇官的旧地变成二条城的一部分，中世时业已衰落的神祇官变得更加名存实亡。

德川幕府建立以后，陆续恢复了中断的朝廷祭祀活动。大尝祭和新尝祭在时隔二百多年后，分别于1687年、1688年重启。但是，当时的祭祀并没有恢复到以前的规模，祭祀流程也被简化。如新尝祭本来是天皇亲自感谢天神地祇的祭祀，但当时并没有让天皇直接祭拜神灵，而是由"神祇官代"[①]代劳。之后，在德川吉宗、一条兼香等人的协助下，樱町天皇基本复原了古代大尝祭、新尝祭等朝廷祭祀的古代祭祀模式。而且，从樱町天皇时期起，大尝祭成为历代天皇就任时都要举行的祭祀仪式。到了光格天皇时期，战火中烧毁的神嘉殿得以重建。此后，新尝祭也成

[①] 代行神祇官部分权力和职责的机构，一般指德川家康认可的吉田山上的八神殿。

为朝廷每年例行的祭祀，几乎没有再中断过。

伊势神宫迁宫也在江户时代恢复到了"二十年一迁宫"的古老模式，并一直持续到明治时期。实际上，早在战国时代后期，伊势国临济宗的僧侣——清顺和周养就促成了伊势神宫的迁宫，只是当时没有实现二十年一迁宫的目标。作为庆光院的第三代住持，清顺对于中断了百余年的伊势神宫迁宫深感忧虑，积极劝说各地大名支持迁宫。他先是通过"御师"向外宫的神主传达了迁宫的希望，之后向各地武家筹集资金，最终在1563年促成了外宫的迁宫。清顺死后，周养成为庆光院的第四代住持。他继承了清顺的遗志，在织田信长、丰臣秀吉、关氏等较有权力的武士支持下，于1585年实现了内外宫同时迁宫的目标。但是，下一次迁宫并不在时隔二十年的时点上，而是在1609年。也正是从这一年起，伊势神宫二十年一迁宫的传统得以真正恢复。

之后，在1647年，也就是朝廷向东照宫派遣"例币使"的第二年，朝廷恢复了在神尝祭时向伊势神宫派遣"例币使"的传统。按照传统，"例币使"一般由三位以上的公卿担任，并由王氏、中臣、忌部、卜部等专门从事神道祭祀的官员随行。恢复后的"例币使"一定程度上延续了这一传统，由河越氏担任使王代、藤波氏担任中臣使、真继氏担任忌部使。但是，担任卜部使的吉田氏却被神宫拒绝参与[①]。到了18世纪中叶，向"二十二社"中的"上社"进行奉币，即向伊势、石清水、贺茂、松尾、平野、稻荷、春日神社的奉币在中断了大约三百年后也得以重新开始。

如此，曾在战国时代中断的朝廷祭祀于江户时代陆续得以恢复，并基本保留了古代原有的形式和内容。德川幕府不但没有限制朝廷祭祀，反而持有积极支持的态度。这貌似与幕府实行的限制天皇世俗权威、公家政治权力的措施相矛盾，但正反映了德川将军试图用天皇的宗教权威来支撑将军权威、塑造身份差异的政治目的。

二　德川幕府强化神道管理

为了从思想上加强上下尊卑的关系，确立中央集权式的统治体制，

[①] 冈田庄司：『日本神道史』，吉川弘文館2019年，第197頁。

德川幕府强化了寺社奉行的职能，让其真正发挥管理神社和寺院的作用。寺社奉行早在镰仓时代就已经出现，只是在中世多设在大的神社内，负责处理相关诉讼、修理神社、神道祭祀等事宜。德川家光担任将军以后，不断完善寺社奉行的功能，把其打造成为管理全国寺院、神社以及僧侣、神职、修验者、阴阳师、连歌师等的行政机构。寺社奉行直属于将军，和老中管理下的勘定奉行、町奉行在地位上有显著区别。担任寺社奉行的官员从谱代大名中选出，任职一定时间后还会被提拔为京都所司代、大阪城代等重要官职，有的甚至担任幕府老中，负责统领全国的政务。此外，各藩也设置有寺社奉行，畿内还有京都町奉行、大阪町奉行、山田奉行等等。地方的寺社奉行负责地方寺院和神社的领地即"寺社领"的纠纷等事宜，而幕府的寺社奉行主要处理藩与藩之间"寺社领"的争端，以及江户、武藏、相模、上野等地"寺社领"等方面的相关诉讼。

法度方面，德川家纲执政时期制定了针对全国神社和神职人员的《诸社祢宜神主法度》。该法令共由五条组成，从神职、社殿、社领等方面进行了规范。其中，第一条规定："诸社之祢宜神主等，专学神祇道，所其敬之神体，弥可存知之，有来神事祭礼弥可勤之，向后于令怠慢者，可取放神职事。"[①] 即神职人员要专心研究神祇道，勤于神道祭祀。第二条规定，神职申请叙位时须通过各自的传奏，即"以传奏遂升进辈者，弥可为其通事"[②]。传奏是神社和朝廷之间的纽带，知名神社的传奏多由特定的公家担任，如春日大社的传奏是坊城家、伏出见大社的传奏是白川家、出云大社的传奏是柳原家。神社的传奏一般在武家传奏的控制和监督下，并通过武家传奏向朝廷进行申请，所以神职人员的官职聘任实际仍由幕府控制。第三条是关于神社人员服装的条款，规定没有位阶的人员只有获得吉田家的许可证后才能穿着"白张"[③] 以外的服饰。意思是说，没有职位的神社人员穿着"白张"，有职位的神职人员才可以着"狩衣"。"狩衣"在江户时代是位阶处于四位的武士的礼服，可见神职人员

---

① 国学院大学日本文化研究所：『神道事典』，弘文堂2004年，第116页。
② 国学院大学日本文化研究所：『神道事典』，弘文堂2004年，第116页。
③ 白张和狩衣本来都是宫廷内的服装，狩衣是公家的平时服装，而白张是宫内下人的着装。受此影响，神社也用白张和狩衣突显地位的高低，地位较高的神官穿着狩衣，而搬运工等地位较低的工作人员穿着白张。

在身份上的高贵。而且,该规定突出了吉田家的作用,使吉田家颁发的许可证具有了国家的效力。第四条规定:"神领一切不可买卖事"①,禁止神社领地的买卖。德川幕府允准神社享有领地的收益,并颁发带有红色印章的"朱印状",给予神社领地以很高的荣誉。但是,神社没有领地的所有权,不能进行买卖,将军更替时还要再次颁发"朱印状",对神社领地进行认定。第五条则要求神社维护社殿,规定:"神社小破之时,其相应常常可加修理事。"②

该法度制定后,幕府向各藩以及各地神社进行发布。为了让吉田家明确自身的职责和权限,每当幕府授予吉田家领地以"朱印状"时,还要把该法度再次发给吉田家。意在表明,尽管吉田家有资格颁发神职位次、神职着装等方面的证书,但神社的管理权在幕府,社领也并非神社的所有地。同时,很多地方的神职人员以法度中"专学神祇道"的条款为理由,开始摆脱"寺请制度"③的限制,不再与寺院结成檀家关系。如水户藩藩主德川光圀在法令颁布不久后拆除了水户藩近千家寺院,实行神佛分离政策,确立了"一村一社制"。深受山崎暗斋影响的会津藩藩主保科正之则拆除了当地近二十年来建设的寺院和佛堂,并禁止再次修建。冈山藩的池田光政还废除了"寺请制度",任用力主排佛的熊泽藩山,对日莲宗进行严厉遏制,并鼓励采用神道方式举行葬礼,即"神葬"。但是,宽文末年(1673),当这些积极排佛的人死去或隐居后,曾一度废除"寺请制度"的藩又按照幕府的要求再次重启了这一制度,可见幕府始终没有改变支持佛教的方针。对于"神葬",幕府采取有条件的认可策略,即神职人员和其嫡长子在得到吉田家许可,并在檀那寺同意的前提下可以采用。

但是,在整个江户时代,有很多人在死后被采用了神道祭祀的方式,包括幕府将军、大名以及普通民众。如德川家康死后,德川秀忠把他葬于久能山,为其建设东照社,并用唯一神道的方式进行祭祀。朝廷

---

① 国学院大学日本文化研究所:『神道事典』,弘文堂2004年,第116頁。
② 国学院大学日本文化研究所:『神道事典』,弘文堂2004年,第116頁。
③ 为防止基督教的传播,德川幕府采取的控制民众信仰的一种制度。其做法是个人和寺院结成檀家关系,寺院为个人开具不是基督教徒的证明。

还在德川家康死后不久,授予其"东照大权现"的神号以及正一位的神阶,确定了德川家康死后作为神的层次。一周年忌时,基于山王神道而建设的日光东照宫落成,幕府组织举行迁座祭,把神体迁移至日光的东照宫。之后,各地大名也纷纷在藩内建设东照宫,"劝请"东照大权现,从而形成了东照宫信仰的风潮。而这种将死后的人作为神进行祭祀的做法也被大名们效仿,很多藩出现了将藩祖作为神,并将其死后埋葬的墓碑、祭祀的祠堂作为神社的情况,甚至出现了将活人当作神进行祭祀的"生祠"。

三 儒学神道思想和国学神道思想的兴盛

近世日本的神道思想是伴随着政治思想中朱子学的兴盛而突显出近世特征的,出现了林罗山、吉川惟足、度会延佳、山崎暗斋等用儒学解释神道的思想家,派生了吉川神道、后期伊势神道、垂加神道等神道派别。尽管中世的伊势神道、唯一神道的论述中也有儒学的成分,但其目的主要是为了对抗"本地垂迹"学说,并不是把儒学作为主体进行解释。而江户时代的儒学者则是用儒学阐述神道,论述儒学和神道的一致性。如"神儒一致说"的创始人——藤原惺窝认为,儒学和神道虽然名字不同,但其本质相同。林罗山发展了藤原惺窝的"神儒一致说",提出了神道即王道的说法。他指出,神道和儒学都是宇宙万物之原理,而历代天皇传达的国家统治的原理和精神就是神道,也是王道。

和林罗山一样,吉川惟足也把神道作为国家的经世学问,并重视三种神器中所富含的德行。他用五行学说中的土、金叙述人伦,认为土为万物之母,金为万物之父。人心中本来就有万物之本性(理),让其发挥后就可以实现人和神的合一。而且,他认为君臣之道自天地开辟之初就已存在,比父子之道更为重要,所以人们应以真诚之心侍奉天皇。他主张的神道被称作吉川神道,也称理学神道。因为吉田家本来就是幕府承认的管理神社、神职的机构,而吉川惟足及其子孙又担任寺社奉行中的"神道方"一职,负责研究神道书籍、梳理神祇历史、调查各地祭祀等工作,所以吉川神道对保科正之、山崎暗斋等藩主、思想家产生了深刻影响,一度成为很多藩拆除寺院、废除"寺社制度"的理论武器。

后期伊势神道的度会延佳也主张"神儒一致",但他认为神道思想处于主要位置，儒学只是用来说明神道的手段。他不像林罗山那样对神道进行政治解释，而是认为民众的日常生活和教义中就有神道，所以他的信仰者不仅有神职人员，还有众多的普通民众。深受伊势神道影响的山崎暗斋则把《日本书纪》和《中臣祓》作为主要文献进行研究，采用"伊势神道五部书"之一的《倭姬命世记》中的"垂加"一词，把自己宣扬的神道称作垂加神道，成为近世儒学神道的集大成者。他以朱子学中"天人合一"的原理阐述天人唯一神道，认为神灵就内在于人心。和吉川惟足一样，他也重视阴阳五行中的土、金，把土、金作为神道思想之根本。他还继承了吉川神道、伊势神道主张的君臣之道思想，否定革命的理论，认为君臣关系是永远不变的关系。为此，他翻刻韩愈的《拘幽操》，意在说明即使被幽闭也不能改变忠臣心的道理。他的思想被正亲町公通、吉田幸和等人继承，对近世后期的尊皇思想产生了很大影响。

然而，儒学和神道的结合还是没有摆脱神道思想受外来文化影响这一点。近世中期以后，日本兴起了不借助外国宗教、论说，通过研究日本古典探索日本之优越性的国学。随之，国学者们开始用日本古典阐述神道，试图排除神道中的儒学、佛教等元素。这种神道被称作国学神道，也称复古神道。比较有代表性的思想家有荷田春满、贺茂真渊、本居宣长、平田笃胤等等。其中，荷田春满对《古事记》《万叶集》《伊势物语》等古典作品进行了精密的考证，认为神道是日本唯一的道，是道义的东西。而人比神低劣，必须通过修行才能获知道义。贺茂真渊是荷田春满的弟子，注重《古事记》的研究，认为《古事记》传达的才是真正的古意、古道。他反对儒学神道所说的生硬的、以是非善恶来评判万物的道，主张如同天地之心那种圆润的、包含一切的古道。

本居宣长继承了贺茂真渊的古道说，站在对抗儒学神道的立场上，通过《古事记》阐述神道。他认为神道出自高御产巢日神，从伊邪那岐、伊邪那美开始，经天照大神继承、传播之后，万物得以生成、生长。他指出，天地间的神各式各样，且有善恶之分，所以人无法用智慧揣测和理解神的行为。他认为人们通过高御产巢日神之灵就能获取正确的生存方式，不需要佛教、儒学的教理，从而否定了佛教、儒学对神道的解释。他极端地美化日本，将天照大神至天皇的系谱予以绝对化处理，并认为日本比其他国家都高贵，只有日本人自神代以来一直接受太阳（天照大神）的恩惠，所以日本没有出现其他国家那种背离人道的动乱时期。

深受本居宣长影响的平田笃胤一边继续宣扬日本的独特性、优越性，一边构建新的世界观、宇宙观、来世观。他涉猎中国、印度等多国的文献，努力证明唯一神道提出的"根叶花实"的理论，力图说明日本是万国之本。在来世观方面，他否定了本居宣长所说的人死后去往污秽之黄泉的认识，认为人活着是天皇的"御民"，死后会去往大国主神主宰的冥界。而冥界和现世同为一体，只是从现世中无法看到而已。这样，他深化了本居宣长提出的"幽"和"显"的概念，把"幽"的世界提高到和现世相同的规格。本来神道主要关注现世，较少阐述死后的世界，而平田笃胤的理论却深化了对死后世界的解释，使神道的宗教性更加突显，也为神葬祭提供了更好的理论支撑。他的思想被平田铁胤、大国隆正等人进一步扩展，产生了重视本土宗教、注重产土神的学说。

如上所述，近世的神道思想中，儒学神道和国学神道占据了主要地位。此外，作为融合了儒学、国学、史学的学问，水户学中亦有很多对神道的阐述。尤其后期水户学在论述"尊王攘夷"的合理性时，肯定了从神代到天皇的系谱，成为幕末尊王攘夷运动的重要支点。再有，石田梅岩、二宫尊德、增穗残口等人的作品或主张中也有一些神道的叙述，从广义上而言也是近世神道思想的一部分。

四 民间神道祭祀的活跃

德川家康结束了兵荒马乱的战国时代，开启了长达二百多年和平的江户时代。在治安相对安定的社会环境下，日本人得以安心从事生产、经营，逐渐摆脱了对未来的不安，开始有余力去追求物质和精神方面的享受。而檀家制度实施后，庶民拥有了各自的檀那寺。檀那寺负责处理葬礼等与死亡相关的事宜，并声称可以为亡灵超度往生，从而进一步减轻了日本人对死后世界的恐惧。随之，中世日本人那种对现世世界的忧虑逐渐转变为对世俗世界的关注，其信仰的神灵也更加多元化，神道祭祀更加具有娱乐性。

江户时代的日本民众创造出许多符合自身利益的小的神灵，学术界将这种神称作"流行神"，即在一段时间流行过的神，如江户地区有些人头疼时祭拜的高尾稻荷、患有痔疮时祭拜的痔运灵神、长有脓包时祭拜的锥大明神等等。"流行神"大多是阴阳师、巫师、修验者等民间的"灵验之人"为适应民众的愿望而编造出来的,所以"流行神"不像知名神那样具有深刻的历史缘起,也不像氏族神那样有相对固定的信众。多数情况是,人们需要某神守护时则进行祭祀,不需要时就不予理会,短时间流行是其重要的特点。而且,人们会根据不同的愿望选择祭祀不同的神,并不会只信仰某个固定的神。所以,民众大多不会为这些神建设神社、祠堂,而是在祭祀时临时搭建祭坛,或把某个物体、方位当作意象中的神体。

知名神信仰方面,伊势信仰、熊野信仰、富士信仰、稻荷信仰等在民间广为流行,引发了多次群体参拜的浪潮。如有文献记载的江户时代发生的伊势神宫大规模参拜至少有十五次,其中明和八年(1771)的参拜人数多达200万以上。有些人甚至在没有经过家人、老板同意的情况下就偷偷前去参拜,包括妇女、儿童以及在店铺打工的"奉公人"。出现这种情况的原因有很多,如有的人是为了观光,有的人是为了从众,也有人是为了摆脱家庭的羁绊。但最重要的一点是,在伊势神宫"御师"的宣传下,很多民众深信伊势神的灵验,将参拜神宫当成了自己的愿望和义务。当时,很多知名神社的御师活跃在日本各地,宣扬相应的神灵信仰,组织人们共同祭祀、学习。这种具有相同信仰的结社称作"讲",如富士讲、稻荷讲、秋叶讲、金比罗讲等等。参拜时,有的是"讲"的成员集体前去参拜,称作"总参讲";有的是选出代表前去参拜,称作"代参讲"。而这种群体参拜的频繁出现离不开江户时代安定的社会环境,如山贼、海贼的大量减少、战国时代各地关卡的废除、交通的日益畅通等等。同时,随着商品经济的发展,参拜的沿途出现了很多旅馆、饭店,还有不少娱乐设施和观光设施。这样,远途参拜就变得没有那么困难,参拜目的也不再仅仅是出于信仰。

在江户、京都等大的城市,领主们则重启了很多起源于古代,但后来中断的知名神社的祭祀,并让町人们参与其中,打造出很多规模宏大、特色鲜明的祭祀活动。如江户日枝神社的山王祭、根津神社的根津祭、神田神社的神田祭,京都今宫神社的今宫祭、八坂神社的祇园祭,大阪天满宫的天神祭,博多栉田神社的祇园山笠,等等。这些祭祀活动的参与者不仅有神社的氏子①、信仰者，还有很多慕名而来的游客。祭祀时，人们抬着神轿，推着彩车，载歌载舞，和现代日本的神社祭祀场景十分相似。祭祀费用有的主要由领主负担，有的则主要由町人承担。町人作为主要出资方时，一般由各个町轮流操办，有的还会选出"当屋"作为主要负责人。此时，领主和寺社奉行等管理层就不用参与具体的祭祀活动，只负责批准祭祀的开展，并提醒人们避免浪费。

第四节　近代日本的神道

经历了幕末的尊王攘夷和大政奉还之后，日本进入了融合西方近代文明和日本封建思想的近代。当时，日本政府积极构建天皇的权威，试图以天皇制来统合民众的思想。他们注重天皇与神道的紧密联系，从机构设置、政策制定、思想管控等方面实施了一系列措施，推行神佛分离的政策，把神道确立为国家的意识形态，从而导致了神道的全面国家化，很多学者将这种现象称作国家神道②。另外，具有较强组织性和相对完善教义的神道教派、神道系新宗教大量涌现，神道教团运动达到高潮，从而引发了日本人神道信仰的又一巨大变化。

一　成立专门的神道管理机构

在江户时代，武士掌握政权，天皇地位相对虚无，神祇官制度已无法发挥实际作用。然而，明治维新后，政府开始注重神道在政治中的地位，重用平田铁胤、大国隆正、矢野玄道、福羽美静等复古神道的提倡者。尽管这些神道家的思想有所不同，但都主张恢复神祇官的功能，希望实行"祭政一致"的政治体制。受这些人影响，明治政府成立后不久就提出了"王政复古"的口号，推行新的神道政策，试图使神祇官重新崛起。1868年2月，政府成立了神祇事务科，后来改名为神祇事务局，

---

① 氏子是指信奉同一村氏神即村庄保护神的村民。
② 参考第三章第二节近代日本的国家神道中的内容。"祭政一致"制度、神佛分离政策、海外神社等也是近代神社的一部分，这些内容与近代日本政治的关联性较大，所以放在第三章具体阐述。

由白川家、吉田家的"当主"以及平田派的学者担任事务局的官员，推进神佛分离政策和全国神社统一支配的政策。这样，社僧、别当等带有浓厚佛教色彩的神社工作人员被取缔，神社中的佛教元素逐步被肃清，长达数百年的"本地垂迹"思想很难再与神社建立紧密联系。

1868年4月，明治政府恢复了律令制时期的太政官制。神祇官作为太政官下属的机构，负责管理神祇、祭祀、神社等相关事务。1869年，神祇官从太政官制中独立出来，成为和太政官享有同等权威的机构。这样，政府就把神祇官的地位恢复到了律令制时期的水平，表现出对神社管理、神道祭祀的高度重视。而神祇官的地位被抬高后，之前由白川家、吉田家或其他公家担任"神社直奏"的管理体制只能中止，在江户时代支配全国大部分神社的吉田家、白川家丧失了曾经享有的权威和利益。而且，明治时期的神祇官比较注重神社管理、宗教事务的规范化和标准化，从国家的层面加强对神社的整体管理和控制，制定神社祭祀手册、神社建筑标准等等，从而有效防止了某些氏族或个人掌控神社和祭祀，保证了神社的行政化。

然而，毕竟神祇官不具有实质性的行政职能，不借助太政官的力量难以真正落实政府设定的国民教化的任务。政治家们也逐渐认识到这一点，于是在1871年将神祇官改为神祇省，重新置于太政官的管理之下。这个降格举措貌似降低了神祇官的地位，但从当时的太政大臣——三条实美同时兼任神祇伯一职的现象来看，反而体现的正是"祭政一致"的原则。然而，神道界对政府的意图并不理解，对神祇官级别的降低和职能改变表现出了极大的不满。为了平息神道界的情绪，也为了推动"大教活动"，政府于1872年将神祇省改为教部省，让其负责管理神道、佛教、基督教等宗教，扩大了其职责范围。这种情况一直持续到1900年，即内务省神社局成立。之后，神道和佛教、基督教等其他宗教的管理机构进行了分离，神道归属神社局管理，而佛教、基督教等则由内务省宗教局管理。神社局负责管理全国的神社和宗教事务，其设立标志着神道被纳入了现代国家体系之中。1940年，神社局扩大为神祇院，并一直保持到"二战"结束。

总体而言，近代的神社由神社局、社祇院管理，但由于神社祭祀神灵、组织方式、社格的不同，具体的神社管理机构也有所差异。例如，随着军国主义思潮的兴起，陆海军部开始涉足神社事务的管理。特别是在20世纪30年代，陆海军省对靖国神社的管理权不断加强，将其视为军队精神的象征和武士道传统的体现。殖民地的神社由当地政府负责管理，同时接受内务省、拓务省的集中监管。而教派神道与佛教等其他宗教一样，属于内务省宗教局的管辖范围，同时需要遵循所谓宗教一律平等的原则。1926年，宗教局被划归文部省管理，教派神道也随之移至文部省之下。而那些没有被认定为合法宗教但具有神道特点的组织，则无法属于任何管辖机构，只能成为警察、司法机关监督的对象。

二 完善神社管理制度

在明治时期以前，许多神社作为自主经营的组织，掌握了相当多的土地和财富，拥有较强的经济实力。然而，1871年政府下令将所有神社的领地归属国家管理，并由国家和地方拨付资金运营和举办祭典。同年5月14日，太政官发布了《废除神官世袭之要件》，指出：按照"祭政一致"的国家治理原则，神社不可以成为私有财产，神职人员也不能采用世袭制度，而应该由国家统一管理。为了规范神社的待遇和神职人员的职责，神祇省公布了《官社以下定额·神官职制等规则》。根据这一规定，神职人员被定位为官僚，纳入国家的公务管理体系。这一变化不仅意味着神职人员的地位提升，也标志着国家掌控了对神职人员的考核和管理。神职人员可以获得高额的俸禄，同时可以按照国家的需要调动所在的神社。

同在1871年，日本政府仿效《延喜式》的神社等级划分方式，将神社划分为官社、民社和无格社三类。官社指在祈年祭、新尝祭等活动中享受国家奉币的神社，包括神祇官负责祭祀的官币社和地方负责祭祀的国币社。官币社多是为祈求国家繁荣昌盛、国民安康的神社（如"二十二社"），也包括与天皇有亲缘关系的神社。国币社则多为当地最具影响力、保佑该地区平安的神社。这些神社按照"格"的高低又可分为大格、中格和小格。民社则指从府、县、市、町、村获得奉币的神社，其"格"的等级根据行政级别来确定，可分为府县社、乡社和村社。无格社则是指规模较小、神明不知名、影响力较小的神社。伊势神宫虽然没有被赋予社格，但地位却最高，位于所有神社之上。政府通过这些规定将原本已经私有化的神社掌握在国家管理之下，使其成为既服务于国家统治又受国家监管的机构。

之后，政府又出台了一系列规范神社的政策和法令，如《官国币社及神宫神部署神职任用令》《神社寺院佛堂合并迹地之转让要件》等，在神社的设立、名称、祭祀、财产、神职人员等多方面做出了明确规定。如规定神社应遵守祭祀程序和仪式，不得违反道德和法律规范；神社的财产和收入主要来自信徒的捐赠和政府的拨款，应当用于祭祀、神社的管理和维护等方面；神社的建筑和设施应符合安全和卫生标准，必要时需进行修缮和改建；神职人员应经过考试和严格的选拔程序，并有一定的任期；神职人员须遵守神社的规定，不得违反法律和道德规范；神社的监督和管理由政府机关和神职人员共同负责，政府有权对神社进行检查和监督，对于违反规定的神社进行处罚和取缔；等等。在诸多细致条款的规定下，近代日本神社的管理变得更加规范化、标准化，一定程度上推进了神社信仰的发展。但与此同时，日本政府也进一步将神社与国家紧密结合起来，使神社成为服务于日本政府的工具。

但是，近代日本政府对神社的管理和运营还是存在很多不规范的地方，神道制度的落实也有很多监督不力的环节。如在明治初期，明治政府颁布了"神佛分离令"，想要将神社与佛教寺院分开管理，以加强神社的独立性和地位。然而，在执行过程中，政府并没有完全割断神社与佛教的关联，甚至在某些情况下允许神社与佛教寺院进行联合活动。这些乱象成为近代日本存在的传统与现代、政治与宗教的矛盾之一。一方面，政府想要用近代合理化的方式规范神道，力图将神道纳入国家的管控之中；但另一方面，底层的神道信仰却很难改变，表现出对强制性政治措施的否定和抵抗。

三 近代神道教团的崛起

尽管近代日本国家神道的影响较为普遍，但并非当时日本人的神道信仰全部被纳入国家神道。例如，许多民俗信仰仍然保留了原有的样态，近代兴起的教派神道和神道系新宗教等也与国家神道存在很大差异。

在古代，相比于佛教，神道的组织性和团体性较弱，神道思想和实践的结合也不够深入。江户时代的吉田家、白川家等虽然有比较完善的神道组织，也有向教派发展的趋势，但最终没能形成基于特定宗教信仰或教义的组织或团体。而复古神道家、国学神道家则多进行思想层面的探讨和研究，较少进行宗教实践。与此不同，近代日本出现了许多有组织、有教义且不依托于神社的教团组织，可大体分为教派神道和神道系新宗教。其中，教派神道多指明治政府批准的十三个神道教派，即黑住教、神道修成派、大社教、扶桑教、实行教、大成教、神习教、御岳教、神道本局、神理教、禊教、金光教和天理教。这些教派受近世国学、复古神道等神道理论的影响较大，具有规范的神道礼仪和教义。而神道系新宗教则是在吸收传统神道要素的基础上，以教祖为中心进行宗教活动的宗教团体，如天理研究会、神道天行居、惟神教、天元教等等。这类宗教虽受传统神道的影响，但创始者的独创性更加明显，传教活动也更加活跃。

　　但是，无论是教派神道，还是神道系新宗教，它们的源头大多都可以追溯到江户时代。当时，阴阳师、修验者等民间传教者积极宣扬神的灵验之处，"流行神"在日本民间广为流传，民间宗教曾一度兴盛。其中，一些民间信仰被幕府视作邪教而加以制止，而另一些信仰则得到了大量信众的支持和发展。尤其是以富士山、御岳山、伊势神宫等著名神灵和山岳为中心的宗教组织逐渐发展成为许多信徒支持的神道组织，成为近代神道系教团产生的源头。如富士信仰派生了扶桑教、实行教，御岳信仰派生了御岳教，出云大社信仰派生了大社教，伊势神宫信仰派生了神宫教等等。据说，很多教派的教祖有过神奇的宗教体验，通过神灵的启示感知自己的使命，并以神奇的经历吸引信众的支持，进而形成了拥有广大信众的团体。如黑住教的教祖黑住宗忠曾是冈山今村宫的祢宜，他的父母去世后曾郁郁寡欢。1814年的某天，自称在祭拜太阳时体验到与太阳融为一体，达到了与天地同根、万物同体的境界。从此，心情愉悦，大笑数天。再如，金光教的赤泽文治曾是江户末期的农民，身患疾病且遭遇家庭不幸后，自称接到"立教神传"的神谕，于是放弃农业，专心于传达天地金乃神的指示。天理教的教祖中山美支则是在为长子祈祷疾病康复时，突然神灵附体，称自己是元之神、实之神，可以拯救世界，并说希望中山美支成为传达自己指令的媒介。经过一段时间的困惑、苦恼后，19世纪50年代中叶，中山美支开始宣教。诸如此类，带有巫术色彩的神秘体验在巫术信仰浓厚的江户时代末期兴起，之后伴随着日本近代城市化的发展以及社会矛盾的滋生而日益形成固定的教团。

另外，江户时代的国学神道、复古神道等神道思想的兴盛又为这些教团的出现提供了一定的教义基础，很多教团的创始人起初就是国学神道家、复古神道家的门人，如扶桑教的创始者宍野半曾是平田铁胤的门下，神道本局的初代管长稻叶正邦、实行教的创始人长谷川角行也都学习过平田派的国学。而且，这些教派神道的创始人几乎都是当时的官员，掌握一定的权力且拥有从事神道工作的经验。例如，大成教的第一任管长平山省斋曾在幕末担任外国人奉行等官职，明治维新后担任日枝神社的祠官和冰川神社的大宫司，1879年组成大成教会，1882年独立为大成教。神习教的创始者芳村正秉在明治维新后曾任职于神祇官、教部省，热衷于神道，反对推行神佛共同布教的大教院，之后离开教部省，于1882年成立神习教，担任首任管长。神宫教的首任管长田中赖庸则在神祇省、教部省工作，担任神宫大宫司、神道事务局副管长等职，1882年成立神宫教。

之所以1882年前后出现了如此多的神道教派，是因为明治初期的神道政策、"祭神论争"等事件让本来就有一定信众基础的神道人士认识到了成立神道教团的必要性。教部省成立后，政府把神官和僧侣都认定为国家的教导职，进行国民教化，由中央的大教院和地方的中教院、小教院来管理。但是，大教院供奉造化三神，神道色彩比较浓厚，遭到了岛地默雷等曾经推动教部省成立的净土真宗教徒的反对。岛地默雷认为，担任国家祭祀的神官，尤其是官国币社的神官和佛教徒一起进行国民教化的形式即"神佛合同布教"，违反了政教分离的原则。在岛地等人的指导下，很多净土真宗的教派离开了大教院，致使大教院的功能进一步丧失。面对组织性强、布教范围广、教义明确的佛教，神道人士深感加强神道组织、明确神道教义的重要性。这样，在稻叶正邦、田中赖、平山省斋、三条西等人推动下，成立了以神道独立发展、自立自强为目的的神道事务局，取代了大教院。这些人后来成为各个神道教派的管长。他们认为应明确神道教义，建立不同于既有经典、教义的学说。神道事务局的成立使神道家们有了共同的组织，可以一起探讨神道的理论以及神道的发展。但是，神道祭祀神灵的多样性使神道家们争论不止，引发了有名的"祭神论争"，尤其以出云派和伊势派的对立最为显著。面对难以休止的论争，政府于1881年下令要求所有神道人士都要遥拜宫内祭祀的天神地祇、皇灵殿、贤所，从而终止了在祭祀神灵、教典教义等方面的对立，但同时也促使很多不认同政府观点的人离开事务局，成了单独的神道教派。1882年，神道修成派、黑住教、大社教、扶桑教、神习教、大成教、实行教、御岳教纷纷成立。之后，1886年神道本局，1894年禊教、神理教，1900年金光教，1908年天理教成立，最终确定为十三教。

这样，教派神道在明治前期迎来高潮，影响力不断扩大。到了明治后期，有些神道教派的势力逐渐衰退，而神道系新宗教的影响力却日益增强。神道系新宗教数量庞大，多达百余个[1]，其中很多由教派神道派生，如大本教引发了大本系新宗教的运动，派生了生长之家、大日本观音会等很多教团；天理教本来就被很多人认为是神道系新宗教[2]，同时还派生了天理研究会等其他教团。这些教团的教祖也大多有神奇的经历，如九头龙大社的大西正治郎自称得到过辩财天大神的神托、日光教的寺口光次郎称曾感知到百舌鸟八幡大菩萨的神意等等。他们以神的指示或某种神道思想作为依托，组建弟子群，并通过弟子的宣传不断壮大组织。如天理教的饭降伊藏、黑住教的森下景端、金光教的斋滕重右卫门等人都是当时知名的教团推动者，而这种由弟子、信众广泛布教的形式也成为神道系新宗教的重要特征。

第五节　现代日本的神道

1945年，日本战败投降后，美国对日本进行了旨在铲除军国主义、肃清封建主义的民主改革，"二战"前日本的政治体制、经济模式、文化

---

[1] 《新宗教事典》收录了三百以上的教团，其中约有一半是神道系新宗教，还不包括已经消失的教团。

[2] "二战"后学术界多把天理教、金光教等"神道十三派"中的有些派别认定为神道系新宗教，原因是这些宗教的教祖明确，宣教积极，"创唱宗教"的特点较为突出。

形态得以改变，近代国家神道得以被废除。之后，随着"二战"后经济的发展和城市化的推进，传统日本社会的等级观念和家族观念逐渐弱化，强调个人和平等的价值观逐渐增强。而随着动漫、游戏、音乐等流行文化的发展，加上因特网的普及，很多日本传统文化包括神道也突显出娱乐性、现代化的特点。

一　神社本厅的成立及神社的宗教法人化

为了防止日本再次陷入军国主义的泥潭，美国占领日本后采取了严厉的措施来取缔近代国家神道。1945年，美国先后颁布了"人权指令"和"神道指令"，禁止神道组织从事任何形式的政治活动，不允许将神道与任何政治组织或政治运动挂钩。解散国家神道和其他军国主义组织，以消除它们对日本社会的影响。同时，对所有神道组织进行清查，排除其中与军国主义有关的成分。"神道指令"中首次提出了国家神道的概念，认为国家神道是在军国主义思想下成立的官方神道组织，是推动侵略战争的重要手段。

同在1945年12月，联合国军最高司令官总司令部（GHQ）废止了"二战"前制定的与神社相关的诸多法令，包括近代日本政府颁布的《宗教团体法》，取而代之的是《宗教法人令》。法令规定："神道教派、佛教宗派、基督教以及其他宗教的教团，包括寺院、教会等，依据本令成为法人。"[①] 法令还规定，各个宗教法人应确立相应的目的、名称、所在地、机构构成，应制定有相应的规章制度。然而，该法令实质上是"二战"后初期美国当局为规范日本宗教而采取的临时措施，缺乏科学的调查和严密的论证，没有明确规定宗教法人的申请方式、成立程序、管理方式等内容。细节上的疏漏致使行政监管难以深入，假借法令而滋事的情况频发。

1947年，规定了"二战"后日本民主、和平发展方向的《日本国宪法》正式颁布实施。这部宪法确立了尊重基本人权、国民主权、和平主义的原则，明确了政教分离、信教自由的准绳。宪法第二条规定保障人们的信教自由，任何宗教团体不得享有国家给予的特权，不得行使政治

---

① 国学院大学日本文化研究所：『神道事典』，弘文堂2004年，第131页。

上的权力。由于《宗教法人令》实施中暴露出的问题日益突出，加上宪法进一步明确了宗教管理的原则，政府于1951年废除了《宗教法人令》，颁布了《宗教法人法》。《宗教法人法》是日本"二战"后较为完善的治理宗教的法律，直到今天仍在施行。该法总则部分明确了两个目的：一是确保宗教团体拥有、维持以及使用宗教设施和其他财产的权利，允许宗教团体开展符合其宗教目的的活动，并赋予宗教团体以法律上的能力；二是宪法保障人们的信教自由，并规定国家在一切事务上须遵循这一原则。该法共计10章89条，分别从宗教法人的设立、管理、规则、合并、解散、登记等方面做了明确规定。与制定时间仓促、实施过程混乱的《宗教法人令》相比，《宗教法人法》中的条款更加规范、翔实。如第十二条规定，申请设立宗教法人时，需提前一个月通过一般报纸和宗教法人的机构报纸向信徒和相关人员公布其规则以及申请宗教法人的意愿，然后才能提交申请并进行认定程序。此外，即使被认定为宗教法人，如果其活动违反了《宗教法人法》的规定，宗教法人的资格也会被暂停或被强制解散。

再有，1947年公布的《第五十三号法律》针对神社掌管的国有土地和物品做出了规定。法律第一条规定，如果神社认为社寺无偿租借或保管的国有财产是宗教活动所必需的，可以在该法律实施一年后向政府申请将其归为社寺所有。待主管大臣审核后，这些财产可以无偿让渡给寺社。对于无法无偿让渡的国有财产，法律规定一定时间内可供神社申请购买，购买价格为原有价格的一半。这个法律的目的是通过灵活的方式，确保神社真正拥有宗教设施和其他财产，并实现神社与国家在资产所有方面的分离。

机构方面，1946年神祇院被废除，皇典讲究所、大日本神祇会和神宫奉斋会三个组织联合组成了神社本厅，主要负责统合全国的神社和神社相关人员，以确保神社的管理和发展。神社本厅的名称中虽有"厅"字，但并非国家行政机关，而是在《宗教法人法》的基础上建立的宗教法人。该机构在1952年制定了《神社本厅厅规》，并于1956年发布了"敬神生活之纲领"，强调神道遵循的三个原则，即"感谢神之惠、祖先之恩，以清明、真诚之心祭祀；为造福世人而奉献，承神之御心创建美好世界；接受天皇陛下之御心，怀和睦平和之心谋求我国与世界的繁荣。"① 神社本厅将伊势神宫作为本宗，致力于组织祭祀，教化氏子、信仰者，并谋求神社的兴盛。该机构由事务总局、研修所、教学研究所三部分组成。其中，研修所主要负责神职人员的培养，教学研究所则负责开展教学研究、调查和收集资料。作为神职的培养机构，神社本厅在国学院大学、皇学馆大学设置高等神职养成课程，并在各地设立神宫研修所、热田神宫学院等六所普通神职培养机构。

通过一系列法律的实施，神社成为需要遵循政教分离原则、教义向社会公开、教派活动接受法律约束的宗教法人②。这样，神道基本脱离了国家意识形态的范畴，成为人们可以相对自由信仰的宗教。也正是在宗教法人化的推动下，日本涌现出数以万计的宗教法人。除各地的神社以外，"二战"前的教派神道和神道系新宗教也以宗教法人的身份在"二战"后开展活动，如黑住教、天理教、禊教等。而且，在石油危机、公害问题、经济破产等社会危机爆发后，日本各地又涌现出很多新的宗教团体。其中，有些宗教团体虽然自称不属于神道系列，但其教义、仪式等却与神道有很大关联。如此看来，宗教法人化的规定加强了神社和神道教派的个体性和独立性，使它们能够更加凸显自身的教义和特点。这种发展趋势也促使神道思想呈现出更加多样化的特点，并进一步突出了神道作为宗教的特征。

二 神社参拜的个人化与神社的地域功能

"二战"后，随着近代国家神道的解体以及皇室神道的改革，神社成为日本神道信仰的核心。目前日本有八万多个神社，基本保持了1953年统计时的数量，比1941年时减少了近3成。之所以神社数量有所减少，主要是因为战争破坏、社会变革、城市化和工业化的影响。毕竟在第二次世界大战期间，许多城市和地区的神社遭到损毁或毁灭。而"二战"

---

① 国学院大学日本文化研究所：『神道事典』，弘文堂2004年，第134页。
② 政教分离以及宗教的法人化的实施，并不意味着"二战"后日本神道与政治的完全隔离。实际上，日本政治家频繁参拜神社，并在特定场合与神道祭祀活动产生联系。政治家在关键时刻参拜神社，既是为了向神灵祈福，表达对国家的祝福与忠诚，也是一种向选民传递价值观念和政治意图的象征性举动。关于"二战"后日本神道与政治的关系，可参考第二章第三节。

后美国改造日本时，又有一些神社因与军国主义关系密切而被取缔或合祀。之后，随着城市化进程的加快，原本位于农村地区的小型神社又有很多被忽视或废弃，从而进一步导致了神社数量的减少。但是，日本传统的知名神社并没有受到太大影响，八幡神社、稻荷神社、日吉神社等依旧遍及日本各地，相关信仰仍然吸引着众多的日本人。

而且，多数神社基本保留了原有的特点和功能，继续承载着人们祭祀和祈祷的愿望。但是，与古代相比，现代神社更加注重神社与个人的联系，积极接受家庭和个人的祈愿，满足个体对幸福、健康和平安的期待。特别是在岁时节日和人生礼仪方面，神社扮演着重要角色。其中，新年的初次参拜是非常著名的仪式，也是许多人前往神社参拜的重要原因。这个传统仪式被视为一种重要的开端，代表着对新一年的期许和祝福。因此，每年元旦时大量的日本人前往神社，向神灵祈福并表达对过去一年的感激之情。位于东京都涩谷区的明治神宫是日本知名的新年初次参拜的神社，每年都会有成千上万的人涌入神宫参拜，包括许多外国游客。除了新年，春分、七夕、秋分等节日也是人们前往神社参拜的时机。在这些节日里，人们向神社的神灵祈求庇佑，祈愿自己的愿望成真。

在人生的重要节点，日本人也会选择前往神社祈祷，参加各种仪式和庆典。当孩子出生时，父母会带着婴儿进行"初宫参拜"，祈求神灵庇佑孩子健康成长。之后，孩子成长到一定年龄时，家长会带着孩子前往神社庆祝七五三这个特殊的节日，表达感激之情并祈求幸福。到了成人式前后，人们也多会在神社接受神灵的祝福，表达对成年生活的决心。而当新人步入婚姻前，有些人会选择在神社举行神前结婚典礼，祈求神灵的祝福和庇佑。如此，人们通过神社参拜庆祝和纪念重要的人生时刻，并以此强调个人、家庭与神灵之间的联系。

同时，在个人主义盛行的现代日本社会，尽管氏神、氏子的观念逐渐淡化，但神社仍然在地域共同体内扮演着重要角色，是人们共同参与庆典活动的重要场所。神社一般会定期举办庆祝活动和祭典仪式，吸引大量民众的参与，形成了一个紧密的社区网络。例如，每年举行新年祭典时，很多地方的居民都会聚集到当地神社，参与神社的祭祀仪式，并以此来祈祷下一年的平安和幸福。如此，人们通过参拜神社、参与祭祀、捐赠贡品等方式，加强了彼此之间的交流、互动和团结，共同体验和分享着社区的凝聚力和活力。

此外,很多地方还依托神社祭祀,积极传承当地的历史文化元素,吸引更多人关注该地区的发展。许多神社凝聚着丰富的历史和传统,承载着古代日本人的信仰和价值观。如出云大社、佐贺神社等冠以古代的旧国名或郡名的神社,将历史和地域文化紧密联系在一起,成为历史遗迹和地方文化的重要象征。山神社、川神社等以自然风土为名的神社,则会使人们感受到自古以来日本人对自然力量的崇敬和信仰。鹿岛神社、八幡神社等用祭祀神灵命名的神社,则凸显了神灵与神社之间的紧密联系。因此,神社在充当人们祈祷之地的同时,也承载着日本文化的传承和丰富的历史记忆。人们在参与神社的活动过程中,不仅可以体验传统的仪式和庆典,还能够了解和传承当地的历史文化。如此,许多地方通过神社创造了新的公共空间,促进了地方文化资源的复兴,并为地方发展带来了新的机遇。这些神社成为地域文化的重要支柱,推动了地方的文化传承和经济发展。

三 神道的娱乐化与现代科技的融入

祭祀是代表日本文化的重要内容,也是日本各地共通的文化之一。自古以来,日本各地就有丰富多样的祭祀传统,形成了具有地方特色的民间信仰。然而,随着现代社会的发展,祭祀所承载的传统意味逐渐演变,加入了许多现代元素。在当代日本,神道祭祀融合了很多娱乐元素,成为具有欢乐氛围和社交性质的市民祭祀。人们参与祭祀活动不仅是为了表达对神灵的敬意和祈愿,更是为了享受团结、欢庆和娱乐的氛围。例如,在举行夏祭、秋祭、神幸祭等活动时,人们可以欣赏传统的舞蹈、音乐,观赏花车巡游和烟火表演,品尝具有地方特色的美食等。这些娱乐元素的加入使神道祭祀更加生动活泼,吸引了不同年龄层和背景的人们积极参与。

同时,随着"二战"后日本大众文化的发展,神道也进入了电视剧、电影、动漫、漫画等作品中。如在宫崎骏执导的经典动画电影《千与千寻》中,主人公获野千寻来到"八百万神"居住的神秘世界。在那里,她与神灵和妖怪们展开了一系列冒险,有时合作,有时争斗,展现出丰富的神道元素。在热门电视剧《半泽直树》中,神道元素也是贯穿始终。

剧中的主人公半泽直树是一个坚定正义、努力改革的银行职员，经常前往神社祈求神灵的加护和智慧，希望能借此战胜困难，实现自己的理想。此外，许多日本的广告中也巧妙地运用神道元素来营造氛围，传达品牌的形象。例如，在绿茶广告中，有些茶园周围环绕着神社的美丽景色，以突出产品的清新品质；旅游和酒店行业也常把古老的神社和庙宇作为旅游景点的一部分，强调游客能够在此体验日本文化和历史的魅力；在服装广告中，有的模特则在神社中穿着传统的和服，展示古典和现代的结合。此外，在许多角色扮演游戏或冒险游戏中，神道元素也广泛存在。这些游戏的角色有的是神官、巫女，有的是作为神灵使者的动物，还有一些角色虽然不是神道中的神或从事神道的人，但其能力和任务往往与神道信仰有关。

再有，现代科技的迅猛发展，尤其是因特网的普及，为神道的传播和推广开辟了新的路径，为人们提供了更多了解和参与神道的机会。许多神社和相关机构通过在线课程、教育网站和视频资料等方式向公众传授神道的知识、仪式和价值观。人们可以通过网络平台远程参拜神社、向神灵祈福，并进行线上祈祷仪式。例如，名古屋的熊野神社利用互联网平台推出虚拟参拜体验，使人们能够透过电脑屏幕参加远程祈祷仪式，感受神社仪式的氛围。这种方式无疑有助于加深人们对神道的理解，让那些无法亲临神社的人们依然能够与神道保持联系。此外，因特网为人们提供了更加便捷获取神社信息的途径。通过搜索引擎、神社官方网站以及社交媒体，人们可以轻松了解神社的背景、历史、祭祀活动和参拜方式。这不仅让人们可以更全面地认识神社的文化和相关信仰，而且提高了神社的知名度。

总之，随着现代化的进程，日本人对神道的态度发生了一定的转变，神道信仰逐渐演变为一种与日常生活和娱乐活动相结合的文化体验。通过融合现代科技、融入娱乐元素等方式，神道祭祀在现代社会中得以更好地传承和发展，继续在文化交流和民众交往中扮演重要角色。

第 二 章

神道与日本的政治

第一节　律令制下神道对天皇制的支撑

进入飞鸟时代以后，大和朝廷不断强化天皇的权力，试图建立以天皇为首的中央集权制国家。为实现这一目标，他们组织编纂《古事记》《日本书纪》等古书，广泛宣扬天皇家与神的系谱，将天皇塑造成为天照大神的后裔，从而巩固了天皇作为神道信仰的核心。在提高天皇的宗教权威的同时，大和朝廷在政治制度、法律体系中融入神道的元素，将神道信仰作为国家信仰加以推崇。通过把神道信仰融入政治管理的方式，既延续了自古以来的传统信仰，又塑造出天皇的宗教权威和政治形象。

一　建国神话与天皇宗教权威的构建

神话往往与国家、民族的认同有直接联系，具有相对官方的性质。经历了推古改革、大化改新以后，以中央集权为基本特征的日本律令制国家基本建立。掌权者因此自信心逐渐增强，国家意识也日益强烈。在这样的背景下，大和朝廷编纂了《古事记》《日本书纪》等古书，目的是对外彰显日本是统一、独立的国家，对内证明日本人来自同一祖先，进而为律令制国家的发展奠定坚实的基础。

《古事记》于712年在元明天皇统治时期编成，《日本书纪》则于720年在元正天皇统治时期完成。两部书籍是日本最早的国史书，由神代和人代两部分组成。其中，《古事记》记载了从天地开辟到推古天皇为止的历史，而《日本书纪》记述的天皇历史相对较长，到持统天皇为止。自古以来，日本的文人墨客就表现出对两本古书的浓厚兴趣，深信其中的神话包含了日本古代的原始信仰、大和国家统一的过程以及天皇发展的历史。如江户时代的本居宣长等著名国学者，近代的津田左右吉等知名学者，都曾对书中的神话、天皇等内容做过相应的研究和评论。很多思想家和学者称赞日本天皇的"万世一系"，坚信天皇的血脉自神代传承至今。实际上，任何国家都有古代神话，都有用超越的想象来构建万物之渊源的经历，如中国的《山海经》等作品中也有不少神话的记载。然而，由于儒学等正统学说主张无神论，因此自古以来就很少见到神话与中国政治的关联。而日本却恰恰相反，古代神话是构筑天皇神威、国家统一观念的重要支撑。具体而言，可以从以下几点分析神话与古代天皇制、古代日本人国家意识的关联性。

首先，古代神话阐述了天地初始、日本国的由来。关于天地初始的部分，《古事记》和《日本书纪》的叙述顺序不同。《古事记》先叙述了天地开始时高天原最初的三神即天之御中主神、高御产巢日神、神产巢日神的出现，然后描述了国土刚刚诞生时的状态："如同漂浮在水面上的油脂，象海蜇那样浮游。"① 与《古事记》不同，《日本书纪》先是描写了天地最初的状态："古天地未剖，阴阳不分，混沌如鸡子，溟涬而含牙。及其清阳者薄靡而为天，重浊者淹滞而为地，精妙之合搏易、重浊之凝竭难。故天先成而地后定"②，之后阐述了神的出现，从而进入了神话世界。

日本神话的世界中，最初的神代部分共分七世，称作"神代七世"。其中，排在第七世的两位神为伊邪那岐和伊邪那美，他们被认为是日本国生成的父母神。据《古事记》记载，二神奉天神之命建造国土，依次生成淤能基吕岛、淡岛、淡道之穗之狭别岛、伊豫之二名岛、伊伎岛、津岛、佐度岛、大倭丰秋津岛八个岛屿，"因为以上八岛是最先产生的，所以日本被称作八岛国。"③ 八岛生成以后，又生出吉备之儿岛、小豆岛、大岛、女岛、知诃岛、两儿岛六岛。自此，日本国土生成完毕。八大岛和六岛构成了当时日本国家的领土范围，大致相当于九州、四国、本州

---

① [日]安万侣：《古事记》，邹有恒、吕元明译，人民文学出版社1979年版，第2页。
② [日]舍人亲王：《日本书纪》，四川人民出版社2019年版，第3页。
③ [日]安万侣：《古事记》，邹有恒、吕元明译，人民文学出版社1979年版，第7页。

的近畿地区和中国地方。

其次，古代神话将神的世界和人的世界连接在一起，描述了天皇的神之血脉。伊邪那岐不仅是日本国土的创造者，也是皇族祖先神天照大神的诞生之源。传说伊邪那岐为了净化在冥界沾染的污秽，在河流中清洗身体，洗左眼时诞生了天照大神，洗右眼时诞生了月读命，洗鼻子时诞生了速须佐之男命。随后，伊邪那岐命令天照大神治理高天原，月读命治理夜之国，速须佐之男命治理海洋。虽然天照大神的使命本应是管理"八百万神"居住的高天原，但她自称"丰苇原之千秋五百秋之水穗国，是我的儿子正胜吾胜胜速日天忍穗耳命所统治的国"①，因此派高天原的神去征服掌控着"苇原中国"的大国主神。经过一系列斗争，最终大国主神"让国"给天照大神。天照大神则派自己的孙子迩迩艺命去统治"苇原中国"，于是有了"天孙降临"的传说。迩迩艺命在"苇原中国"结婚生子，有了海幸彦、山幸彦、火远理命三个孩子。火远理命与海神女儿玉毗卖命生下的孩子叫天津日高日子波限建鹅茸草茸不合命。天津日高日子波限建鹅茸草茸不合命娶了自己的姨母玉依毗卖命，生下神倭伊波礼毗古命等四个孩子。神倭伊波礼毗古命就是传说中建立了日本国家和王权的第一任天皇——神武天皇，之后就进入了人代即天皇的历史。

总结日本神话中神到天皇的发展过程，可以看出以下脉络：伊邪那岐—天照大神—正胜吾胜胜速日天忍穗耳命—迩迩艺命—火远理命—天津日高日子波限建鹅茸草茸不合命—神倭伊波礼毗古命（神武天皇）。这一血脉相传的关系将天皇塑造成为神的后代，使天皇既是神灵的祭祀者，又是臣民的祭祀对象。举行大尝祭、新尝祭等国家祭祀活动时，天皇需要亲自向祖先神奉献祭品，并通过共同食用祭品等方式与神融为一体。而臣民需跟随天皇祭祀神灵，通过天皇这一媒介获取神的旨意。因此，国家祭祀是突显天皇神之血脉的重要方式，是证明天皇宗教权威的重要手段。

最后，古代神话叙述了大和国家形成的过程，揭示了天皇与氏族之间的关系。《古事记》和《日本书纪》的成书年代正值日本律令制度较为

---

① ［日］安万侣：《古事记》，邹有恒、吕元明译，人民文学出版社 1979 年版，第 39 页。

兴盛的奈良时代，当时中央集权制度相对发达，自上而下的行政体系相对完备。然而，在大和国家统一之前，日本各地存在许多部落国家。大和朝廷通过一系列斗争，最终征服了各个部落国家的统治者，建立了相对统一的大和国。而被征服的地方统治者有些成为大和朝廷中央的官员，有些则继续担任地方管理者的角色。在大和国家统一的过程中，那些效忠天皇、辅佐天皇的氏族首领得到了天皇的青睐，并获得了重要职位。《古事记》《日本书纪》等古籍以神话的形式呈现了大和国家统一的历史，通过描绘神与神之间的关系暗示了天皇与氏族之间的关系。

其中，天照大神与大国主神之间的关系最能反映天皇祖先神与地方氏族祖先神之间的联系。大国主神是速须佐之男命的第五代子孙，管理着出云国。天照大神称"苇原中国"应该归属她的子孙控制，因此派天谱比神作为使者前去说服大国主神，但天谱比神却被大国主神所收买，三年未归。之后又派遣天若日子前去，而天若日子却与大国主神的女儿结婚，八年没有音信。之后又派鸣女的雉鸡去了解情况，但却被天若日子的弓箭射杀。无奈之下，天照大神派遣实力强大的建御雷神带天鸟船神前去出云，大国主神见到这两位强大的神后声称自己无法做主，需要让儿子八重言替他回答。八重言代替大国主神回复说愿意把国土献给天照大神，并隐身而去。大国主神的第二个儿子建御名方神见到天神后，想与他们比试力气，结果被彻底击败并请求饶命，最终同意"让国"。在两个儿子都答应"让国"之后，大国主神也只好同意。

这个故事实际上反映了大和国与出云国统治者之间的对抗，大国主神的"让国"经过暗示了现出云地区统治者归顺大和国的过程。然而，"让国"并不是通过镇压或消灭出云国原有氏族的暴力手段实现的，而是保留了出云国原有的基本社会结构，并使出云国氏族长作为当地统治者保留宗教权威。大国主神提出"让国"的条件是与天神御子的子孙居住在相同的地方。对此，高御产巢日神对此回复说："夫汝所治显露之事，宜是吾孙治之。汝则可以治神事。又汝应住天日隅宫者，今当供造，即以千寻栲绳，结为百八十纽，其造宫之制者，柱则高大，板则广厚。"[①]也就是说，大国主神的"让国"只是让出了世俗的政治权利，并没有让

---

① ［日］舍人亲王：《日本书纪》，四川人民出版社2019年版，第34页。

出宗教的支配权。

如此，神话传说中神与神之间的争斗和较量，反映的正是现实中拥有各自氏族神信仰的豪族之间征战角逐的过程。除《古事记》《日本书纪》以外，《风土记》《出云风土记》《播磨风土记》中也有外来神征服地方神并占领地方的情节描述。而且，外来神往往让其子孙神与地方神成婚，以确立神与神之间的上下关系和包含关系。例如，大国主神来到根之坚州国后，与速须佐之男命的女儿产生了爱情，经历诸多考验后得到了速须佐之男命的认可，从而获得了出云国的统治权。在被征服以前，豪族是地方的统治者，具有代表氏族祭祀神灵以及与神灵对话的资格。然而，大和朝廷统一各地后，收缴了豪族们手中的"祭神之物"，然后颁发官方的"祭神之物"，并让物部氏负责管理和监督祭神事宜。可见，当时的日本政治建立在神话传说的基础之上，是一种将政治、军事和祭祀融为一体的体制。在这种体制下，负责祭祀的物部氏自然享有较大的权力和较高的地位。

除争斗以外，协作也是实现神孙统治"苇原中国"的重要手段。如在征服大国主神的过程中，以高御产巢日神为代表的很多神协助了天照大神。再如，在"天孙降临"时，"五部神"起到了重要作用。"五部神"是和天照大神的皇孙迩迩艺命一起去往"苇原中国"的神灵，分别是天儿屋命、布刀玉命、天宇受卖命、伊斯许理度卖命、玉祖命。他们按照天照大神的使命服侍、协助迩迩艺命。例如，天宇受卖命为迩迩艺命引荐了神猨田毗古大神，请该神为迩迩艺命引路。送走猨田毗古大神之后，天宇受卖命又把各种鱼类聚集在一起，询问它们是否愿意侍奉"天神御子"。实际上，"五部神"是现实中为皇室效力的强力氏族的祖先神。其中，天儿屋命是中臣连的祖先，布刀玉命是忌部首等的祖先，天宇受卖命是猨女君等的祖先，伊斯许理度卖命是镜作连等的祖先，玉祖命是玉祖连等的祖先。

如此，大和朝廷一方面用律令制度彰显其世俗实力，同时用神话传说来展示天皇的天孙地位，以及其他氏族与天皇之间的从属关系。通过制度与神话、现实与虚拟、物质条件与意识形态的结合，塑造了天皇至高无上的世俗权力和精神地位。

二　政治权力与神权力的交互作用

在日本律令制时期，大和朝廷将政治统治与神道信仰予以结合，让宗教信仰为政治权力提供合法性，使统治者通过神道的祭祀仪式和神权象征来巩固其地位。为此，朝廷不断加强对神道的控制，制定祭祀制度，并任命专职的神职人员。在律令制的官位体系中，中央设置二官八省一台五卫府。其中，二官指的是太政官和神祇官。太政官是最高的行政机关，承担了唐朝三省六部制中三省的职能，掌管省、台、卫府。而神祇官则是日本政府专门为管理国家祭祀而设置的机构，由神祇伯、大副、少副、大祐、少祐等官员以及神部、卜部等部门构成。

出于对祭祀的重视，大和朝廷将神祇官与太政官置于官位体系的顶端，即所谓的中央"二官"。关于神祇官和太政官的地位孰高孰低，学术界一直争论不休。从"官位令"的官位来看，太政官的长官太政大臣处于正一位，而神祇官的长官神祇伯处于从四位。因为太政官下的八省即中务省、式部省、治部省、民部省、兵部省、刑部省、大藏省、宫内省的长官——省卿处于正四位，所以神祇伯的官位不仅低于太政大臣，而且低于省卿。而且，朝廷规定国家重大事宜必须经太政官批准、由太政官发布太政官符才能实行，可见太政官拥有行政机构中的最高决策权，可以有效控制其他机构。但是，从"职员令"的叙述顺序来看，首先是对神祇官进行的说明，之后才是太政官。由于律令中的条款顺序一定程度上反映了朝廷机构的层次，显示了相应官员的地位高低，从这个角度而言，神祇官的地位又要高于太政官。此外，《令集解》还指出神祇官为百官之首，意味着神祇官是官僚机构中的最高机构。

这种貌似矛盾的规定或许正反映了大和朝廷的统治者试图利用神道来加强统治的心理。一般而言，在国家制度不够完善、法治不够健全的历史阶段，祭祀往往是统合民众思想、进行政治统治的方式，日本亦是如此。例如，邪马台国建立时，日本虽然有了国家的雏形，但却保留了大量原始信仰，女王卑弥呼本身就是个女巫。到了古坟时代，大量出现的前方后圆型坟据说承接了中国古代"天圆地方"的思想，并承担了新旧统治者交替时进行祭祀的功能。具体而言，地方豪族死后埋在古坟的后圆部分，而新任豪族的即位仪式也要在古坟上举行。即位仪式上，新任豪族需要从后圆部分走到前方部分，象征着承接了天意并继承了先祖使命。而到了律令制时期，尽管大和朝廷进一步统合了割据而治的地方豪族，建立了相对集权的国家体制，但大和朝廷的统治者本来就是掌握一定土地和人民的地方豪族之一，其重视祭祀的传统与其他豪族并无区别。

大和朝廷将神道祭祀作为政治统治的手段，通过国家祭祀突显朝廷的权威，加强对地方的控制。国家祭祀在《神祇令》中有明确规定，分别指仲春的祈年祭，季春的镇花祭，孟夏的神衣祭、大忌祭、三枝祭、风神祭，季夏的月次祭、镇火祭、道飨祭，孟秋的大忌祭、风神祭，季秋的神衣祭、神尝祭，仲冬的相尝祭、镇魂祭、大尝祭，季冬的月次祭、镇火祭、道飨祭。其中，祈年祭、月次祭、新尝祭备受朝廷重视，所谓"供神调度及礼仪，斋日皆依别式，其祈年月次祭者，百官集神祇官，中臣宣祝词，忌部班布帛"[1]。意思是说，在祈年祭、月次祭、新尝祭时各国的祝部要聚集到神祇官[2]，由中臣氏宣读祝词，忌部氏授予币帛，然后祝部带着朝廷授予的币帛回到各自神社供奉给神灵。这种班币仪式不仅表达了朝廷欲向全国的天神地祇祈祷的心愿，也突显了朝廷在上、地方服从朝廷的政治体制。

祈年祭是伴随着律令制国家的建立而出现的祭祀活动，开始于天武天皇时期，主要目的是祈祷当年农业丰收。如果《延喜式》关于祇年祭的记载和奈良时代的情形吻合的话，那么当时参加祈年祭的神社就可能多达一千多家。月次祭则包含了祈祷国家安泰、天皇康健以及农业丰收等多重目的。祭祀时，神祇官先向来自全国各地的官社祝部授予币帛，即班币。之后，由祝部代朝廷向所在神社的神灵奉币，即向神灵献上币帛。同时，神祇官还要举行派敕使去伊势神宫奉币的仪式，给予伊势神宫以不同于其他神社的待遇。之所以伊势神宫享受特殊待遇，是因为伊势神宫祭祀皇祖神，也就是天照大神。班币和派敕使仪式之后，天皇进

---

[1] 井上光贞、関晃、土田直镇、青木和夫校注：『日本思想大系3　律令』，岩波书店1982年，第213页。
[2] 作为神祇官管辖地的神职人员，祝部一般由国家委任，主要负责律令中规定的祈年祭、月次祭等国家祭祀。虽然祝部多从具有祭祀传统的氏人和神户中选出，但原则上由国家派遣，由神祇官负责管理。

入中和院，在中和院举行天皇与天照大神共食的"神今食"。新尝祭和"神今食"相似，都是以皇祖神为祭祀对象，在中和院举行的天皇和天照大神共食的仪式，而且都是早晚两次供奉神馔。但是，新尝祭是把当年收获的谷物以及用新米制作的白酒、黑酒当作贡品，而"神今食"使用的是前一年的谷物。

此外，突出天皇神威的国家祭祀还有镇魂祭、大尝祭、神尝祭、神衣祭等。镇魂祭是在新尝祭的前一日举行，目的是镇守天皇的灵魂，也就是防止天皇魂魄偏离天皇身体。而大尝祭最早指的就是新尝祭，后来随着律令制的加强，才有了天皇即位时举行的践祚大尝祭。之后，古代人多把新尝祭称作"每年之大尝"，把践祚大尝祭称作"每世之大尝"。关于奈良时代的践祚大尝祭，具体形式不得而知，但从后世记载来看，应该和新尝祭相差不多，主要就是通过新任天皇与天照大神共食的方式展现天皇与天照大神的渊源，突显天皇神之子孙的资格。神尝祭则是在新尝祭的前一个月举行，把当年最早收获的稻米即"初穗"献给天照大神，以感谢天照大神的恩德。祭祀当日还要举行神衣祭，向天照大神奉献神衣即"御料"。"御料"由神服部提前准备，制作人需提前斋戒，然后去盛产高贵蚕丝的三河之地，用专门制作神衣的"赤引之丝"做成。

镇花祭、三枝祭、风神祭、镇火祭、大祓等祭祀则主要是为了免除灾害、守护国家安全。其中，镇花祭是在花瓣散落、疫病流行的三月，为消除疫病在大神神社举行的祭祀大国主神的神事。"记纪神话"中，大国主神曾致使瘟疫横行、百姓死亡，后来按照大国主神的指示，让其子孙祭祀、献上祭品后，瘟疫得以平息。因此，镇花祭在祭祀大国主神的大神神社举行，并由奉大国主神为祖神的大神氏担任神主。率川神社举行的三枝祭和镇花祭有很多相同之处，如都是在开花季为消除疫病而举行的祭祀，都是由祝部前往神祇官取来币物作为贡品，且都是由大神氏担任神主等。另外，风神祭是为防止大风灾害、保护农业顺利，在龙田神社举行的祭祀风神仪式；镇火祭是为预防火灾、防止妖魔，在宫城内举行的祭祀火结神的仪式；大祓是为消除国民的"罪"和"秽"，每半年在宫内举行一次的消除污秽的神事。实际上，这些为避免灾难、消除污秽而举行的祭祀活动很早以前就已经存在于日本各地，大和朝廷只是在已有的信仰基础上，制定相应的规定和标准，从而使这些祭祀活动更加规范,并提升到了国家层面。如此,皇室和贵族通过参与国家祭祀活动彰显其地位,并通过与地方神社建立的关系来巩固他们的权力。

第二节　近代日本的国家神道

明治政府成立后,神道被确立为服务于日本国家政权的国教,成为近代日本国家意识形态的重要组成部分。日本政府通过机构设置、法律法令、教育体系的调整,提升了神道相对于其他宗教的地位,使其成为国家掌控民众思想的工具。正是因为近代日本神道结合了国家利益和政权的需要,所以许多学者把这个时期的神道称作国家神道。简单而言,国家神道就是融皇室神道、神社神道、意识形态神道为一体的国教,其核心是天皇作为神的代表,以及天皇家系的神圣性。

一　"祭政一致"的制度与近代天皇制

进入明治时期以后,日本政府确立了以天皇为中心的政治体制,强调天皇的合法性和神圣性,并将神道作为国家的意识形态,用来统一日本人的思想。为了进一步巩固天皇的地位和权威,并将政治与神道紧密结合,1868年3月13日,政府宣布实施了"祭政一致"的制度,也就是将政治权力和神道信仰融为一体的制度。为达到这一目的,明治政府恢复了天皇作为日本人最高精神权威和政治领袖的地位,同时加强了神祇官的职能。根据制度规定,各地的神社都归属于神祇官的统领,包括神社的神主、神部等。同时,废除江户时代武家控制公家传奏的制度,要求五畿七道地区遵循律令制时期的习俗。

为确立明治天皇的"现人神"地位以及神社的祭祀功能,明治政府组织了多次天皇祭祀和参拜神社的活动。1868年3月14日,明治天皇按照倒幕派的安排主持了《五条誓文》的颁布仪式。在这个仪式上,明治天皇率领群臣邀请神灵降临,并向神灵请求保佑,随后群臣参拜神灵和天皇。《五条誓文》是明治维新的施政纲领,天皇邀请神灵降临并向神灵发誓的仪式有力地彰显了天皇作为最高领袖的地位。此外,1868年3月和4月,为祈求政府军在内战中获胜,明治天皇在宫中举行了两次军神祭,祭祀神话中的天照大神和统治"苇原中国"的大国主神,以及武瓮槌神和经津主命。同在 1868 年，明治天皇还参拜了石清水八幡、贺茂神社、热田神宫和冰川神社等多个神社。

同时，明治政府还通过教部省推行国民教化，将天皇制作为国家的意识形态加以推广。国民教化继承了"大教宣布诏"的理念，宣传敬神爱国、天理人道、皇上奉戴、朝旨遵守的原则。教化活动主要以教院为依托而开展。在东京建大教院，府县厅所在地设中教院，其他地方设小教院。《教导职茨城县北部巡回日志》中记载："教化活动不一定完全按照教宪和兼题，教导人员会和当地的名人、长官等一起组成团队组织，并结合村里的规定、习俗进行教化。"① 也就是说，为达到教化目的，形式可以多样，内容也可适当改变。但是，政府对各个民间教派参与的教化活动管控十分严格，强行要求各个教派拥护天皇主义，宣扬的神灵也不可以与天皇神格相违背。

教部省还制定了教科书和教学大纲，将天皇制的内容融入教育体系，通过学校教育向全国普及。教育内容强调培养学生对至高无上的天皇的信仰，塑造他们无条件忠诚于天皇的观念。通过教育系统的国民教化，明治政府致力于将天皇制灌输给年轻一代，使日本人从小就接受和信奉天皇制。这种教育政策一定程度上促使了民众对天皇制认同感的形成，并为天皇在政治和社会中的地位提供了坚实的支持。

1889 年，《大日本帝国宪法》颁布，确立了天皇的绝对权威，规定了个人服从于天皇的义务。宪法序言指出，天皇奉皇祖皇室之命，继承统治国家之大权，是国家的元首。关于日本的国体，宪法起草人井上毅在《大日本帝国宪法义解》中引用《古事记》中的神话，说明了日本国名称的由来，论述了天皇神威的渊源，并解释了天皇统治日本国家的必然性。而伊藤博文在论述宪法的起草方针时也指出，天皇是日本自古以来的统治者，具有"万世一系"的神威，权力至高无上。他认为，制定宪法首先要确定日本的中心，而日本的中心就是皇室，所以宪法中必须尊重君权，且君权不受束缚。

总之，通过实施"祭政一致"的制度，明治政府进一步确立了明治

---

① 小山毅：「明治初期の国民教化策についての考察」,『北海道大学教育学部紀要』第 10 号，1964 年，第 94 页。

天皇的"现人神"地位,巩固了天皇作为最高领袖的权威,以及神道与政治紧密结合的体制。这一时期的政策和举措对于日本历史的发展产生了深远的影响,奠定了近代日本政治和社会制度的基础。

二 神道的非宗教化与宗教对策

为了将神道确立为国教,明治政府努力排除神道中的佛教要素,实行神佛分离的政策。明治时期以前,除了八幡神宫、伊势神宫、住吉神社等一部分神社以外,大部分神社是寺院的附属品。这些神社由社僧、别当运营,他们负责管理社领,安排人事,并组织祭祀活动。1868年3月17日,神祇事务局发布指令,要求在神社工作的僧侣、别当蓄发,并改穿神社工作人员的服饰。3月28日,公布了更为严厉的"神佛分离令",要求以权现、牛头天王等佛教词语命名的神社、神灵予以改名,拆除神社中祭奉的佛像以及使用的佛具。尽管明治政府并没有打压佛教、取缔佛教的意图,但很多人有意或无意地把神佛分离理解为废除佛像、寺院,导致以崇敬神道为名而"废佛毁释"的事件层出不穷。他们砸毁石像,侮辱僧人,烧毁佛经,对佛教造成了很大冲击。在这种情势下,有的寺院被迫废除,有的并入实力更大的寺院中,有的则改为神社。而僧人中有的还俗,有的改做了神职人员。如佐渡的55所寺院合并为"一宗一寺",富山的370余所寺院也改为"一宗一寺",以隔断寺院与神社的联系。

此外,明治政府还废除了江户时代的"檀那寺证明"的制度,采取"大小神社氏子取调"① 政策,想要利用日本人已经形成的氏神、氏子观念,让人们与神社结成固定关系。具体做法是:由管理户籍的"户长"代表个人向神社申请"氏子证明",之后神社发放"氏子证明",并制作"氏子籍"。明治政府之所以采取这一政策,最主要的原因是近世佛教与幕府之间建立了非常紧密的联系。在江户时代,幕府规定人们与寺院要建立檀家关系,要求人们定期向寺院缴纳捐赠金。寺院则为檀家开具非基督教徒的"檀那寺证明",并为檀家举行佛教式的葬礼,祭奠死去的亲

---

① 这项政策实行两年后被迫中止,但从中可以清晰看出明治政府想用神社代替寺院来管理户籍,并强行剥离国民与寺院联系的态度。

人。这一制度使寺院承担了一定的政治功能，也为幕府掌握户籍和人口提供了方便。与此同时，佛教自然被赋予了特权保护，因而寺院的势力逐渐强大起来。然而，明治政府成立以后，为了确立天皇至高无上的权威，政治家们试图用神道阐述天皇脉络的正统性和"现人神"的角色。这样一来，江户时代那种佛教较高的地位就不利于神道地位的确立，"神佛习合"的模式也不利于神道的独立。为此，明治政府采取了神佛分离的策略，并将神道定义为"非宗教"。

"非宗教"的定位包含了明治时期政治家的谋略，那就是让神道从宗教的范畴内脱离出来，使神道成为不同于佛教、基督教的意识形态，从而让所有日本国民都可以信仰神道。相反，如果神道被认定为宗教的话，那么佛教徒、基督教徒等就可以以信教自由、教义不同等理由拒绝神道。但是，明治时期政治家的谋划并无法改变神道祭拜神灵、举行祭祀的内容，所以神道的"非宗教"定位与佛教界的思想的冲突就不可避免。当时，佛教徒对天皇制、国家意识形态方面一边表示服从，一边对神道的宗教本质保持着警惕。1930年，净土真宗各派发表声明，表示可以祭拜与国民道德相关的神社，但不会祭拜宗教意义的神社，并拒绝接受神社的护身符、咒语等物品。"九一八"事变以后，日本政府进一步加强了思想管控，要求佛教徒在允许的范围内尽力支持国家发展。这样，很多佛教徒被迫祈愿天皇万事长存，祈祷日本侵略战争胜利，并为侵略者超度战死者亡灵，对日本国家宣扬的理念表示极大的顺从。

对于基督教，日本政府也采取表面支持但实际控制的措施。这是因为基督教将耶稣基督作为绝对、唯一的救主，不仅与多神信仰的神道在信仰层面存在不可回避的矛盾，而且与把天皇作为"现人神"、将天照大神视为日本国民的祖先神的国家意识发生了根本性的对抗。1891年，《教育敕语》颁布两个月后，时任第一高中教员的内村鉴三因在开学典礼上未向《教育敕语》行大礼而被判为"不敬之罪"，并最终免职。内村鉴三是坚定的基督教信仰者，相信"只有信仰基督教，日本才能获得真正的独立和自由"①，并指出："日本国最大且最根本的问题是，只接受了基督

---

① ［日］清水正之：《日本思想全史》，王丹译，九州出版社2020年版，第231页。

教的文明，却没有接受基督教。"① 这一事件在思想界产生了深远的影响，很多人开始完全否定基督教，并批判基督教徒的宣教活动。井上哲次郎在《教育与宗教的冲突》一书中指出，基督教不适合日本，内村鉴三是基督的忠臣，而并非天皇的臣民。尽管很多人给内村鉴三戴上了反国家主义的帽子，但从他的著作里却可以明显看出他对日本国的爱："对我而言，有两个美好的名字，一个是耶稣（Jesus），一个是日本（Japan）。二者均以 J 开头，故称之为'两个 J'。我的宗教无法离开二者而存在，为了耶稣，亦为了日本。"② 然而，在明治时期的国家理念里，天皇就等于国家，对天皇的不敬就等于对国家的不敬。因此，宗教信仰的矛盾就成为敏感的政治问题，基督教也自然成为政府加强管理的对象。

在之后的年代里，基督教和神道的冲突时有发生。1930 年 5 月，当神社积极开展宗教活动时，许多基督教徒提出抗议，希望政府对神社是否是宗教这一问题给予明确答复，并指出，如果政府认定神道不是宗教，那么就应让神社停止宗教活动。随后，1932 年，由天主教耶稣教会创立的上智大学的学生因拒绝参拜靖国神社与军事当局发生了冲突。大学方面向文部省提出请求，希望得到关于神社是否是宗教的明确回答，并表示如果神社是宗教，那么天主教徒就不能违背教义而参拜神社。文部省与军事当局协商后，给出的答复是，参拜神社是出于教育的考量，是爱国心和忠诚心的表现。可见，他们是从教育的角度出发阐述了参拜神社的必要性和合理性。其结果是，神道伪装了其宗教的真实面貌，以"非宗教"的姿态与意识形态教育相联系。这样，佛教徒、基督教徒就不能以任何理由拒绝参拜神社。

三 神道对日本侵略战争的支持

在日本不断扩张、对外侵略的过程中，政府积极利用神道来弘扬忠于天皇、献身国家的道德观念。其中，靖国神社等神社以祭祀战争中死去之"英灵"的方式引领其他神社，而殖民地神社则主要以祭祀天照大

---

① 龟井勝一郎編集・解説：『現代日本思想大系 5　内村鑑三』，筑摩書房 1963 年，第 395 頁。
② 苅部直、片岡龍：『日本思想史ハンドブック』，新書館 2018 年，第 137 頁。

神等知名神的方式统合殖民地人们的思想。

靖国神社的前身是1868年建设的东京招魂社,由东京、长野等地的招魂社合并而成。由于当时日本尚没有开始对外侵略战争,东京招魂社主要是为了祭祀在幕末倒幕运动以及明治初期的内战中为明治政府建立而死去的人。但是,比起其他神社而言,东京招魂社是明治政府建设的神社,且祭祀神是政府标榜的为国捐躯之人的灵魂,所以从建设之初起,东京招魂神就包含有很强的政治目的。到了1879年,东京招魂社改名为靖国神社,并被定为别格官币社。从此,靖国神社成为日本政府资助的、不进入社格等级之分的国家神社。而且,靖国神社并非由神祇省等机构管辖,而是由军部直接统帅,神官的任免也多由陆海军两省决定。这种与军队的天然联系就为靖国神社合祀侵略战争中的死者奠定了基础,使靖国神社成为彰显忠君爱国之道德的重要支点。

在日本近代和"二战"后初期,日本政府将侵略战争中的大量死者合祀于靖国神社。例如,甲午中日战争后,合祀于靖国神社的人数超过了10万,相当于明治初期日本内战中战死者的6.5倍。[①] 之后,靖国神社每年秋季都要举行大型祭祀活动,旨在将海外战死者合祀于靖国神社。据统计,1929年到1945年之间,有超过37万名战死者被安置在靖国神社,可见靖国神社与日本侵略战争之间的密切联系。本来,为缅怀对国家有贡献的人建设纪念设施无可厚非,为国家认定的英雄举行大型纪念活动也合情合理,但日本政府却用神道祭祀的方式将死去的侵略者神化,将靖国神社扭曲成赞美侵略战争、宣扬法西斯主义的工具。而天皇和政府高官多次参拜靖国神社又进一步增强了靖国神社的政治性,使靖国神社问题成为"二战"后日本政府如何看待历史、是否真正反省历史的政治问题。

在海外,随着对外侵略的扩展,日本政府在殖民地也建设了很多神社。这些神社在日本国家神道政策指导下建成,目的是祭祀帝国"神灵",并执行相关的公祭。其中,有些神社是日本政府出于宣扬天皇制意识形态的目的而建设,如台湾神社、桦太神社、关东神宫、南洋神社等。还有一些神社是迁移至殖民地的日本人自发建设,最初与政府无关。但

[①] 島田裕巳:『靖国神社』,幻冬舎2014年,第115页。

这些神社建成后也受殖民地政府和日本政府的管理和控制，有的还享受政府资助，最终成为日本政府神道管理的一部分。

在中国，日本侵略者较早建成的神社是台湾神社，其祭祀对象是"征台"战役中阵亡的北白川宫能久，以及开拓三神即大国魂命、少彦名命、大己贵命。台湾神社被定位为官币社，由国家提供相应的财务支持。之后，虽然台湾各地出现了很多神社，但台湾神社是诸多神社的中心，其他神社则作为分支多祭祀和台湾神社相同的神灵。在伪满洲国的神社中，最早出现的是1905年建成的安东神社，祭祀天照大神。之后，1908年建成关水神社，祭祀大物主神、崇德天皇、惠比须。1909年建成抚顺神社，祭祀天照大神、大国主神、金山比古命。1915年，建成奉天神社，祭祀填海造大神和明治天皇。在北方列岛，则建成了桦太神社，祭祀开拓三神。

随着侵略战争的不断推进，日本加强了殖民地神社的建设，并强行要求当地居民参拜神社。据朝鲜总督府的统计，1930年参拜朝鲜神宫的人有3万多，而到了1941年时超过26万。[①] 对于拒绝参拜神社的基督教徒、神学校的学生，要求其退出教会、神学校，并取缔相应的基督教组织，废除神学校。当时，很多基督教徒遭到检举，随后被迫放弃信仰或被投入监狱。在中国，1931年以后，大约有800个"开拓团"进驻伪满洲国，共修建了97个神社。这些神社有的以侵略地的地名命名，有的则以"开拓团"成员的故乡命名。这些神社主要祭祀天照大神，同时也祭祀"开拓团"成员故乡的神社神灵。例如，吉林省四家房的大日向村神社建设时的理由是"作为敬神崇祖之设施，于第二部落西侧冈丘建设村社，计划奉祭天皇大照皇大神、出云大社、明治神宫、氏神诹访明神之御体"[②]。

总之，上述神社都是日本政府为加强殖民地的统治而建立，目的是通过神社祭祀达到教化殖民地居民的目的。近代日本政府通过将神道从宗教中剥离的方式，确立了神道超越宗教的性质，从而掩盖了神道作为

[①] 新田光子：「海外神社研究のための一考察」，『ソシオロジ』29（2），1984年，第114頁。

[②] 山田昭次：『近代民衆の記録6　満州移民』，新人物往来社1978年，第296頁。

国教的本质。因此，明治宪法颁布以后，政治家可以采取所谓日本并不存在国教制度的态度，宣扬其政治理念和政治制度具有政教分离主义。[①] 然而，无论是国家祭祀，还是神社神道，都无法摆脱对超自然力量的崇拜和敬畏，无法改变政府通过塑造神话系谱、举行祭祀的方式确立天皇与国民关系的基本事实。正因为如此，近代日本政府可以一边高唱信教自由，一边宣传日本国体和政体的进步性。

第三节 "二战"后神道与政治的分离与交合

1945年8月15日，日本宣布无条件投降，第二次世界大战结束。按照《波茨坦公告》的条款，联合国军最高司令官总司令部（以下简称"GHQ"）进驻日本，对日本进行间接统治，从此日本进入了美国占领、改造时期。GHQ对日本的改造以彻底取缔日本法西斯影响，建设民主和平的日本为主要目的。因此，作为近代日本国家意识形态的重要组成部分，国家神道成为重要的改革对象。

一 "神道指令"的发布

美国进驻日本不久，就于1945年10月4日发布了"关于废除限制政治自由、公民自由、宗教自由的指令"（人权指令），紧接着废除了《治安维持法》《不敬罪法》等违背"二战"后日本政治体制而对个人进行镇压的法律和政策。12月，发布了旨在取缔神道与政治相联系的"神道指令"，规定日本政府、各级行政机构的官员和雇员必须即刻停止以公务身份支持、保护、监督和公开推广神道。同时，禁止使用公家财产支持神道祭祀及神社建设，废除与伊势神宫等官国币社有关的仪式法令。政府官员不得在神社举行就任仪式，不得代表政府部门参加任何宗教祭祀和仪式。禁止出版含有"国体之本义""臣民之道"等相关内容的材料，不准使用"大东亚战争""八纮一宇"等让人联想到国家神道、军国主义的相关词汇。废除神祇院，不准政府机构代行近代神祇院的职能和任务。

对于与神道相关的教育机构，指令规定："承认以调查神道、宣传神

---

① [日] 村上重良：《国家神道》，聂长振译，商务印书馆1992年版，第108页。

道、培养神官为目的的私立教育机构，但这些机构不得与政府建立特殊关系，需和其他私立教育机构一样接受监督。"① 此外，与神道相关的教育机构不得接受公家财产，更不能宣扬军国主义、国家主义。教育机构的教科书需要接受审查，并删除与神道教义相关的内容。同时，所有教育机构不得举行神社参拜等与神道相关的祭祀、仪式，政府机关、学校等建筑物内的神道设施即刻拆除，不得设置神棚等与神道相关的物件。

然而，"神道指令"并没有否定所有神道，各宗派神道与其他宗教一样享有被保护的权力。对于神社神道，规定只要脱离与政治的关联，去除近代军国主义、国家主义的要素，就可以被认定为宗教。说到底，"神道指令"所针对的是日本政府对神道的政治操控，而不是神道本身。这与GHQ对近代日本国家神道的界定有关，这种界定是："国家神道是指日本政府根据法律和命令所区分的神道派别，与宗派神道和教派神道有所区别。一般来说，国家神道或神社神道是指作为非宗教的国家祭祀仪式的神道派别之一。"② 也就是说，GHQ认为近代国家神道是非宗教，与教派神道有所不同。而这种将近代国家神道视为非宗教的认识和近代日本政府对神道的定位基本一致，与柳田国男等民俗学家的观点也存在一定的共通之处。

柳田国男曾把神道的核心归结为自然崇拜和祖先崇拜，认为神道是日本自古以来延续下来的、恒指不变的信仰。在他看来，国家神道偏离了神道的本质，因此不应该视为神道的一部分。这样，他通过将神道定位为日本自古以来的民间信仰，把国家神道从神道信仰中剔除，从而保持了神道的纯粹性和延续性。这种观点得到了大多数日本人的支持，也得到了GHQ的认可。为了顺利占领日本，GHQ将神道视为日本固有的宗教，并在此基础上批判国家神道，避免讨论近代天皇与国家神道的关联。这样做的结果是，近代天皇作为绝对君主的侧面被掩盖，其战争责任也被隐匿，天皇制又堂而皇之地以象征性的形式出现在"二战"后。同时，神道也因摈弃了不光彩的一面，恢复了一部分尊严，重新被塑造成为日本人宗教信仰的一部分。

---

① 国学院大学日本文化研究所：『神道事典』，弘文堂2004年，第136页。
② 国学院大学日本文化研究所：『神道事典』，弘文堂2004年，第137页。

二 伊势神宫的政治化隐忧

1946年神社本厅成立后,将自身定位为以伊势神宫为核心的宗教团体,致力于传承伊势神宫的祭祀传统,努力恢复皇室的神道祭祀。由于神社本厅是统合各地神社法人的机构,很多政治家希望其在维护传统神道信仰的同时,积极参与国家事务,将神道尤其是伊势神宫的相关价值观念融入国家的活动中,把尊敬天皇作为国家团结和凝聚力的象征。

作为奉祀天皇祖先的圣地,伊势神宫在"二战"后受到日本政府和日本国民的高度重视。每当天皇即位时,都有特使被派往伊势神宫,代表天皇向神明表达敬意,并举行特定的祭祀仪式。例如,令和天皇在即位当年的11月22日和23日参拜了伊势神宫,意为向天照大神汇报即位之礼和大尝祭。天皇身着"黄栌染御袍",头戴"凤凰之冠",侍从手持"三件神器",庄严地重演了古代天皇祭祀的仪式。而沿途前来庆贺的民众挥舞日本国旗,喊着祝福的口号,表达了对天皇即位的喜悦和祝福。这一场景表明日本民众对天皇和伊势神宫的崇敬与支持,也说明"二战"后天皇作为国家象征的地位和近代并没有实质性的区别。

而且,伊势神宫每年都会定期举行祭祀天皇祖先的活动,如昭和天皇遥拜祭、春季皇灵祭、秋季皇灵祭等等。这些祭祀活动大多有政府的支持和参与,展现了政府与伊势神宫之间的合作关系。试想,如果不是日本政府强调天皇与日本国家、日本国民的关联,只将天皇作为平民对待的话,那么伊势神宫祭祀天皇祖先的活动就不可能与国家发生太多的关联,也就不可能带有浓厚的政治色彩。然而,"二战"后日本政府将天皇视作日本国家的象征,并含蓄地将其表达为日本国民的家长,同时将与天皇有密切关联的伊势神宫的祭祀描述为祈祷国家安定、农业丰收的活动。如2月的建国纪念祭、祈年祭,3月的御园祭,4月的神武天皇祭,5月的神衣祭、风日祈祭、大祓,6月的月次祭、大祓,8月的风日祈祭,9月的拔穗祭、大祓,10月的神尝祭、神衣祭、大祓,11月的新尝祭、大祓,12月的御酒殿祭、月次祭、大祓等等。这些祭祀活动无不彰显了伊势神宫与日本国家的关系,突显了伊势神宫作为国家祭祀之神宫的地位。

在这样的背景下,伊势神宫吸引了许多政治领袖和政府官员的造访,自1967年年初佐藤荣作参拜伊势神宫以来，新年伊势神宫参拜就成为历代首相的惯例。虽然1995年和2021年时任首相未能进行新年参拜，但原因是首相生病（村山富市）和新冠疫情（菅义伟），并非首相认为参拜神社违反了政教分离的原则。而且，2013年"式年迁宫"时，时任首相安倍晋三还以所谓的私人身份参加了伊势神宫的"迁御之仪"。从包括麻生太郎副首相在内的多名官员随行的场景来看，所谓的私人身份和个人名义只不过是政治家们为逃避法律规定、掩人耳目的口实而已。此外，在神社本厅、日本政府以及媒体的宣传下，民众也对伊势神宫参拜表现出了极大的热情。例如，在1973年第60回"式年迁宫"时，参拜伊势神宫的人数高达859万人，1993年第61回迁宫时有839万人，而2013年第62回迁宫更是吸引了1420万人前去参拜。许多有实力的财团还参与了"式年迁宫"的具体事务，如松下幸之助、丰田章一郎等企业家曾担任过伊势神宫"式年迁宫"奉赞会的会长。

如此看来，尽管"二战"后日本实行了政教分离的政策，并对神社进行了法人化的处理，但伊势神宫在政治领域仍然扮演着重要角色。许多神道支持者，包括政治家在内，致力于以天皇和伊势神宫为支点构建"二战"后的国家神道体制。他们相信通过强调和维护神道信仰的重要性，可以增强国家凝聚力，传承传统价值观，并加强日本人的民族认同感。这种努力旨在确保日本国家与神道之间的紧密联系，并在国家建设中发挥神道的引导作用。

三 靖国神社的公与私

在宗教法人制度的约束下，曾经处在国家神道中心位置的靖国神社在"二战"后脱离了与内务省、海军、陆军的联系，成为独立的宗教法人。1946年9月，靖国神社被认定为独立法人，名义上不再承担国家祭祀的功能，变为与其他神社没有区别的普通神社。然而，从"二战"后的历史发展来看，靖国神社并没有完全断绝与日本政府的联系，仍然扮演着一定的政治角色。

日本战败后不久，靖国神社内就举行了名为大招魂祭的祭祀活动，用于追悼在对外侵略战争中战死的日本军人及其家属。实际上，当时许多战争死者的姓名还未被准确调查，死者人数也不明确。举行大招魂祭的原因只是趁着盟军总部尚未对神道问题作出明确指示、并未对靖国神社采取处理措施的时机,赶紧举行对侵略战争中阵亡日本军人的祭祀。当时除了死者家属外,天皇、皇族以及代表国家公职人员的首相、陆海军军人也参加了祭祀活动。

而"神道指令"颁布以后,GHQ下令禁止神社合祀海外侵略战争中的战死者。然而,靖国神社却秘密进行了对这些战死者的合祀活动,而美国当局选择了故意不予干涉。随着冷战的开始和美国对日本政策的放缓,从1949年起,靖国神社开始公开进行合祀活动。在美国占领结束时,超过234万名海外侵略战争中的死者牌位被安置在靖国神社,合祀者数量达到了236万。其中,95%以上的牌位属于"九一八"事变至"二战"结束期间的死者[①],包括东京国际军事法庭认定为甲级战犯的东条英机、东乡茂德等人。

虽然靖国神社在法律上被规定为独立的宗教法人,但合祀如此众多的海外战争死者使得其很难与政府切割关系。在"二战"前,靖国神社被视为供奉为国捐躯的"英灵"的圣地,合祀者受到天皇的祭拜,被视为最高的荣耀。然而,战败后,随着日本的海外战争从所谓的"圣战"转变为违反人道主义的侵略战争,战死者从最初的"民族英雄"的形象转变为国际社会批判的战争罪犯,靖国神社也因此面临时常受到国际社会指责的风险。然而,至今仍有许多日本政治家和普通民众认为,第二次世界大战期间牺牲的日本人是响应政府号召并在战场上"牺牲"的,因此应该得到与其他战争中死去的日本人同样的国家祭奠。而作为日本政府,"二战"后必然面临如何对待遗属、如何看待侵略战争、如何认识战死者等问题。在解决这些问题的过程中,日本政府与靖国神社产生了不可割裂的联系,靖国神社问题也因此不再是纯粹的信仰问题、宗教问题,而是重大的政治问题、国际问题。

"二战"后靖国神社与政治的关联性有其深刻的历史渊源和现实原因,如"二战"前国家主义的影响、右翼势力的崛起、遗属组织的推动等等。"二战"后,由于许多遗属生活陷入困境,他们自发组成了一些组织,如"战争牺牲者遗族同盟""战争牺牲者家族同盟",并在1947年成

---

① 島田裕巳:『靖国神社』,幻冬舎2014年,第116页。

立了"日本遗族厚生联盟"。该联盟提出的口号是："彰显英灵、增进遗属福祉、互相慰藉和救济，并为和平日本的建设做出贡献。"[1] 在遗属的呼吁下，日本政府于1952年颁布了《遗族援护法》。事实上，日本政府一定程度上就是按照靖国神社整理的合祀者名单展开的援助和救济。然而，整理、调查200多万名合祀者的名单及其经历不可能仅靠靖国神社的力量，而是借助了日本政府，尤其是"引扬援护局"的支持。该局是厚生省下属的机构，由"二战"前的陆军省和海军省改组而成。这种特殊的历史渊源使该机构的人员更容易对"二战"中的死者抱有同情之心，从客观上推动了合祀活动的进行以及对遗属的救济工作。

靖国神社与遗属、政府的隐秘结合不仅解决了包括甲级战犯在内的众多战犯的合祀、遗属救助等问题，而且推动了靖国神社向脱离神道系统的方向发展。在1952年"日本遗族厚生联盟第四次全国战没者遗族大会"上，首次通过了一项决议，要求使用国家或地方资金支付靖国神社和护国神社的慰灵活动费用，此后几乎每年都有相应的诉求提出。虽然该联盟并非政府组织，但其影响力却十分深远。在国会上，也有人多次提出希望国家资助靖国神社活动的议案，但由于违反宪法规定的政教分离原则，遭到和平主义者的抵抗，最终未能通过。同时，也出现了一些主张将靖国神社变为国教或者由国家资助的声音。在这种背景下，民主党议员山本胜市提出了"靖国神社非宗教化"的建议，即通过让靖国神社脱离宗教身份的方式，国家对靖国神社给予支持，公务人员也可以进行参拜。自民党、社会党等政党也提出了靖国神社"脱宗教化"的实施纲领，并得到了神道界和"日本遗族会"的大力支持。然而，这些纲领和方案多次在国会上被提出，最终因违反宪法精神而被废弃。

如此，从表面上来看，在日本国会中维护宪法的力量占据了上风。然而，在日本战败30年之际，当时的首相三木武夫却参拜了靖国神社。三木本人声称这次参拜是私人行为，没有违背政教分离的原则，但"日本遗族会"和国会中的激进主义者却主张每年首相都应以"公"的身份正式参拜靖国神社。从吉田茂开始，包括三木武夫、大平正芳、中曾根康弘、小泉纯一郎、安倍晋三等在内的首相在任期间都曾以所谓的私人

---

[1] 島田裕巳：『靖国神社』，幻冬舎2014年，第120页。

身份参拜靖国神社，而内阁成员和国会议员中也有许多人紧随其后。从他们的行为来看，无论他们如何解释这些参拜行为是私人身份，都无法掩盖其与政府相关的"公"的性质，所谓的私人行为只不过是这些政治家逃避法律限制的借口而已。

由此可见，政府官员参拜靖国神社的问题不仅仅是宗教问题，更是日本执政者如何认识日本侵略历史以及是否真正反省战争责任的重要原则问题。从"二战"后靖国神社问题的发展来看，虽然国家神道的形式在"二战"后已经不复存在，但其原理仍对神道产生着深远的影响，在很多日本人的思维意识中仍然留存着浓厚的痕迹。所以说，当前日本政治和宗教所面临的问题，在一定程度上也可以视为"二战"前日本国家神道所遗留下来的问题。

第 三 章

神道与其他宗教、学说

第一节 神道与佛教

自佛教传入日本之初起,佛教就与神道发生了千丝万缕的联系。作为外来文化,尽管佛教具有比早期神道更为完善的教义体系和组织结构,但为了更快地为日本人所接受,佛教必须按照他们的思维方式和生活习惯做出一定的妥协和改变。与此同时,作为传统文化的神道,在面对外来的佛教时,一方面,力图否定和对抗佛教,认为自身具有独有的信仰体系,与佛教有本质区别;另一方面,又积极吸收佛教的教义和思想,来充实自身的理论体系。在这个过程中,出现了神佛融合的"本地垂迹"思想以及神宫寺等神佛融合的设施。同时,也出现了一些反对神佛融合的"反本地垂迹"理论以及在神社中排除佛教要素的动向。

一 佛教传入日本时的神佛冲突

关于佛教传入日本的时间、方式等问题,学术界一直存在着争论。《日本书纪》记载,552年百济的圣明王携带释迦佛金铜像、经文参拜钦明天皇,天皇听完圣明王等人对于佛法的介绍后,对大臣说:"朕从昔来,未曾得闻如是微妙之法。然朕不自觉"[1],于是问大臣们是否应该接受并弘扬。大臣苏我稻目说:"西藩诸国,一皆礼之。丰秋日本,岂独背也?"[2] 苏我稻目认为中国、朝鲜都接受佛教,日本也应该接受。而物部

---

[1] [日]舍人亲王:《日本书纪》,四川人民出版社2019年版,第265页。
[2] [日]舍人亲王:《日本书纪》,四川人民出版社2019年版,第265页。

大连尾与、中臣连镰子却认为日本自古以来祭拜诸神,国家社稷也是神的恩惠,称:"我国家之王天下者,恒以天地社稷百八十神,春夏秋冬,祭拜为事。方今改拜藩神,恐致国神之怒。"① 由于意见分歧较大,难以从国家层面决定是否接受佛教,于是天皇把佛像给予苏我稻目。苏我稻目建设寺院,把佛像安置在寺院中进行供养。但是,之后日本国内瘟疫横行,死亡无数。物部大连和中臣连把瘟疫的原因归结于供佛、礼佛,上奏说"昔日不须臣计,致斯病死。今不远而复,必当有庆。宜早投弃,勤求后福"②。于是佛像被投入难波堀江,寺院也被烧毁。这样,文献记载中第一次神佛冲突以固守原始神道的物部氏、中臣氏的胜利而告终。

这次冲突以后的十几年里,几乎没有佛教记载的痕迹。敏达天皇十三年(584)时,百济人再次带来了石像,而苏我氏又建设寺院安置佛像。苏我马子比其父亲苏我稻目更加热衷于佛教,他命令司马达、池边冰田等人寻觅佛教修行者,并让司马达之女等二人在寺院修行。不久,苏我马子病重,占卜者称:"崇于父时所祭佛神之心也"③,即病因是其父亲祭佛之心未能如愿。于是奏请天皇礼佛,天皇下诏曰:"宜依卜者之言,祭祠父神。"④ 于是,苏我马子礼拜石像,祈祷疾病痊愈。但没想到的是,又是瘟疫爆发,死者无数。面对如此境况,物部守屋和中臣胜海上奏曰:"何故不肯用臣言?自考天皇及于陛下,疫病流行,国民可绝"⑤,认为如果继续接受佛教则会导致臣民灭绝。于是,天皇下令推倒佛塔、烧毁佛殿、丢弃佛像,并夺三名僧尼"三衣禁锢",施以鞭打之刑。但是,在天皇欲派遣官兵建设任那时,官兵及百姓患疮的人大量出现。这些人哭诉身上如烧打一般,传言是烧佛像之罪所致。数月后,苏我马子向天皇请求礼佛,称依靠佛法才能治愈自身疾病。于是,天皇把三名僧尼交付苏我马子,而苏我马子"顶礼三尼,新营精舍,迎入供养"⑥。自此,神佛的第二次冲突以苏我氏马子单独供佛而结束。

---

① [日] 舍人亲王:《日本书纪》,四川人民出版社2019年版,第265页。
② [日] 舍人亲王:《日本书纪》,四川人民出版社2019年版,第266页。
③ [日] 舍人亲王:《日本书纪》,四川人民出版社2019年版,第285页。
④ [日] 舍人亲王:《日本书纪》,四川人民出版社2019年版,第285页。
⑤ [日] 舍人亲王:《日本书纪》,四川人民出版社2019年版,第285页。
⑥ [日] 舍人亲王:《日本书纪》,四川人民出版社2019年版,第286页。

神佛的第三次冲突发生在用明天皇二年（586）举行新尝祭时。据《日本书纪》记载，当时天皇在新尝祭之日得病，回到宫中召集群臣说："朕思欲归三宝，卿等议之。"① 物部守屋和中臣胜海反对，说"何背国神，敬他神也？由来不识若斯事矣"②，明确表示应该尊奉"国神"，而不应信奉外国传来的佛法。但苏我马子却依旧持反对意见，天皇弟弟穴穗部皇子还率丰国法师进入殿内。物部守屋大怒，退居物部氏掌管的阿都一带，而中臣胜海则召集军队预谋与物部守屋共同举兵造反。在崇峻天皇时，苏我马子与物部守屋发生了最后的交战，最终物部守屋战败而死，力推佛教的苏我马子的胜利也标志着佛教在日本站稳了脚跟。

尽管《日本书纪》的记述可能是编纂者根据佛教经典或中国书籍进行润色的结果③，但当时发生本土神道与外来佛教的冲突并不奇怪。当外来宗教传入一个国家时，往往会与本土的宗教、民间信仰发生较大冲突，甚至战争。实际上，佛教与神道的冲突是外来文化与本土文化的冲突，反映的是主张吸收外来文化的势力与固守日本传统文化的势力之间的矛盾。苏我氏作为日本自古坟时代以来具有较强势力的氏族，相传是渡来人的后裔。他们管理的品部拥有当时先进的技术，对中国文化抱有浓厚的兴趣和热情。而物部氏、中臣氏则是日本本土成长起来的氏族，在天皇建立大和国家时起到很大作用。物部氏管理国家的军队，而中臣氏管理国家祭祀，可见其在朝廷中的重要地位。从这个角度分析，本土成长起来的氏族应该已经习惯于祭祀氏族神、皇祖神，认为神道诸神才是保护国家稳定、氏族繁荣的神灵。而苏我氏虽然也是当时诸多强力氏族之一，也有自己的氏神信仰，但他们作为渡来人的后裔，不可能像物部氏、中臣氏那样对原始神道那么执着。相反，对外来的中国文化则始终保持了某种亲近感和兴趣。由于关于史前社会的相关证据缺乏，上面的认识也只能停留在猜测层面，但对于佛教的态度或许反映的正是他们对于自身文化的认同程度。物部氏、中臣氏需要通过氏神与皇祖神的信仰，强调自身与天皇的特殊关系，保证他们在朝廷中的特殊地位，而苏我氏则

---

① ［日］舍人亲王：《日本书纪》，四川人民出版社2019年版，第291页。
② ［日］舍人亲王：《日本书纪》，四川人民出版社2019年版，第291页。
③ 冈田莊司：『日本神道史』，吉川弘文馆2019年，第124页。

需要通过强调外来文化的作用和意义，突出自身的价值，以此来巩固自己的地位。

虽然崇峻天皇时佛教暂时被日本朝廷所接受，但佛教始终面临来自日本本土的神道信仰的对抗。或许当时的日本人只是用神道思维理解佛教，所以把佛称作"藩神"。但是，从日本国家的角度而言，在积极吸收先进的中国文化的同时，还必须面对外来文化传入日本后是否会出现"消化不良"的问题。在这种情况下，佛教和神道如果想要和平共处，就必须互相做出妥协和让步。

二 "神佛习合"现象的出现

（一）"神身脱离谭"与神宫寺的建立

佛教被大和朝廷接受以后，很快成为镇护国家的宗教。统治阶层一边用体系化的神话体系和祭祀系统来整合以氏族共同体为基础的日本社会，阐述天皇的宗教权威以及与各地神灵之间的渊源；一边积极修建寺院、培养僧侣，试图借助佛教来消除因欲望而产生的罪恶意识，最终达到镇守国家的目的。佛教刚传入日本的一百多年里，神道和佛教虽然同为维护王权的宗教，但相互之间的交集较少。到了 7 世纪以后，陆续出现了很多神向佛诉说自身痛苦的故事。

较早的例子有藤原武智麻吕为气比神建造寺院的故事。据说，灵龟元年（715）的某天，藤原武智麻吕梦到异于常人模样的人物，被告知："你笃信佛法，人神共知。望你为我修建寺院，救我于苦难。我因前世罪孽，无法脱离神身。我愿皈依佛法，但苦无因缘，故求你助我。"① 藤原武智麻吕深信这是气比神给自己的示意，于是为其建造了神宫寺。同样，若狭比古神请求脱离神身的故事也发生在 8 世纪初。相传养老年间（717—724）瘟疫爆发，死者无数，加上旱灾严重，收成减少，人们生活极其痛苦。名为赤麻吕的人在深山中潜心修炼佛法，一天感知神对其说自己作为神很痛苦，希望皈依佛法。还说，如果赤麻吕不满足他的愿望，则会带来灾难，并希望赤麻吕为了他潜心修佛。听了神的话以后，赤麻吕为其建造寺院，并努力修佛。同样的故事也发生在多度神宫寺建立的

---

① 伊藤聪：『神道とは何か 神と仏の日本史』，中央公論新社 2021 年，第 37 頁。

过程中。据说，满愿禅师在多度神社旁安置有阿弥陀佛像，并设置了礼佛道场。一天，多度神附身于某人，对满愿禅师说自己因前世罪孽而遭受作为神的报应，希望皈依三宝而脱离神身。于是，满愿禅师在多度山南边建成类似寺院的建筑物，安置神像，并给神像起名为多度大菩萨。该建筑物后来就演变成为设施完备的神宫寺，包括三重塔、钟楼、僧房等等。

除史料记载以外，日本最早的民间故事集《日本灵异记》中也有多则类似的故事。例如，传说近江国野州郡有一神社，祭祀陀我大神。神社旁有一佛堂，大安寺的僧侣惠胜在此修行。一天，惠胜梦到有人要求他为其阅读佛经，惠胜醒后觉得诧异。第二天，一只白猴来到惠胜身边，称自己本是东天竺之大王，后世化作猕猴，成为该神社的神。还说作为神非常痛苦，希望惠胜为其诵读《法华经》，以帮助其脱离神身。惠胜回复说，既然你想供养佛法，自己供养便可，何必请求他人。猕猴说自己没有供养的钱财，还说浅井郡有诸比丘读"六卷抄"，希望让其加入其中。之后，惠胜把猕猴的请求告知檀越山阶寺的满预大师，但满预大师不信猕猴之言，不同意猕猴参与读经斋会。于是，猕猴破坏佛像，捣毁佛殿，扰乱斋会。无奈之下，满预大师只能答应自称是陀我大神的猕猴的请求，从此再未发生陀我大神作祟。

除此以外，鹿岛大神、贺茂大神、若狭大神等都曾诉说作为神的痛苦，希望能够借助佛教得以解脱。如此，从 8 世纪后半期到 9 世纪前半期，日本各地出现了大量"神身脱离谭"的故事。这类故事的梗概大同小异，基本上都是围绕着神请求修佛之人帮助其脱离神身而展开。这里面有很多值得关注的地方，如神是因为前世报应而无法摆脱神身，必须借助修佛之人诵读佛法才能实现目的。而修佛之人往往在梦中与化身为人的神对话，听了神的哭诉或威胁以后，修建佛堂并专心修佛。再如，神除了表述自身无法脱离神身的苦恼以外，还往往以恐吓的方式对修佛之人施加压力，即如果修佛之人不能满足其愿望，就以作祟的方式给当地带来危害。因此，故事中的修佛之人只能为处于苦恼中的神修建佛像、诵读经书，从而催生了很多神宫寺。

如此，"神身脱离谭"故事是很多神宫寺出现的前提和导火索，客观上推动了"神佛习合"的进行。但是，这并不意味着当时佛教相对于神道占有优势地位,更不能说明神道逐渐走向没落。之所以这么说,一是因为故事的结局中,基本上没有神借助佛的力量而脱离神身的情节,即神没有实现最初设定的最终目的。尽管修佛之人在神社旁边或神社里面设置佛堂、安置佛像,僧人和社人也为其诵读佛经,但最终结果却很少有神脱离神身的描述。二是因为佛教修行者并没有面对痛苦的神而主动施以慈悲的关怀,反而是在神的命令或威胁下被迫屈从。本来佛教讲究慈悲之心,重视主体的救助行为,但故事中佛教修行者在面对痛苦的神时,却没有主动进行施救,而是在神的命令甚至威胁下才被动接受。从这个角度来看,神在故事中反而占据主导地位,而佛教修行者则处于被动地位。

随着"神身脱离谭"故事的出现,大量的神宫寺相继兴建。神宫寺指的是在神社旁或神社里建造的佛教寺院或佛堂,是日本"神佛习合"现象的重要体现。最早建立的神宫寺是气比神宫寺,建于715年。之后,在满愿禅师的积极推动下,鹿岛神宫寺、贺茂神宫寺、伊势神宫寺等相继建成。这些神宫寺依托的神社多是国家级神社,代表着统治阶层的意愿。而到了8世纪中期以后,祭祀地方豪族氏神的神社也开始建设神宫寺,建成了多度神宫寺、日吉神宫寺、三轮神宫寺、热天神宫寺、出羽国神宫寺等诸多神宫寺。甚至出现了以菩萨形象呈现神体的现象,如八幡大菩萨等。总体而言,最初的神宫寺往往规模较小,设施简陋,但之后在地方豪族以及朝廷的支持下,逐渐发展成为包括法堂、钟楼、僧房、塔等在内的规模较大的宗教场所。

(二)"神身脱离谭"与神宫寺出现的缘由

佛教传入日本初期,人们将佛教视为外来的神灵,并没有深入理解其教义和思想。然而,随着统治阶层对佛教的理解逐渐加深,他们开始接受其中的因果报应、罪恶观念和戒律,逐渐认识到个人欲望所带来的罪业感以及借助佛教减轻内心痛苦的必要性。当时的统治者通过祭祀和神权来巩固自身的合法性和权威,将神视为代表整个社会和国家的集体之神。然而,在统治的过程中,他们面临着各种困惑、犹豫和道德挑战。例如,个人的贪婪和私欲会引发道德问题和罪恶感,不合理的决策会给集体带来灾难,维护自身形象和声誉也充满困难。因此,陷入痛苦中的统治者渴望向佛陈述个人的罪过和苦恼,希望借助佛教的智慧和慈悲来寻求内心的安慰和解脱。而作为统合共同体的神,就成为代替统治者述说其自身痛苦的媒介。在这种情况下,神在故事中充当了统治者的代表,承载着统治者内心的痛苦和挣扎。

在当时,地方的豪族也面临了一些问题和挑战。特别是在引进唐朝的律令制度之后,日本朝廷对引入的中国古代官位体系进行了较大改革。其中一个重要的变化是将神祇官与太政官同时置于官位体系的最高层。这一改动意味着大和朝廷试图通过国家祭祀来凸显皇祖神对地方神的统治地位,并通过向地方神灵赠送贡品的方式来实现国家对地方的征税。具体而言,在每年举行祈年祭、月次祭、新尝祭等国家祭祀之前,朝廷会召集各地的神职人员到神祇官,宣读祝词并分发供奉神的贡品。其中,最重要的是供奉皇祖神的稻穗。各地的神职人员将这些象征着皇祖神保佑的稻穗带回本地,然后与地方神灵的供品混合,再将这些稻穗分发给当地居民。这意味着皇祖神的神力传播到各地,保佑各地的庄稼丰收。根据这一逻辑,农业丰收被视为皇祖神护佑的结果。因此,农民就要向皇祖神献上新稻和新谷,以感谢皇祖神的恩惠。在这种体制下,地方统治者必须通过国家祭祀来彰显他们与皇祖神的联系,同时从民众那里征收贡品作为赋税。因此,地方豪族需要巧妙地处理皇祖神与地方神、朝廷与民众之间的关系,同时也要应对如何维护自己的声誉和形象的挑战。在应对这些挑战的过程中,豪族内心产生了许多困惑和不安。他们希望借助佛教的力量,解除内心的痛苦。

实际上,中国传来的律令制度并没有改变日本原有的氏族社会的结构,氏族共同体仍然是当时日本的基本形态。氏族共同体的首领依旧是当地的首领,只是被赋予了律令制中的官吏名称,如郡司、里长等。与此同时,地方平民生活在封闭的共同体内,遵循共同体的规则,相信原始的咒术和祭祀。这样,郡司、里长等基层官吏通过祭祀仪式来收取租税,而普通百姓虽然对律令条文以及租庸调制一无所知,但甘愿交纳租税当作向神灵敬奉"初穗"。可以说,"律令制国家能从他们身上有效地收取租税是因为有神祇官制度的存在,是神祇官制度像施了咒语一般先把民间的基层信仰神奇地统辖起来了"①。这样,大和朝廷借助神祇官制

---

① [日]义江彰夫:《日本的佛教和神祇信仰》,陆晚霞译,商务印书馆2018年版,第24页。

度把日本固有的神观念与国家统治相结合，一定程度上保证了租税制度的稳定。

然而，在8世纪之后，越来越多的农民因无法交纳租税而逃亡，导致土地荒芜的现象日益严重，班田制的实施也面临巨大困难。政府不得不在723年颁布了《三世一身法》，规定土地可以被家族连续占有三代。然而，由于未能达到预期效果，政府于743年又颁布了《垦田永世私财法》，承认开垦荒地的私有权。此后，地方豪族越来越多地私占土地和压迫农民，逐渐发展成为私有土地的领主。这样一来，原本重视氏族共同体集体利益的价值观逐渐向着强调地方豪族私人利益的方向演变。地方豪族不再需要通过向皇祖神献贡品来凸显氏族共同体的集体性，也不再需要通过这种方式为国家收取租税。相反，他们希望通过一种新的信仰来打破原有的自上而下的国家神祇观念，为追求私人利益找到合理的理由。换言之，之前那种皇祖神赐予"神稻"，而农民交纳"初穗"以感谢皇祖神的观念，成为追求个人财富的地方豪族想要摆脱的集体观念。所以说，"神身脱离谭"中神所表现出来的痛苦正是地方豪族所经历的困扰，反映了他们欲借助佛教的力量摆脱"皇祖神—地方神"体系，即摆脱律令制国家控制的心理。①

随着对佛教理解的日益加深，地方豪族越来越希望借助佛教消除他们追求私人财富、个人利益的罪业意识。在奈良时代中期之前，罪业意识在日本社会相对较弱，因为当时氏族共同体内的贫富差距相对较小，个人追求过多的私人财物常常受到集体意愿的限制。民众被咒术性的集体神祇信仰和祭祀所控制，乡村处于一种带有咒术性格的未开化的集体社会状态。② 在重视集体利益的共同体内，每个村民努力承担作为共同体成员的义务，相对平均的分配方式成为劳动成果分配的主要模式。然而，随着大和朝廷鼓励土地私有政策的实施，私有田地的领主不断开垦荒地、圈占土地，从而积累了大量财富。这样，地方豪族服务于地方共同体的角色在新的形势下就变得虚有其表，祭祀神灵成为他们追求私利的手段。

---

① ［日］义江彰夫：《日本的佛教和神祇信仰》，陆晚霞译，商务印书馆2018年版，第21—27页。

② ［日］义江彰夫：《日本的佛教和神祇信仰》，陆晚霞译，商务印书馆2018年版，第24页。

这种历史的巨变虽然一定程度上满足了地方豪族追求私人利益的欲望，但也给他们造成很大心理压力。那就是，他们意识到私有行为是对集体神灵的一种犯罪，希望佛教提供消除罪业和苦恼的方法。

与此同时，作为外来的宗教，佛教正努力适应日本社会，力图和日本人固有的神祇信仰和平共处。而杂密佛教认可世俗的财富和富裕生活，正好迎合了地方豪族试图借助佛教消除对个人财富追求的罪业意识。而且，杂密佛教强调咒术性的修行方式，相信通过修行可以增强法力，与神道信仰中讲究咒术的一面相契合。这样，杂密佛教徒就成为推动神佛结合的主要力量，促进了神佛合一的信仰观念的形成。

三 "本地垂迹"中的神与佛

（一）"本地垂迹"的基本脉络

在平安中期以后，日本的"神佛习合"现象在"本地垂迹说"中得到显著体现。"本地垂迹"理论源于印度大乘佛教思想，其中"本地"指代佛的真身和法身，而垂迹则指佛根据时机而应现的化身。简而言之，"本地垂迹"表明日本的神明是佛陀和菩萨的化身，佛是"本地"，而神明则是佛的垂迹。日本的"本地垂迹"理论的形成和发展经历了漫长的过程，并与"神身脱离谭"的故事以及神宫寺广泛的建立并无严格的界限。然而，由于其在平安中期以后盛行，并在镰仓时代达到巅峰，从时间上来看，"本地垂迹"可以被视为是"神佛习合"现象在日本进一步发展和演变的体现。这种变化主要体现在佛教积极地进入神的领域，将神视为佛陀和菩萨的化身。与"神身脱离谭"中的神主动离开神性，并寻求佛陀的救助不同，"本地垂迹"中的神则成为被动接受佛陀垂临的角色。神在这一理论中被视为佛陀的化身，主动地接受佛陀的加持和庇佑。

关于"本地垂迹"，较早的记录见于859年成书的《日本三代实录》。文中记载，僧人惠亮在延历寺请求设置两名"年分度者"①，分别供奉贺茂神和春日神。其中一位度者供奉贺茂神，主修《大安乐经》，并加修《法华经》和《金光明经》；另一位度者供奉春日神，主修《维摩诘所说经》，并加修《法华经》和《金光明经》。惠亮指出，"皇觉导物，且实

---

① 佛教用语，指官府承认的一定名额的佛教出家人。

且权。大士垂迹，或王或神"①。意思是说，佛教化众生，既有实际形象，又有借用的形象，垂迹后，有时为王，有时为神。再如，937 年在把供奉《法华经》的宝塔院从大分县的宇佐神宫寺挪至福冈县的筥崎宫时，大宰府给筥崎宫的文书中记述：尽管宇佐神宫寺和筥崎宫位于不同的地方，但八幡大菩萨在这两个地方的垂迹依然相同。意思是说，无论宇佐神宫寺还是筥崎宫，都是八幡大菩萨在这些地方显现出来的形象。

如此，在 9、10 世纪时已经出现了将神视作佛、菩萨垂迹的思想，但并不是普遍现象。而到了 11、12 世纪，神被设定为佛、菩萨化身的情况逐渐增多，"本地垂迹"的观念变得十分盛行。例如，平清盛为感谢神佛给予他今生的富贵，并祈祷来世的繁荣，于 1164 年向严岛神社奉上了《法华经》三十卷、《阿弥陀经》一卷、《般若心经》一卷。在请愿文中，他明确提到严岛神社的神灵——伊都岐岛明神是观音菩萨的垂迹。而在《源平盛衰记》第十三卷中，还记录了严岛神社祭祀神灵的本体，称大宫祭祀的神是大日如来、阿弥陀佛、普贤菩萨和弥勒菩萨的垂迹；中宫祭祀的神是十一面观音菩萨的垂迹；而客人宫供奉的是护持佛法的众多天神和佛教眷属神，包括释迦牟尼佛、药师佛、不动明王和地藏菩萨等。

同样，当时著名的熊野三山的神灵也被赋予了佛陀、菩萨的本体。作为古代日本人山岳信仰的圣地，熊野三山一直供奉多个神灵。其中，主要神社由熊野本宫大社、熊野速玉大社、熊野那智大社组成，分别祭祀日本神话中的枛御气野神、速玉男之命、夫须美神。由于日本人深信熊野三山的神灵能够创造奇迹，修行者乐于在此修行，天皇、皇后和皇室成员也对其怀有特殊的尊敬之情。到了 12、13 世纪，熊野三山的主神以及相关神灵都被赋予了佛教本体，称作"十二所权现"。这十二个社殿的祭祀神包括家都御子神、速玉男神、夫须美神、天照大神、天忍穗耳命、迩迩艺命、彦火火出见尊、鸬鹚草苇不合命、轲遇突智命、埴山姬命、弥都波能卖命、稚产产命，其对应的本地佛分别是千手观音、药师如来、阿弥陀佛如来、十一面观音、地藏菩萨、龙树菩萨、如意轮观音、圣观音、文殊菩萨和普贤菩萨、比沙门天、不动明王、释迦如来。

---

① 黑板勝美、国史大系編修会編集：『新訂増補国史大系〈普及版〉　日本三代実録前篇』，吉川弘文館 1973 年，第 37 頁。

总之，从平安时代后期到镰仓时代初期，一种将神灵赋予佛陀和菩萨尊号的思想逐渐盛行开来。许多神社中的神被视为佛陀和菩萨的化身，如八幡宫供奉的三位神被认为是阿弥陀佛、观音菩萨和大势至菩萨的垂迹，热天神社的神被认为是不动明王的垂迹，白山神社的神被视为十一面观音的垂迹，祇园神社的神被认为是药师如来的垂迹等等。这一现象在当时的日本社会被广泛接受，并深刻影响了神道和佛教的融合与发展。

（二）"本地垂迹"与王权神话

随着"本地垂迹"运动的逐渐兴盛，一些僧人开始尝试运用垂迹理论来构建王权神话，试图以"佛主神从"的理论来削弱王权神的地位。举例来说，在镰仓时代成书的《沙石集》中，作者将天照大神描绘为大日如来的化身，并将僧侣不得进入伊势神宫参拜的原因解释为天照大神与密教第六界魔王的约定。故事中，天照大神在海底发现了大日如来的印文，并用矛将印文从海底捞起。随后，矛尖上的水滴变成了日本国。第六天魔王发现后，担心佛法在日本传播后日本人会祈祷超脱生死，因此想毁灭日本国。为了应对这个问题，天照大神只能向第六天魔王保证伊势神宫内不会提及佛、法、僧三宝的名号，也不会靠近三宝。《平安物语》《太平记》等著作中也有相似的故事，而且加入了不同于《沙石集》的内容。例如，书中描述天照大神从第六天魔王那里得到了八尺璞勾玉，并以勾玉作为与魔王约定的证据。这些故事都旨在说明，尽管伊势神宫的神灵信仰佛教，但为了遵守与第六天魔王的约定，他们无法使用佛教的术语，只能使用隐语。

真言神道的理论也将王权神话、神佛关系加以密教化，用佛教的逻辑来构建日本国产生的过程，并对天照大神、伊势神宫附加佛教的解释。《大和葛城宝山记》开篇谈及日本国诞生时，描述道："十方风至相对，相触形成大水。水上神圣化生，有千头二千手足，名常住慈悲神王，为苇细之神。此人身脐中出妙法莲花。其光大明，如照亮万月之俱。花中有人神，跏趺而坐。此人神有无量光明，名曰梵天王。"[1] 在这段文字里，日本创世神话中最早出现的神被描述为印度教中的创造之神即梵天王的化身。此外，在书中被称为"大日本州造化之神"即伊奘诺尊和伊奘冉

---

[1] 大隅和雄校注：『日本思想大系19　中世神道論』，岩波書店1982年，第58頁。

尊成为大自在天王的垂迹，而天照大神成为大毗卢遮那如来的垂迹。之所以把天照大神与大毗卢遮那如来联系起来，是因为大毗卢遮那如来被视为日神，具有普照天地的威力，而天照大神在日本传统中也是太阳之神，二者具有很大的相似性。

同样是真言神道的经典之作，《中臣祓训解》也强调神佛的一致性，宣称："天地开辟之初，神宝日出时，法界法神心王大日，为度无缘恶业之众生，以普门方便之智慧，入莲花三昧之道场，发大清净愿，垂爱怜之慈悲，现权化之姿态，垂迹与阎浮提，请府尔之魔王，试降服之魔力，驿神光神使八荒，慈悲慈橄，领十方以降，大神于外显与佛教不同之仪式，内为护佛法之神兵。"① 文中强调大日如来以普度众生的姿态垂迹于日本，日本的神虽然以不同的形式呈现，但都是保护佛法的"神兵"。而且，"（神和佛）内外词虽异，然化度方便相同。神为诸佛之魂，佛为诸佛之性"②，从而进一步阐述了神佛的一致性。

另一部镰仓时代真言神道的著作《天地丽气记》也用"本地垂迹"的思想对日本古代创世神话进行了改写。文中将日本古代神话中"神代七世"解释为释迦牟尼佛之前的七尊佛，并与密宗"北斗法"中的北斗七星相对应，描述为："天神之七叶，过去七佛转之，呈天之七星。"③ 而从天照大神到鸬鹚草苇不尊的"地神五代"则被认为是密教中四方佛加上大日如来的垂迹，称："地神五叶，现在之四佛加大日如来佛，成五佛，化地上五行神。""神代七世"的十一尊神加上"地神五代"中的五尊神，共计十六尊，称为"贤劫十六尊"。此外，该书还将伊奘诺尊和伊奘册尊对应真言宗中的金刚界和胎脏界，描述为："伊奘诺尊为金刚界，俗体为男形，如马鸣菩萨，乘白马，手持秤，以此量一切众生之善恶。伊奘册尊为胎脏界，俗体为女形，如阿里树王。乘荷叶说法、利生。"④这样看来，中世的许多著作已经不再仅仅使用密教理论解释王权神话，而是对王权神话进行了重新创作。

---

① 大隅和雄校注：『日本思想大系 19 中世神道論』，岩波書店 1982 年，第 40 頁。
② 大隅和雄校注：『日本思想大系 19 中世神道論』，岩波書店 1982 年，第 40—41 頁。
③ 大隅和雄校注：『日本思想大系 19 中世神道論』，岩波書店 1982 年，第 70 頁。
④ 大隅和雄校注：『日本思想大系 19 中世神道論』，岩波書店 1982 年，第 70 頁。

（三）"本地垂迹"兴盛的缘由

"本地垂迹"是佛教与日本本土神道长期融合产生的现象。在这个过程中，佛教的末法思想发挥了重要作用。据传说，释迦牟尼佛涅槃后，佛教经历正法、像法和末法三个阶段。在正法阶段的一千年间，佛法在世间正常传承，人们通过学习、思考和修行佛法，追求菩提正果。随后的像法阶段一千年间，直接听闻佛法的人逐渐减少，信徒只能通过阅读佛经或跟随佛教修行者修行佛法。由于人们对佛法的理解程度不同，只有少数人能够实现菩提正果。而在末法时代的一万年间，人们的修行条件逐渐恶化，佛法逐渐衰微，世间变得黑暗而浊乱，很少有人能够实现菩提正果。末法时代从1052年开始，日本正处于平安时代的末期。当时，经历了摄关政治和院政时期的平安贵族深切感受到时代变迁给他们带来的冲击。政治地位的下降和经济基础的动荡使得贵族们深切感受到末法时代的来临，并迫切需要一种力量来摆脱内心的痛苦。而净土教主张借助阿弥陀佛的愿力，往生极乐净土，正好给予平安末期处于苦难中的民众巨大的安慰。此外，净土教认为只要念佛号就能往生净土，修行方式简单，教义相对浅显，并且不强调戒律清规，因此在平安末期逐渐在日本广泛传播开来。

对于末法时代的恐惧、对于极乐世界的向往使统治者、贵族以及民众都渴望得到佛教的救济。而人们对于佛法的认同和期待，就促使了佛教的兴盛。到了12世纪初，关于"本地垂迹"的记载逐渐增多，源赖信、平清盛等武将也在祈祷文中多次表达了佛陀、菩萨在日本的显现。随着镰仓时代的法然、亲鸾等人创建净土宗、净土真宗理论，净土思想在日本得到快速发展。与此同时，"本地垂迹"学说也逐渐完善，成为当时日本社会的普遍现象。

四 反"本地垂迹"思想

（一）伊势神道对丰受大神地位的强调

"本地垂迹"思想是日本传统的神道教在吸收佛教文化时所构建的一种理论体系。然而，当本土文化在吸收相对先进的外来文化时，往往不会被外来文化完全取代，而是逐渐认识到二者之间的差异，表现出一种文化自觉的特点。而且，本土文化的支持者们为对抗外来文化，常常会努力寻求理论支撑、著书立说，从而为传统文化的地位和传承起到重要作用。

在平安时代后期，受到"本地垂迹"思想的影响，伊势神宫祭祀的天照大神也被称作佛在本地的显现。与此相对，伊势神宫内的有些信仰者开始阐述伊势神宫祭祀神灵的本土特征，力图排除佛教的影响。到了镰仓时代，以伊势神宫外宫的度会氏为首的神道人士努力提高神道相对于佛教的地位，创立了自成一派的神道理论，被称作伊势神道，也称度会神道、外宫神道。度会氏之所以如此热衷于阐释神道，首先是因为度会氏自古以来担任伊势神宫外宫的神官，具备认识神道、阐述神道的基本素养。其次，度会氏所在的外宫在地位上低于内宫，内宫和外宫的神职人员也存在尊卑之分。但是，随着外宫宗教活动的不断开展，原本处于劣势地位的外宫势力逐渐增强。这样，外宫的神官们就试图提升外宫的地位，力图使其超越内宫。为争夺地位的高低，内宫和外宫曾发生过激烈的争斗，1196年还发生了知名的"皇字论争"事件。根据伊势神宫原有规则，"皇"字是内宫的专属，内宫祭祀皇祖神，可称作皇大神宫，而外宫祭祀丰受大神，地位相对较低，没有资格称皇大神宫。但是，外宫在记录中却自称丰受皇大神宫，遭到内宫的强烈反对。为了阐述他们观点的合理性，度会氏积极收集古代资料，编写了"神道五部书"。

"神道五部书"指《天照坐伊势二所皇太神宫御镇座次第记》《伊势二所皇太神御镇座传记》《丰受皇太神御镇座本纪》《造伊势二所太神宫宝基本记》《倭姬命世记》。关于五部书的成书年代，学术界一直争论不休。现在公认的看法是，这些书并非奈良时代的作品，作者也不是奈良时代的古人，而是度会氏为确立外宫的地位，借古人之名于镰仓时代编写的神道理论书籍。五部书加上《神皇实录》《二所大神宫神名秘书》《古老口实传》三部，构成了"伊势神道八部书"。在上述理论的基础上，镰仓末期的度会家行编写了《类聚神祇本源》，引用儒家、佛教经典对神祇进行了追根溯源，被认为是伊势神道理论的集大成之作。

伊势神道的理论认为神佛不同，日本为神国，而不是佛国。按照真言神道说法，天照大神为胎藏界大日如来的垂迹，是光明大梵天王，是日神；丰受大神为金刚界大日如来的垂迹，是户弃大梵天王，是月神。而伊势神道则认为"大日本国者乃神国，受神明加护，得国家安全。

依国家之尊崇，增神明之灵威"①，即日本国是神灵护佑的国家，而不是佛加护的佛土。无独有偶，后嵯峨天皇在向石清水幡宫奉上的祷告文中也指出，神道依靠王道增添了力量，而王道依靠神道增添了光彩。这种说法强调神道与国家统治之间的密切联系，以此突出神道的地位，而不像《御成败式目》中"神依人之敬而增其威，人依神之德而添其运"②那样，仅仅强调神与人的关系。正如《倭姬命世纪》所述："天照大神与日月与共，照临寓内。丰受大神与天地与共，守护国家"③，神既保佑人，又护佑国家。在与佛教交融的过程中，神道家的自觉意识日益增强。

但是，伊势神道并非反对佛教，不是倡导神与佛的对立，而是想把佛从神道中分离出去，强调神的主导地位和重要作用。出于这一目的，加上对抗内宫的企图，外宫的度会氏制作了很多抬高丰受大神地位的说法。尽管不同的著述中的理论体系有所不同，但都是把天之御中主神、国常立尊、丰受大神捏合在一起，认为"天之御中主神＝国常立尊＝丰受大神"，并把他们定义为掌管宇宙的生成之神。如《神祇秘钞》如下描述："神皇系图曰：神圣生其中焉。号国常立尊矣，亦名无上极尊……大千世界大导师是尊也。所形名曰天御中主尊……故则为大千世界主矣。亦曰，天御中主尊元气所化，水德变成，为因为果。而所露名天水云神，任水德，名御气都神，是水珠所成，即月珠是也。亦号大苇原中津国主丰受皇神也。"④

实际上，天之御中主神和国之常立神在《古事记》中出现的顺序不同⑤，并非同一神灵。天之御中主神是天地开辟时出现的神，为"造化三神"之一，而国之常立神虽是"神代七世"之神，但出现时间要晚于天

---

① 井上光贞、関晃、土田直鎮、青木和夫校注：『日本思想大系 3 律令』，岩波書店 1982 年，第 31—32 頁。
② 石井進、石母田正、笠松宏至、勝俣鎮夫、佐藤進一校注：『日本思想大系 21 中世政治社会思想（上）』，岩波書店 1982 年，第 7 頁。
③ 井上光贞、関晃、土田直鎮、青木和夫校注：『日本思想大系 3 律令』，岩波書店 1982 年，第 31 頁。
④ 王金林：《日本神道研究》，上海辞书出版社 2007 年版，第 164 页。
⑤ 《古事记》和《日本书纪》中的神灵有所不同，相同神灵的名称也有所差异。例如，天之御中主神、国之常立神是《古事记》中的说法，在《日本书纪》中称天御中主尊、国常立尊。

之御中主神。与《古事记》不同,《日本书纪》中的国常立尊才是宇宙开辟之神,而且是接受阳气而生之神,所谓"乾道独化,所以成此纯男"①。度会氏就是糅合了《古事记》与《日本书纪》中的造化之神,并借用《日本书纪》中国常立尊作为"纯阳之神"的特征,然后附加在伊势神宫外宫祭祀的丰受大神上面。关于丰受大神,《古事记》记载,传说伊邪那美的尿中产生了和久产巢日神,和久产巢日神产下了丰受大神。天孙降临时,丰受大神镇座于伊势神宫的外宫,成为外宫的主祭神。丰受大神又称大物忌神、丰受气媛神、丰冈姬等,是掌管食物、谷物的女神。也就是说,丰受大神并非宇宙开辟时出现的神,与天之御中主神、国常立尊不同。然而,经过度会氏的改编,本来不相关的三个神划上了等号,丰受大神成为出现时间早于天照大神且地位高于天照大神的神。

(二) 慈遍的神主佛从理论

从神道理论的角度来看,如果说镰仓时期是神道开始摆脱对佛教依从的时代的话,那么南北朝时期就是确立神道相对于佛教优势地位的时代。南北朝时期神道理论的迅速发展与当时的时代背景密切相关。1333年,后醍醐天皇推翻了镰仓幕府,开始推行王政复古的新政。然而,新政没有真正照顾到武士阶层的利益,招致许多武士的不满和反抗。足利尊氏率领武士起兵反抗,重新建立幕府,并拥立持明统的光明天皇继位。后醍醐天皇被迫退位,逃往吉野,组建新的朝政,史称南朝。与北朝武士阶层掌握实权的情况不同,南朝采取日本律令制国家时期的统治模式,宣扬天皇权威的至高无上。然而,南朝只不过是失败君主在逃亡之地的苟且偷安之举,实力无法与北朝对抗,因此天皇权威受到极大威胁。在这样的情势下,南朝的政治家和知识分子就力图通过精辟的理论阐述天皇权威、权力的正当性,为南朝的存续找到合理的理由。而要证明天皇执政的正统性,就要在《古事记》《日本书纪》的神话故事中追根溯源,将日本传统的神祇信仰作为人们的主要信仰。而伊势神道在镰仓时代的发展也为神道地位的提升、天皇权威的提高作了很好的铺垫。在伊势神道的影响下,慈遍和北畠亲房进一步拓展了神道理论,逐步确立了神道的主体地位。

---

① [日] 舍人亲王:《日本书纪》,四川人民出版社2019年版,第3页。

据说慈遍是卜部兼名的孙子，属于卜部氏的后人。他既是一名僧人，又是一名神道学家。小时候在比叡山学习天台宗，之后努力学习伊势神道，钻研山王神道和两部神道，最终创立了独特的神道理论。慈遍对待佛教的态度与他持有的末法思想有关。他说："浊世末代之比，根基拙笨。虽佛法教诫，然僧尼与教基相背。不诚之辈，我佛弟子，乘出世之人名。不遵法，不从君。故人与法不合也"①，批判了当时僧人机根拙劣却傲慢无理的状态。他一边引用《涅槃经》，一边批判当时的僧尼为追求名利而大量动用国家费用修建新寺院而不整修古寺的行为，认为这正是末世僧尼招致灾难的不正当之举。他还用《仁王经》和《法华经》中的语言，阐述末法时代佛教的堕落和佛法的无力，并在《旧事本纪玄义》中反复强调对末世僧尼的绝望，写道："如经所言，我灭度后，现大明神，度广大众生。然末世之僧尼，不遵令而使国疲弱。故屏佛法而遵神祇。"② 可以说，慈遍就是在末法思想的指引下，结合古典文献的解释，把重心转移到了神道。

作为僧人的慈遍并不排斥佛教，而是提倡"神佛如一"，认为神即佛灵，佛则具有神性。但是，他认为神和佛的主次地位在不同时代并不一样，最初日本是神灵保佑的国家，但后来佛取代神的地位，占据主导地位。随着末世的到来，佛法没落，佛教衰微，神道重新成为人们信仰的中心。在末世，神道具有了相对于佛教的绝对地位，神道才是万物之本源。在慈遍的历史观中，末法时代是继神代、佛教盛行时代之后的第三期。在这个时代，人们无法尊崇神的旨意，佛教衰落，神道不振。但是，他认为神道不久之后会再次兴盛，并期待神道承担救济日本人的重任。③

慈遍的反"本地垂迹"的思想还体现在他的"根叶花实论"中。《旧事本纪玄义》记载："和国者，三界之根也。寻余州者，此国之末。谓日本则如种子芽，故依正和人心，幻似春单木未得成熟。论其功用，本在神国。唐掌枝叶，梵得果实，花落归根。莫谓受流，故当初则皆用

---

① 慈遍：『豊葦原神風和記』，国立公文書館 デジタルアーカイブ。
② 慈遍：『旧事本紀玄義』，国書データベース。
③ 玉懸博之：『日本中世思想史研究』，ぺりかん社 1998 年，第 33 頁。

托言而治天下。梵汉文传，神态转隐。"① 如此，他在广阔的时空观念里论述神道的主体地位，认为日本是神之本国，是世界的根源所在，而中国的儒学和印度的佛教只是神道在外国发展后生长出来的枝叶和果实。

（三）唯一神道对神道纯粹性的强调

战国时代的吉田兼俱继承了慈遍的思想，并将神道作为与佛教、儒学相对抗之理论。他在创作神道理论方面抱有很大野心，创作伪书，使用谋略和谣言宣传自己的主张。努力提升神道地位。其神道理论著作《神道名法要集》将神道分为三类，即："一者，本迹缘起神道；二者，两部习合神道；三者，元本宗源神道。故是云三家神道。"② 在吉田的学说里，本迹缘起神道和两部习合神道都是"神佛习合"的结果，而元本宗源神道则超越了二者，是神道的根本。关于元本宗源神道，书中写道："问：元本宗源神道者，何哉？答：元者，明阴阳不测之元元，本者，明一念未生之本本，故颂曰，元元入元初，本本任本心。问：宗源者，何哉？答：宗者，明一气未分之元神，故归万法纯一之元初，是云宗。源者，明和光同尘之神化，故开一切利物之本基，是云源，故颂曰，宗万法归一，源诸缘开基。吾国开辟以来，唯一神道是也。"③ 也就是说，"元"是天地宇宙的根元，"本"是人心的根本，"宗"是收纳天地万象的根元之神，"源"则是指天地万物皆由根元之神所生。如此，他从宏观的宇宙时空观论述万物的本源，描述了元本宗源神道的作为神道之根本的特征。

虽然吉田兼俱受佛教思想影响较大，但他的神道理论却明确反对"神佛习合"，主张神道自身特有的理论。他在《神道名法要集》中叙述道："吾日本生种子，震旦现枝叶，天竺开花实，故佛教者，为万法之花实，儒学者，为万法之枝叶，神道者，为万法之根本，彼二教者，皆是神道之分化也。"④ 如此，吉田兼俱也效仿慈遍的说法，将神道视作所有教义的根本，将儒学和佛教视为神道在现实中的表现。

---

① 慈遍：『旧事本纪玄義』，国書データベース。
② 吉田兼俱：『唯一神道名法要集』上，人文学オープンデータ，第1頁。
③ 吉田兼俱：『唯一神道名法要集』上，人文学オープンデータ，第3頁。
④ 吉田兼俱：『唯一神道名法要集』上，人文学オープンデータ，第31—32頁。

吉田兼俱的神佛分离的理论还体现在他对"唯一"的解释中。其主张的神道之所以称作唯一神道，也正是因为他所论述的神道的"唯一"特征。在他看来，首先，"唯一"有三层意思，即"一者，唯有一法而无二法；二者，唯受一流而无二流；三者，唯一天上而有证明"①。其中，"唯有一法而无二法"指神道是阴阳之根本，自国常立尊起便代代相传，而并非依据外来的儒、佛、道，是纯粹的宗教，即："吾神道者，一阴一阳不测之元，国常立尊以降，至天照太神，玄玄妙妙之相承也，天照太神授赐天儿屋命，自尔以来，至浊世末代之今日，汲一气之元水，遂不尝三教之一滴，故云唯有一法者乎。"②

其次，"唯一"既指吉田神道教理的纯粹性，又指神道继承者的唯一性，即只有吉田兼俱的祖先才是神道的正宗且唯一的继承者。他说："《日本书纪》神代下卷曰，天儿屋命主神事之宗源者也，故俾以太占之卜事而奉仕，故宗源者，唯一神道两部之题号也。卜事者，神代以来之太业也。因兹，赐姓卜部，此后以中臣藤原，有两度之改姓，经四代之朝廷之后，改藤原，复旧姓中臣，此后亦送十代之朝，改中臣，赐元氏卜部姓，所谓当流者，受宗源卜事之大业，续神代附属之正脉，侍神皇之师范，为一代不绝之名迹，故卜部正统，唯受一流之唯一神家业者也。"③ 从这段记述来看，唯一神道的正统继承者只有卜部氏。卜部氏本来是以龟卜为职业的品部氏族，后来在律令制国家建立以后主管祭祀，并世代担任神祇官中的次官。实际上，在律令体制里，次官的地位低于长官，因此卜部氏在地位上低于担任长官的白川伯家。然而，卜部氏善于神道理论研究，在神祇典籍等方面的学识上却优于白川伯家。吉田兼俱之所以强调卜部氏自神代以来一直从事占卜祭祀，是为了强调他所主张的神道的纯正性。这样，从祭祀者和主持者的角度来看，吉田神道就成为不掺杂其他宗教教义和教理的纯粹宗教。

最后，"唯一"还指日本神国、神道、神皇的唯一性。《神道名法要集》中写道："国者，是神国也。道者，是神道也。国主者，是神皇也。

---

① 吉田兼俱：『唯一神道名法要集』下，人文学オープンデータ，第1頁。
② 吉田兼俱：『唯一神道名法要集』下，人文学オープンデータ，第1—2頁。
③ 吉田兼俱：『唯一神道名法要集』下，人文学オープンデータ，第2—3頁。

太祖者，是天照大神也。一神之威光，遍照百亿之世界。一神之附属，永传万乘之王道。天无二日，国无二主。故日神在天之时，月星不双光，唯一天上证明是也。"① 这里强调了神国以及神皇的正统地位，突出了自天照大神以来皇统的延续性。而且，在吉田兼俱那里，王道就等同于神道。因此，朝政也等同于神道。所谓"我朝万机政，皆是神道也。故颂曰：君王百官万机政，皆是八百万神斋，进退作法三业净，神道三元三妙行"②。这样看来，在多神信仰的日本，吉田兼俱试图用"唯一"的观念来解释神国，进而使天皇也具有唯一性。这种超越的、唯一的神道认识不仅影响了后世日本人的天皇观念，而且推动了近世"人格神"③ 的大量出现。

中世神道学说借鉴了中国的儒学、道家、阴阳五行学说的理论，但无法否认，佛教对其影响更为深远。尽管伊势神道、唯一神道等流派努力排除佛教对神道的影响，甚至提出"反本地垂迹"的思想，但是神道自古就缺乏真正合理、抽象的理论支撑。而佛教在中世已经渗透到日本社会的各个阶层，所以上述神道理论也只能一边努力排除佛教痕迹，一边借助佛教的某些思维。实际上，这些理论和学说都是在神佛关系中寻求神相对于佛的上位性。

第二节　神道与儒学

儒学作为对日本影响最为深远的中国文化之一，与神道也有着较深的渊源。据《日本书纪》记载，在应神天皇时期，儒学经由百济国的王仁博士传入日本。自此，儒学对日本的各个方面产生了深远影响，并迅速发展起来。古代日本人一方面积极吸收中国儒学的经典著作，另一方面对儒学进行重新解释，逐渐发展成为既有中国儒学影子又具有日本特

---

① 吉田兼俱：『唯一神道名法要集』下，人文学オープンデータ，第15页。
② 吉田兼俱：『唯一神道名法要集』上，人文学オープンデータ，第31页。
③ "人格神"多指具有和人相似的意识、情感、行为的神。近世以前的日本人多是在死后被祭祀为祖先或佛，祖先和佛一般不具有现世人的意志、情感等特征。而近世却出现了很多死后被祭祀为神的情况，如丰臣秀吉、德川家康等统治者，也有很多平民百姓。这些"人格神"往往被认为怀有生前的愿望，具有生前的人格特征。

点的日本儒学。而从儒学传入日本时起，儒学与神道的交融就从未中断过。与神佛关系相比，神道与儒学间的关系较为自然、平和，很少有明显的冲突和对抗。神道学家和儒学家也较少站在二元对立的立场阐述二者关系，而是将儒学的伦理道德融入神道信仰中去。由于儒学已经深入到日本文化的内部，神道与儒学的关系也就成为剖析日本文化时必须涉及的一个方面。

一　南北朝时期《神皇正统记》中的神道思想与儒学

神道作为日本本土宗教，何时开始吸收中国元素尚不得而知，但从《古事记》等日本早期的著作来看，古代中国哲学的内容早已被吸收其中。《古事记》中描述宇宙初始状态时说："夫混元既凝，气象未效，无名无为，谁知其形。然乾坤初分，参神作造化之首，阴阳斯开，二灵为群品之祖。"[①] 这段描述中的"混沌之气"，尤其是太极、阴阳的概念，在中国古代早已有之。成书于西周初年的《周易》中就记载："易有太极，是生两仪，两仪生四象，四象生八卦。"太极被认为是万物的根源，"两仪"即阴阳，"四象"指少阳、老阳、少阴、老阴这四种阴阳二气的不同状态，而"八卦"则是用来表示事物之间关系以及推演事物发展趋势的抽象符号。尽管《周易》中阴阳五行、变卦爻辞等内容与注重经世致用、重视道德伦理的儒学有很大区别，但该书也曾被誉为儒门圣典，成为中国古代思想的重要组成部分。

随着日本社会的发展，统治阶层越来越强调忠君爱国的道德观念，重视儒学在政治统治中的作用。在这个过程中，很多政治家、思想家在相关的神道论述中有意地融入儒学的内容，从而使神道思想呈现出明显的儒学色彩。较早将儒学融入天皇神话解释的人物是南北朝时期的北畠亲房。北畠亲房终身效忠于后醍醐天皇，深受后醍醐天皇的信任。他出身贵族，对儒学、佛学、神道都有深入研究和思考。儒学方面，他赞同程朱理学的理论，并大力推动程朱理学在日本的传播。佛学方面，学习过禅宗，并在后醍醐天皇的次子世良亲房突然病逝后出家为僧，认真钻研佛法。神道方面，他深受伊势神道的影响，认同伊势神道理论中的神

[①] ［日］安万侣：《古事记》，邹有恒、吕元明译，人民文学出版社1979年版，第1页。

国、神皇思想。这些经历使北畠亲房的神道思想中融合了儒学、佛教的内容,其中儒学对其影响较为明显。

他在皇统论的著作《神皇正统记》中,记述了从神武天皇到后村上天皇的皇位交替的历史,批判了院政时期、镰仓时代以及当时北朝掌权者对天皇的不敬态度,并论述了南朝天皇的正统地位。他还指出:"欲御大道明明德者,先修其身。欲修其身者,先正其心。欲正其心者,在于致知。学者传习分流,异流难云。释氏金口之八方,字老玄言之五千,大底不出此义也。夫儒之道,一说理世安民之业。夫尧以往,不可得而闻之。"①这段文字将儒学作为修身和治国安民之道,认为儒学是中国思想之根本,佛老思想并没有超出儒学范畴。而且,他认为儒学在中国自古以来就一直传承,在经历了尧舜禹、孔子以后,影响范围更加广泛,所谓"尧传舜,舜传禹,禹传汤,汤传文武周公,文武周公传孔子,即此道。也至解释其意,分散其义者,充溢四表,弥纶八荒矣"②。但是,他认为日本作为神国,长期以来对儒学了解不深,接受儒学的时间也较短,表达了希望日本大量吸收儒学的迫切心情。

北畠亲房之所以如此热衷于儒学,是因为他想借助儒学来阐述正统皇位的继承方式。按照常理而言,皇位应该父子相承,但历史上的日本天皇却往往并非如此。为了论述皇统的一脉相承以及南朝天皇的正统地位,就必须构建出一种说法来让世人信服。北畠亲房提出了正系和旁系的概念,将大觉寺统作为正系,而将北朝的持明院统作为旁系。他认为,因为历史上正系天皇有些没有子嗣,无法进行父子相承,所以才有了旁系的后继者。但这只是暂时偏离了正统,最终仍要回归到正系的轨道。他指出,从仁德天皇到暴虐的武烈天皇的皇统就是旁系,而武烈天皇无子嗣,只能传给旁系的继体天皇,结果皇统转到了继体天皇这个系别。他认为,继体天皇真正延续了天照大神以来的正统血脉,纠正了仁德天皇到武烈天皇对皇统的偏离。为阐述这一观点,北畠亲房多次借用了中国古代的天命观。在叙述继体天皇即位时,他认为之所以继体天皇能继承皇位,而鷦鷯尊系的仁德天皇的子孙没有继承皇位,是因为继体天皇

---

① 北畠親房:『元元集』,日本古典籍データセット,第35页。
② 北畠親房:『元元集』,日本古典籍データセット,第35页。

是隼总别皇子的子孙。紧接着,他说:"唐土亦有此法,起名须慎。此乃天命,非凡人所虑及。此天皇之立乃思外之御运。但,为皇胤不绝,群臣择求。依贤名而传天位,可见天照大神之御本意"①,将中国皇位继承的天命思想与天照大神的神意结合在了一起。在光孝顺天皇即位时,他也表达了类似的天命说:"仁明第二御子,且胜贤才诸亲王,无疑乃天命也。"②

天命思想源自古代中国人对于至高神的信仰,在先秦时代已经形成,后经儒家和道家学说的解释获得进一步发展,并被赋予了道德的内涵。天命的意思就是个体的命运受到上天的掌控,任何人都不例外。对于君主而言,天命意味着其地位由上天掌控,具有必然性。《孟子·万章》上篇说:"莫之为而为者,天也,莫之致而至者,命也。"孟子认为,"天"具有超人的力量,国家的最高统治者是"天"选派出来统治民众的,所以国君称为天子。到了汉朝,董仲舒吸收了先秦儒家的"天人合一"思想,以及法家的中央集权思想,建立了一套有利于封建专制统治的"天人感应"学说。他认为,"天"是自然界和人类社会的创造者和主宰者,决定了自然界的变化、人类社会的兴衰以及国家统治者的更替,是具有意志的至高无上的神。他也把皇帝视为"天"的儿子,将皇帝称作"天子"。到了宋朝,程朱理学成为加强君主专制的重要理论。朱熹将理与"天"联系在一起,创立了"天理"这一概念。他认为,"天理"存在于世界万物之中,并体现为封建社会的三纲五常。这样,朱熹将维护封建秩序的纲常神化为不可侵犯的"天理"。而天命源自太极之理,是本然的、绝对的善。只是,由于世间存在清浊偏正之别,阴阳二气交感后产生了善恶之别。北畠亲房深受程朱理学的影响,主张皇权的至高无上,推崇儒学的忠君道德。

但是,中国儒学关于君主为王的天命思想并非不顾及君主的德行和能力,相反,"天"所安排的天子必须有德才行。这一点也被北畠亲房吸

---

① 岩佐正、時枝誠記、木藤才蔵校註:『日本文学大系 87　神皇正統記　増鏡』,岩波書店 1978 年,第 90 頁。
② 岩佐正、時枝誠記、木藤才蔵校註:『日本文学大系 87　神皇正統記　増鏡』,岩波書店 1978 年,第 125 頁。

第三章 神道与其他宗教、学说 / 93

收,他在谈及天皇继位者的资质时,认为只靠神的旨意是不够的。"我国既为神国,必遵天照大神之御计。若其中有误,历数不久"①,意思是说,虽然日本是神国,需要遵照天照大神的"御旨",但如果出现差错,则天皇在位时间也不会太久。为此,皇权必须借助佛的助力,"靠十善之戒力方成天子"②。然而,佛教的支撑力仍然不足,由于"代代之御行迹,善恶又相异"③,应该"本归本,正归正,以元为本去邪也"④。而正邪区别的关键正是儒学,因而天子必须具有"本元"的德行。

在此基础上,他把儒学中的道德与"三件神器"相对应,使代表天皇的"三件神器"成为至高道德的象征。他在书中写道:"镜不蓄一物,除私心,照万物,显是非善恶之姿。按其姿而行者即为德,故镜乃正直之本源。玉以柔和善顺为德,慈悲之本源。剑以刚利决断为德,智慧之本源。不受此三德者,则无法治天下"⑤,把正直、慈悲、智慧作为神道教义之根本,并把"镜"所显示的正直之心作为道德之本源。为了说明"神器"所象征的神道道德与儒学的一致性,他在《元元集》中写道:"如玉曲妙,表柔顺之心。如镜分明,表正直之心,乃心之本元。如剑刚利,表决断之心。(智也,勇也。)尚书云刚柔正真三德,礼记云知仁勇之达德,其义皆一也……神器显万代之尔,梵汉无此类。神道妙,凡虑难测,治世之要道岂有异途乎。正直慈悲决断,不出此三德。内外典籍千万,不过又此三。"⑥通过这样的论述,他将佛教的道德理念全部归结为"镜"所表现的正直,阐明了神道与儒学的一致性,展现了极强的伦理色彩。

---

① 岩佐正、時枝誠記、木藤才蔵校註:『日本文学大系87 神皇正統記 増鏡』,岩波書店1978年,第124頁。
② 岩佐正、時枝誠記、木藤才蔵校註:『日本文学大系87 神皇正統記 増鏡』,岩波書店1978年,第124頁。
③ 岩佐正、時枝誠記、木藤才蔵校註:『日本文学大系87 神皇正統記 増鏡』,岩波書店1978年,第124頁。
④ 岩佐正、時枝誠記、木藤才蔵校註:『日本文学大系87 神皇正統記 増鏡』,岩波書店1978年,第124頁。
⑤ 岩佐正、時枝誠記、木藤才蔵校註:『日本文学大系87 神皇正統記 増鏡』,岩波書店1978年,第60—61頁。
⑥ 塙保己一:『群書類従第二輯 神祇部』,続群書類従完成会1959年,第423頁。

诸如此类，北畠亲房认可儒学存在的价值和作用，重视儒家道德在君主继承、君臣关系等方面的作用。然而，对于坚守尊皇思想的北畠亲房而言，神国日本才是其论述的基础，儒学只是用来证明日本国家神圣性和尊皇观念合理性的工具。《神皇正统记》开头就说："大日本者，神国也。天祖初开基，日神长传统，唯我国有此事，异朝无此类，故云神国也。"① 不过，他没有把日本置于世界的中心，而是在印度、中国的地理关系中把握日本，称："凡内典之说中有须弥山，山周有七座金山。金山之外有四大海，海中有四大州。每州有二中州，南州名瞻部……南州中心有山名曰阿耨达……阿耨达山之南为大雪山，北为葱岭，葱岭北为胡国，雪山之南为五天竺，东北为震旦国，西北为波斯国……天竺位于中央，因而为瞻部之中国，地围又九万里。震旦虽广，然与五天竺相比，一边小国云尔。日本远离彼土，位于海中……此国在天竺、震旦之东北，大海之中。"② 简单来说，他认为天竺是世界的中心，日本是远离中心的"别州"，位于大海之中。按照当时的佛教理论来说，远离佛教圣地的人们往往机根拙劣，社会也较为混乱，需要借助佛法来拯救。然而，北畠亲房并没有按照这个逻辑进行论述，而是称"吾国为别州，乃神明之皇统传承之国矣"③，认为日本是具有独特性的神国。如此，他在吸收佛教的世界观，借助佛教理论解释天竺、震旦、日本的地理关系的同时，延伸出了日本作为神国的特殊性。

二 室町时代神道与儒学的进一步融合

到了室町时代，随着朱子学影响的日益扩大，有些学者将神道理论与朱子学相联系，推动了神道和儒学的进一步融合。其中，影响较大的是当时有名的公卿、学者——一条兼良。一条兼良对《日本书纪》《源氏物语》《伊势物语》等古典作品抱有浓厚兴趣，著有《日本书纪纂疏》

---

① 岩佐正、時枝誠記、木藤才蔵校註：『日本文学大系 87　神皇正統記　増鏡』，岩波書店 1978 年，第 41 頁。
② 岩佐正、時枝誠記、木藤才蔵校註：『日本文学大系 87　神皇正統記　増鏡』，岩波書店 1978 年，第 44—45 頁。
③ 岩佐正、時枝誠記、木藤才蔵校註：『日本文学大系 87　神皇正統記　増鏡』，岩波書店 1978 年，第 45 頁。

《源语秘诀》等著作。在这些著作中,《日本书纪纂疏》是对《日本书纪》神代部分的注释书,其观点深刻影响了吉田兼俱以及清原宣贤对于《日本书纪》的解释。他在该书的开头部分提出了著名的"三教说",即"盖思玄古之事,岂能青史而传,神灵凭人宣言,圣贤操觚纪载,以三教之可证,知一书不诬。上古无文字,然结绳刻木,且为之约,吾邦开辟之事,幽明之迹,自古神圣相授,或托人宣言,而其所说,自莫不符合三教之理"①。简单而言,他认为古代日本虽然没有文字,但日本人却以各种方式成功传承了天地开辟以来的故事,而这些故事正好符合"三教"即儒家、道教、佛教的道理。

在"约形示教"中,他进一步阐述了神道与儒学、佛教的一致性。对于儒学中的鬼神观,他说:"所谓神无形与声,而天下之物,莫非鬼神之所为者,故中庸曰'体物而不可遗',先儒曰'唯妙万物而无不在,是则二气之良能,万物之主宰者也'。"② 关于人死后的状态,他引用《周易·系辞上》的词句,指出:"以其在人者言,则易大传曰'精气为物,游魂为变',盖阴阳合,则魂凝魄聚而有生,阴阳判,则魂升为神,魄降为鬼。故人之死也,则其形渐尽,而亦唯有是气而已。"③ "精气"指阴阳凝聚之气,是人的生命赖以存在的要素,即文中所说的"神";而"游魂"指魂气游散所生的变异,即文中所说的"鬼"。"精气"聚合形成万物,"魂魄"升降产生鬼神,而人死后却只有气而无形。因此,人们应该礼敬、祭祀鬼神,洁其自身后与鬼神交互,即:"是以孝子祭其神也,必能致其诚心,则彼神之气与孝子之气相接而有享其祭祀,谓之郊则天神格,庙则人鬼享也,礼有事于天地鬼神,则七日戒三日斋,欲人诚其意,洁其身,而交于鬼神。"④ 然后,他引用《中庸》中的"使天下人,齐明盛服,以承祭祀,洋洋乎,如在其上,如在其左右",旨在说明天下人都应庄重地敬奉鬼神,鬼神就存在于人们的周围。他虽然没有过多叙述礼敬鬼神的缘由,但《中庸》中却有明确记述,即"鬼神之为德,其盛矣

---

① 一条兼良:『日本書紀纂疏』上一,日本古典籍データセット,序文。
② 一条兼良:『日本書紀纂疏』上一,日本古典籍データセット,第4頁。
③ 一条兼良:『日本書紀纂疏』上一,日本古典籍データセット,第4—5頁。
④ 一条兼良:『日本書紀纂疏』上一,日本古典籍データセット,第5—6頁。

乎！视之而弗见，听之而弗闻，体物而不可遗"。也就是说，鬼神的德行非常大，人们虽然看不到也听不到，但其能生养万物，不遗弃一物。因此，人们应斋戒沐浴，敬奉、祭祀鬼神。紧接着，他引用《左传·周郑交质》中的"苟有明信，涧溪沼沚之毛"，并省略中间的"苹蘩蕴藻之菜，筐筥锜釜之器，潢污行潦之水"，然后加上后面的"可荐于鬼神"，表达的意思是，如果出于诚心，哪怕是山涧溪流中的浮萍，都可以用来供奉鬼神。最后，他引用《左传》中的"鬼有所归，乃不为厉"，说明人们应该祭祀鬼，通过祭祀令其不要降临灾害。

在叙述了儒家和佛教的鬼神观后，一条兼良将《日本书纪》"神代卷"中的鬼神与儒佛中的鬼神相对应。例如，在描述伊邪那美命之死时，他称："又人死也，则其形灭于此而又生于彼，故伊奘册尊，神退葬诸熊野有马村，而阳神入黄泉，相见犹如生存，当知仁之死为神者，更禀形，不止气而已。"① 也就是说，伊邪那美"命之死"符合儒学中所说的形体的消逝以及阴阳二气的分离。但是，他认为伊邪那美命的死意味着在另外一个世界以新的形式存在，并不是儒学中所说的人死后的气。换句话说，在一条兼良看来，《日本书纪》神代时期的死亡并不是儒学中所说的从有形之体的人转换为无形的鬼神，而是形态本身的转换。在教化方面，他使用佛教的善恶理论描述素盏鸣尊的罪行，说："又素盏鸣尊犯八罪，月夜见神杀保食等，率皆不善之行，人道犹恶之而神道有如此事者，正明善恶不二，邪正一如之理也。"② 然后，他运用儒学中"天"的概念来解释"暴神"的暴戾恣睢："又谓恶气暴神，损害民物者，为戒人也。且夫迅雷烈风，是天之怒，大旱洪水，是天之孽，苍苍之无心，或怒，或孽，各出自然，而不知谁为者，极而言之，则或系政之治乱，或开运之盛衰，人自感焉耳。"③

作为一条兼良的弟子，战国时代的儒者——清原宣贤继承了他的神道理论，进一步弱化了佛教的影响，加强了儒学在神道中的应用。清原宣贤本是吉田兼俱的儿子，同时也是朝廷儒官清原家的养子。清原家长

---

① 一条兼良：『日本書紀纂疏』上一，日本古典籍データセット，第8—9頁。
② 一条兼良：『日本書紀纂疏』上一，日本古典籍データセット，第9頁。
③ 一条兼良：『日本書紀纂疏』上一，日本古典籍データセット，第9頁。

期担任朝廷的重要官员，创立了以儒学为中心的"家学"，塑造了很多有名的儒者。然而，由于应仁之乱的影响，清原家遭受很大破坏，许多典籍、文书被烧毁或丢失。为振兴"家学"，清原宣贤奋力抄写儒学著作，并加以注释和解释。他抄有《尚书听尘》《毛诗听尘》《左传听尘》等儒学著作，并著有《日本书纪抄》等神道著作。他在《论语听尘》中对儒家、佛教、神道评论道："儒学追求天地万物之上当然之理，不出君臣父子、日用伦理。道教基于天地未分之一气，不论万物之上之理、是非与否，故称虚无。佛教断弃人伦之常道，视弃恩入无者为报恩，扫世间有为之事，观无为寂灭之法，故称寂灭。"① 在他看来，道教的虚无和佛教的寂灭都是脱离尘世的境界，只有儒学注重日常生活中的伦理道德。他还说："道教之虚，虚且无也。儒家之虚，虚却有也。周茂叔言无极而太极也，无极所谓虚也，太极所谓有也。佛法之寂，寂且灭也。儒学之寂，寂却有感。寂然不动，所谓寂也。感而通天下之故，所谓感也。依此而断二教为异端也。"② 这样，清原宣贤一边承认佛教、道教、儒家有一致的地方，一边否定佛教的"寂"和道教的"虚"，而肯定儒家的"有感之寂"。

在此基础上，清原宣贤把儒学中所说的太极称作"大空一虚太元尊神"，指出："天地阴阳之根源，即一气之起所，天神也，国常立也，天御中主也"③，用太极、理气、阴阳五行的理论对《日本书纪》进行解释，将天神、国常立、天御中划上了等号。而这些内容进一步剥离了佛教和神道的关系，深刻影响了江户时代的神道理论。

综上所述，中世的有些神道家为摆脱对佛教的依附，创立了"反本地垂迹"的理论。而一些热衷于儒学的中世学者则在神道中加入儒学元素，用儒学排除佛教的影响，或用儒学阐述神道、佛教、儒学的一致性。然而，佛教在中世日本扮演着重要的角色，佛教的教义、修行方法和宗教仪式在日本得到广泛传播，并渗透到民众的信仰和日常生活中。相对于佛教而言，儒学在中世日本的影响相对有限，儒学对中世神道的影响

---

① 石田一良：『日本文化史　日本の心と形』，東海大学出版会1989年，第249頁。
② 石田一良：『日本文化史　日本の心と形』，東海大学出版会1989年，第249頁。
③ 石田一良：『日本文化史　日本の心と形』，東海大学出版会1989年，第249頁。

程度也要弱很多。

三　江户时代的儒学神道

（一）林罗山的"王道神道"

经历了战国时代，德川将军建立了统一政权。为加强大名的效忠与奉公意识，德川将军将中国的朱子学引入统治理念，邀请藤原惺窝等朱子学爱好者给幕府官员讲学，并让他们对朱子学进行有利于幕府的解释。与此同时，一些与幕府没有直接关系的儒学者及古学者，也深感上下无序、公私混乱对社会的危害，清楚封建等级秩序对维护社会安定的重要性，所以他们也积极从主从尊卑、君臣有别的角度对幕府统治进行解释，并在神道中融入公善私恶、忠诚奉公的理念，塑造出了以儒学神道为特点的近世神道。

林罗山作为德川幕府御用的儒官，在德川幕府统治理念的建构、规章制度的制定过程中起到了重要作用。他师从藤原惺窝学习儒学，精于朱子学的研究和讲解，并注解了《大学》《论语》等中国儒家典籍。晚年时，他还努力用儒学叙述日本的历史，将神道信仰与儒学相融合，创作了《神道传授》《本朝神社考》等作品。

林罗山从早年起就深受中国宋学的影响，赞同宋学对佛教批判的观点，认为佛教的各派学说消极厌世，且扰乱民心，不利于人的发展。他指出，建寺院、修佛像的行为浪费大量财富和人力，导致国家和平民陷入贫困。在神道方面，他认可吉田兼俱提升神道相对于佛教地位的理论，但批评了吉田兼俱未从神道中排除佛教的做法。对于清原宣贤进一步提升儒学的地位，并认为佛教是异端之学的做法，吉田兼俱表示肯定。而且，他进一步发展了清原宣贤的理论，致力于彻底清除神道中的佛教元素。在《本朝神社考》的序文中，他写道："本朝者，神国也。神武帝继天建极已来，相续相承，皇绪不绝王道，惟弘是我天神之所授道也。中世寝微，佛氏乘隙移彼西天之法，变吾东域之俗。王道既衰，神道渐废，而以其异端离我而难立。故设左道之讼曰，伊奘诺伊奘册者梵语也，日神者大日也，大日本国故名曰日本国，或其本地佛而垂迹神也。大权同尘，故名曰权现，结缘利物，故曰菩萨。时之王公大人国之侯伯刺史信伏，不悟。遂至令神社佛寺混杂而不疑，巫祝沙门同住而共居。呜呼，神在而如亡神，如为神其奈何哉？"①文中批判了中世的"本地垂迹"现象，认为把神作为佛的垂迹以及将神社与寺院、神官与僧侣相混淆的做法曲解了自古以来日本作为神国的事实。因此，他希望人们看清事实，排除神道中的佛教内容，说："冀几世人之崇我神而排彼佛也，然则国家复上古之淳直，民俗致内外之清净，不亦可乎。"②

林罗山的神道理论首先认为国常立尊是诸神的根源，说："神乃天地之根，万物之体。"③ 他引用朱子学中太极和阴阳五行理论，阐述"国常立尊"与其他神灵的关系，认为国常立尊就是天御中主尊，是八百万神的集合。他进一步指出，万物五行生，五行即一阴阳，阴阳即太极，太极本是无极，而国常立尊就是太极，也就是无极。他还将儒学与日本古代的"清明心"相联系，认为神道中所说的清明之心与儒学中所追求的道德之心一致。而"祓"是通过斋戒、沐浴、生火等方式除灾祛邪、追求清明之心的祭祀活动，所以他认为"祓"也是追求道德之心的行为。与"清"相对的是"浊"，那么什么是"清"，什么是"浊"呢？他在《神道传授抄》"秽之事"中写道："从内心观之，智为清，愚为浊；正直之智为清，邪恶之智为浊；慈悲为清，贪婪为浊。诚挚为清，虚伪为浊；正道为清，无道为浊；忠孝为清，不忠不孝为浊；善为清，恶为浊。行此等之事为身之清，不行此等之事为身之浊。思此等之事为心之清，不思则为心之浊。心清则身清，心浊则身浊。要之浊为秽，故神厌污秽也。"④ 文中的"此等之事"指的是符合道德伦理的行为，也就是符合源自内心的正直、慈悲、诚挚、忠孝、善良的事情。根据林罗山的观点，一个人是否怀有道德之心决定了他的行为是"清"还是"浊"，而"清"与"浊"的区别也取决于内心的道德品质。他强调"浊"是神所厌恶的现象，只有通过"祓"来消除。只有这样，才能追求真正的清明之本心。在这个基础上，个体才能追求道德心灵的纯净。

---

① 林道春著、宫地直一校注：『本朝神社考　一、二』，改造社1942年，第4—5頁。
② 林道春著、宫地直一校注：『本朝神社考　一、二』，改造社1942年，第6頁。
③ 三枝博音、清水幾太郎：『日本哲学思想全書第10卷　宗教 神道篇・キリスト篇』，平凡社1980年，第53頁。
④ 三枝博音、清水幾太郎：『日本哲学思想全書第10卷　宗教 神道篇・キリスト篇』，平凡社1980年，第52頁。

林罗山还将朱子学中的理作为心的根本，认为道德实践的根本在于理，而理在于内心。他将自己主张的神道叫作"理当心地神道"，也就是理在于人心的神道。在别人问及儒家和神道的区别时，他回答说，理是唯一的，神道和儒学都出于理，只是形式不一样而已。

对于王权统治，他也用"理当心地"的理论进行阐述。在《神道传授》中，他写道："此神道则王道，心外无别神别理。心清明乃神之光，行迹正乃神之姿。为政乃神之德，治国乃神之理。天照大神相传，神武天皇以来代代之帝王御一人深知之事。"这样，历代天皇传承下来的国家统治的指导原理和根本精神就是神道，同时也是王道，所谓"神道即王道，儒学，圣贤之道"[1]。而且，他基于儒家德治的政治理念，把象征着治世之道的"三件神器"与儒家道德相对应，认为执政者应该具有仁、勇、智的德行，即："三种神器。玉为仁之象，剑为勇之象，镜为智之象。具此三德者乃神明。心乃神明之舍。既已具此三德之时，则神永远也。"[2] 作为被统治者，当然也要按照道德规范来行事，即："知善而为之，知恶而不为。忠于君，孝于父，知高低之品格。自古代至末代，皆应诚实而为之。此乃神道之实理。"[3]

（二）吉川神道中的理学元素

创立了吉田神道的吉田兼俱去世以后，其子孙继承了吉田神道的理论，积极著书立说，并努力接近统治者，争取幕府的认可和重视。得益于此，德川幕府初期的将军非常看重吉田神道，规定神职人员的装束必须得到吉田家的许可，甚至连将军的葬礼也采用吉田神道的模式。然而，随着神道理论的日益多元化以及儒学影响的逐步加深，吉田家的神道理论不断受到其他神道派别的冲击。深感压力的吉川惟足在成为吉田神道的掌管人以后，就想进一步争取幕府和地方实力大名的支持，在统治阶层中推广吉田神道。在他的努力下，吉田神道得到纪州藩、弘前藩、会津藩等实力藩主的信奉和支持，吉川惟足以及其子孙还世袭了幕府的祭

---

[1] 石田一良、金谷治校注：『日本思想大系28　藤原惺窩　林羅山』，岩波書店1982年，第445頁。

[2] 高橋美由紀：『神道思想史研究』，ぺりかん社2013年，第288頁。

[3] 三枝博音、清水幾太郎：『日本哲学思想全書第10巻　宗教 神道篇・キリスト篇』，平凡社1980年，第52頁。

祀官职，也就是"神道方"一职。

吉川惟足本来与吉田家没有血缘关系，而是吉田兼俱之孙吉田兼从的弟子。他在跟随吉田兼从学习神道时，得到吉田兼从的信任。尽管吉田神道的继承传统是与吉田家有血缘关系的神道家才有继承权，但当时吉田家血脉亲属中没有合适人选，而吉川惟足学识渊博、勤奋好学，并熟悉吉田神道的内外法式，最终就被选定为吉田神道的最佳后继人。吉川惟足也因发展了吉田神道理论，被冠以神道派别的名字，称作吉川神道。毋庸置疑，作为吉田神道的继承者，吉川惟足及其子孙的学说建立在吉田神道的基础之上。但是，相较于吉田神道，吉川神道进一步剔除了神道中的佛教因素，采用中国理学的理论构建了新的神道理念，因此被学术界称作理学神道。

吉川惟足认为道是天地阴阳之理，阴阳相互作用产生了天地，而天地合而为一形成了万物，即"道之太元为阴阳，阴阳则形天地。天地为夫妇、父子、君臣之根本。天地合体生万物"[1]。他引用《中庸》中的"道也者，不可须臾离也"，说明不能片刻离开道。既然万物生于阴阳，道又等同于阴阳之理，那么万物也就生于道。因此，他阐释的神道中的道是万物之根本，是天地共起之道，并自称与老子所说的道非常相近。这样，作为万物之根本的神道，就在地位上要高于佛教、儒家等外来思想。他说："天竺、汉土之道，不外乎天地之理。然，虽因其国之风而有教之所，但皆吾道之末流也。"[2] 也就是说，尽管佛教、儒学也属于天地之理的范畴，但相对于神道而言，它们只不过是末流。需要注意的是，尽管吉川惟足将神道地位抬高到了佛教、儒学思想之上，并将日本作为万国之本，但他的立论基础是理学的阴阳之理，其阐述的神与道、神道与伦理、神道与政治统治的关系都没有离开理学的范畴。

关于神与道的关系，他认为神是道的显现，说："神明与天地同生而显，立此道也。"[3] 而且，他将天地未分时的混沌状态称作道的本体，认为混沌是由理和气交融而形成的状态。在这样的状态下，国常立尊神生

---

[1] 高橋美由紀:『神道思想史研究』，ぺりかん社 2013 年，第 246 页。
[2] 平重道:『神道大系 論説篇 10 吉川神道』，神道大系編纂会 1983 年，第 393 页。
[3] 佐伯有義校訂:『吉川神道』，大日本文庫刊行会 1939 年，第 65 页。

于阴阳且先于天地出现，所以国常立尊神是最主要的神，相当于儒家所说的太极。而且，国常立尊神是"心性"的代表，赋予人们以"心性"。而"心性"实际上就是道德之心，也被称作"天命之性"。对于"心性"，吉川惟足突出了"敬"的重要性，写道："禽兽亦有心性，但缺敬而成禽兽。人受天之命有敬之心，故为万物之长。合敬之理，则为人也。人有歪曲己心，则与禽兽同。"① 既然"敬"是区分人与禽兽的标准，那么人就必须有"敬"之心，即："对神明、君主、父母，皆应守敬之理。"②

他进一步将"心性"与理学的伦理纲常相对应，指向父子、君臣、夫妇、兄弟、朋友五种人伦关系，以及仁、义、礼、智、信五种核心道德要素。但是，他一边承认五伦是人道，认为人应该遵守人伦之道，一边又指出他所阐述的伦理与中国理学有所不同，把"忠"作为五伦之首，说："儒以孝为五伦第一，吾国则以忠为五伦第一。因君道为人道之最上，故应以忠义作为五伦之本而侍。"③ 吉川惟足之所以如此强调忠诚，是因为他一直努力接近幕府和大名，希望用符合掌权者的神道理念来争取他们的支持。对于武士而言，"忠"是最为重要的伦理，甚至"孝"也被认为是"忠"的表现形式。吉川神道正是顺应了这种武士伦理观，从神道的角度阐述"忠"的意义，才得到幕府的大力支持。正如理学对于君臣关系、君主行为所规定的那样，吉川神道也认为："君惠及臣下万民。臣侍君，助万民。万民事农工商而仕于上，男悯妻，妻尊夫。此缘由乃天命所生。"④

如此，在江户时代初期，一些知识分子主动接近统治阶层，并积极吸收儒学因素，创立了神道与儒学相结合的神道理论。然而，同为江户时代初期倡导儒学神道的学者，林罗山和吉川惟足的立场和理论有很大不同。林罗山自身是儒学者，所以他从儒学者的角度阐述神道，其理论中常常透露出理学地位高于神道、神道附属于儒学等观点。而吉川惟足

---

① 佐伯有義校訂：『吉川神道』，大日本文庫刊行会 1939 年，第 65 頁。
② 佐伯有義校訂：『吉川神道』，大日本文庫刊行会 1939 年，第 65 頁。
③ 国書刊行会：『続々群書類従　第一　神祇部』，国書刊行会 1906 年，781—782 頁。
④ 佐伯有義校訂：『吉川神道』，大日本文庫刊行会 1939 年，第 65 頁。

作为吉田神道的继承人，站在神道的立场上吸收了儒学的要素。尽管他用理学中的阴阳、理气等概念和理论解释宇宙的本质，但他始终认为神道地位高于儒学。

（三）伊势神道的"神儒自然一致说"

与吉川惟足生活在同一时代，且主张儒学神道的神道家，还有伊势神道的度会延佳。度会延佳出生在伊势神宫的外宫，曾担任伊势神宫的权祢宜，是近世伊势神道的代表人物。他曾热衷于校订古典作品、刊行书籍、探讨学问，创立了丰崎文库，校订了《倭姬命世记》，还编写了《阳复记》《神宫秘传问答》等作品。

伊势神道本来是伊势神宫外宫度会氏为了对抗内宫而创立的神道理论，其强调的神道独立性是"反本地垂迹"思想的一部分。度会延佳继承了伊势神道的基本理念，认为神道既不从属于佛教，也不隶属于儒学，是日本独有的东西。但是，他并不是说伊势神道与佛教、儒学无关，而是主张神道与儒学的"自然一致"。所谓"自然一致"，指神道与儒学本来就具有一致性，并非人为地把儒学加在神道上面。如他在讲到国常立尊之后的三代神时，批判了以前"三神能体现易的乾卦奇尧，所以才记录为三神"[①] 的看法，认为日本自古以来传承的神话正好契合了《易经》。他进一步指出："有人疑日本神圣之迹与唐之圣人之书相符之事，然天地自然之道此国与彼国无异，此乃神道之所以。"[②] 也就是说，日本的道与中国的道是相同的，日本的神之道（神道）与中国的圣人之道（儒学）本质一致。这种认识与林罗山用儒学解释神道，以及吉川惟足将儒学融合于神道的做法都有很大不同。

度会延佳从多个角度论述了神道与儒学的"自然一致"。首先，他使用《易经》来附会神道，用易卦来表示"神代七世"等内容。在《阳复记》中，他认为国常立尊之后的三代神是一个接一个出现，三神可以用《易经》中的乾卦奇尧来表示。接下来的三代神两两出现，可以用坤卦的耦尧三画来表示。对于第七代神灵即神伊奘诺尊和伊奘冉尊，他认为伊奘诺尊可以用乾卦三画表示，而伊奘然尊则可以用坤卦三画表示，乾坤

---

① 石田一良编集：『日本の思想14　神道思想集』，筑摩書房1972年，第188頁。
② 石田一良编集：『日本の思想14　神道思想集』，筑摩書房1972年，第188頁。

相合成就了男女之体。在后续的神灵中，伊奘诺尊、天照大神、吾胜尊可以用外卦三画来表示，而迩迩艺命到鸬鹚草苇不合命的三代神则可以用内卦三画来表示。同时，他承认前人用"易道"来解释天照大神之子即吾胜尊未能降临人间的合理性，说："外卦为上，内卦为下。乾的九四之卦言'或跃而为渊'，吾胜尊欲降人间却未能实现，合此易道也。"①

其次，他把天皇的"三件神器"对应儒家的智、仁、勇三种德行，认为孔子之道等同于神道。他继承了北畠亲房的观点，认为玉代表了柔，剑代表了刚，镜代表了正直。关于这三种德行，他进一步把《尚书》中的《洪范》与神道画上等号，写道："《洪范》与吾国神道等也。"② 之所以这样说，是因为《洪范》中也有正直、刚、柔的道德观，即："三德：一曰正直，二曰刚克，三曰柔克。"这"三德"实际上是中国古代儒者为了维护君主的统治权威，对君主德行做出的理想化的设定。正直之道、刚克之道、柔克之道，是中国古代君王应对不同情势的统治之道。所谓"平康，正直。强弗友，刚克；燮友，柔克"，就是说天下太平时，应使用不偏不倚的正直之道；对付强大的敌人时，应使用刚克之道；对于温和而友好的人，则应使用柔克之道。然而，度会延佳却把代表天皇的"三件神器"——玉、剑、镜与柔、刚、正直的德行，以及仁、勇、智的道德对应起来，从而把天皇塑造成为具有如下品德的统治者："如玉之柔，以温润之仁德御治天下"③ "如宝镜般，以分明正直之智而观山川海滨"④ "如宝剑般刚且勇，以威武之势而平天下，与万民以利益"⑤。虽然度会延佳强调神道与儒学的"自然一致"，反对神道依附于儒学，但从他把"三件神器"与儒家道德相对应的做法来看，无不是强行用儒学的逻辑和理念来解释神道。

最后，他还把钦明天皇时期伊势神宫的神主提出的"虚而有灵，一而无形"⑥ 等同于朱熹关于"明德"的解释，即"明德者，人之所得乎

---

① 石田一良编集：『日本の思想 14　神道思想集』，筑摩書房 1972 年，第 188—189 頁。
② 石田一良编集：『日本の思想 14　神道思想集』，筑摩書房 1972 年，第 195 頁。
③ 石田一良编集：『日本の思想 14　神道思想集』，筑摩書房 1972 年，第 195 頁。
④ 石田一良编集：『日本の思想 14　神道思想集』，筑摩書房 1972 年，第 196 頁。
⑤ 石田一良编集：『日本の思想 14　神道思想集』，筑摩書房 1972 年，第 196 頁。
⑥ 石田一良编集：『日本の思想 14　神道思想集』，筑摩書房 1972 年，第 196 頁。

天，而虚灵不昧，以具众理而应万事者也。"(《大学章句》)他把明德比喻成镜子，认为人心如镜时，就像天之御中主神、天照大神一般。他还把人心比喻成"神明之舍"，认为人心不明就好像是镜子生锈或沾满灰尘，而去除锈、灰尘的过程就是人修行的过程，也就是《大学》中所说的为达到"意诚"而做出的努力①。然而，《大学》中关于"意诚"的表述是："物格而后知至，知至而后意诚，意诚而后心正，心正而后身修，身修而后家齐，家齐而后国治，国治而后天下平。"(《大学章句》)显然，达到"意诚"的前提是"知至"，也就是获得充足的知识、原理，而"意诚"又会促使"心正"，即心志端正。如此，《大学》是在"物格→知至→意诚→心正……"的逻辑链条上来论述"意诚"，最后推导出治国、平天下的。但是，度会延佳没有采用上述的逻辑关系，只借用了"意诚""心"的概念，然后在"意诚"和"心"的中间加入"镜"，说："镜之本体不平，故映照之影歪斜。使其不平之处变平，所向之姿可映也。应依此而正心。"②

如此种种，在度会延佳的作品中，很多地方透露着儒学的痕迹。之所以大篇幅地用儒家经典来解释神道，他自称是因为"明弥弥神道，破腐儒之僻见"③，也就是为了使神道更加明确，并纠正一些腐朽儒者的错误认识。实际上，度会延佳的神道理论与伊势神道面临的时代困境密切相关。在历史上，镰仓末期发生"蒙古来袭"以后，主张神道脱离佛教、鼓吹神道精神的伊势神道曾备受日本人的追捧，在室町时代盛极一时。但是，在吉田兼俱的唯一神道兴起后，伊势神道逐渐走向衰落。尤其是进入江户时代以后，吉川神道的兴盛使伊势神道的处境更加被动。因此，力图复兴伊势神道的度会延佳便想用新的理论来武装伊势神道，并选择了当时非常流行的儒学。

但是，他在引用儒学时，表现得非常警觉。如他说自己虽阅读了很多儒家著作，但关于神道的认识绝非是儒家的。还说那些认为他的神道观点符合儒家的人，都是些纯粹的儒学者，而自己不是。如此，度会延

---

① 石田一良编集：『日本の思想 14 神道思想集』，筑摩书房 1972 年，第 197 页。
② 石田一良编集：『日本の思想 14 神道思想集』，筑摩书房 1972 年，第 198 页。
③ 石田一良编集：『日本の思想 14 神道思想集』，筑摩书房 1972 年，第 213 页。

佳一边用儒家经典解释神道，一边又努力否认自己观点的儒学化。那么，貌似矛盾的二者是如何被度会延佳消解的呢？他采取的方式就是提出"自然一致"论，也就是把神道和儒学说成是一致的做法。在度会延佳看来，神道是日本特有的，任何外来宗派都不会高于神道，儒学只不过和神道具有一致性罢了。

（四）垂加神道的神儒融合

在吉川惟足、度会延佳之后，提倡神儒融合并大大发展了神道理论的是山崎暗斋。山崎暗斋和江户初期很多学者一样，少年时期入佛为僧，在佛教修行过程中对儒学产生了浓厚兴趣，之后还俗专心修儒，并把儒学用于神道的解释中。山崎暗斋在25岁时弃佛从儒，潜心研究朱子学，后来成为日本近世著名的朱子学者。神道方面，他先后跟随度会延佳和吉川惟足等人学习伊势神道、吉田神道、吉川神道，深受神儒融合神道理论的影响。他先从吉川惟足那里接受"中臣祓"之传，之后从吉川惟足那里接受吉田神道"唯一宗源"之传人的重任，并被授予"垂加"的神号。他还从石守带刀那里了解到忌部神道，从梨木佑之那里知晓了贺茂神道。在广泛汲取各派神道理论的基础上，他用朱子学的持敬穷理学说，结合阴阳五行学说来阐述神道，创立了独具特点的垂加神道。"垂加"一词本来出自伊势神道的《宝基本记》中的"神垂以祈祷为先，冥加以正直为本"（《倭姬命世记》）。山崎暗斋把文中的"垂加"定为自己的号，所以其创立的神道也被称作垂加神道。

山崎暗斋从佛教修行转到儒学以后，对主张出世、排除人伦的佛教进行了严厉的批判。他在《伊势大神宫仪式序》中写道："在昔祭祀之盛，洋洋乎。中叶渐衰，胡佛入来，神道俞废，王道俞弛。逮苏我氏之乱，旧记尽灭。而后佛徒肆诬，神佛混淆。无神社不有佛寺，无神书不有佛事。"[1] 指出佛教的传入导致神道逐渐衰退，王道日渐衰微，佛教徒的肆意横行致使神佛混淆。因此，山崎暗斋决心要排除神道中的佛教元素，树立神道权威，说："君臣上下无黑心，以丹心奉太神，则胡佛无所立，而观常世之神风。"[2]

---

[1] 日本古典学会：『新編　山崎闇斎全集』，ぺりかん社1978，第269頁。
[2] 日本古典学会：『新編　山崎闇斎全集』，ぺりかん社1978，第269頁。

山崎暗斋虽极力反对神佛融合，但却积极用儒学解释神道。同为江户初期的儒学神道倡导者，山崎暗斋比其他学者的神儒结合理论更加严密，体系也更加合理。他首先用程朱理学的本体论阐述神道，认为神道和儒学在本质上是一致的。在《洪范全书》的序文中，他如下写道："河出图，洛出书。伏羲按图做易，大禹照书叙范。伏羲之易经三圣而备其说，大禹之范其数未传焉。朱子寻图、书之原，分四圣之易，然后易道明于天下。（中略）我倭开国之古，伊奘诺尊、伊奘冉尊奉天神之卜合之教，顺阴阳之理，正彝伦之始。吾思宇宙存唯一之理，虽神生于日出之处（日本），圣生于日没之处（中国），然其道（神道与儒学）自存妙契之处。"① 可见，他认为神道和儒学都遵循宇宙中"唯一之理"，神道和儒学在本质上存在契合之处。《土津灵神之碑文》中也有类似的观点，如："我国封天地之神，号天之御中主神。伊奘诺尊、伊奘冉尊继神之后，建国中只柱。二尊之子天照大神光华六合，如大明中天，受命管天上之事。盖上下四方，唯一理也。故神圣之道不约而自符，妙也。"②

为了让朱子学的本体论与神道的本体论达成一致，山崎暗斋将神放到理和气的关系中进行解释。朱子学认为，理是万物的本体，宇宙万物由理和气构成，即："天地之间，有理有气。理也者，形而上之道也，生物之本也。气也者，形而下之器也，生物之具也。"（《晦庵先生朱文公文集》）在朱子学中，理是先于自然现象和社会现象的形而上者，是事物的规律和道德的准则；而气则是具有形态和迹象的形而下者，具有变化的能动性和凝聚、造作的特性。从逻辑上来看，理先于气存在，理比气更为根本，但理又不能离开气，理寓于气中。如此，朱子学在理和气的关系中论述本体，理作为先验的存在，具有普遍的先在性和超越性。然而，在山崎暗斋之前的神道著作中，既没有创生天地万物的抽象概念，又没有普遍意义上的创世神，与朱子学中讲究普遍规律的理存在很大差异。为了解决这一矛盾，他采取的方式是构建日本的本源神，使其成为产生万物的存在。他说："神本无名、字。此惟妙不可测者乃阴阳、五行之

---

① 石田一良編集：『日本の思想14　神道思想集』，筑摩書房1972年，第284頁。
② 石田一良編集：『日本の思想14　神道思想集』，筑摩書房1972年，第286頁。

主，万物及万物之变化皆从此出。"① 意思是说，日本的神是阴阳五行的根源，神创造了万物并造就了万物的变化。然后，他把本源神定位在国常立尊神上，称其为本源神的敬称。接下来，他说国常立尊神变化为五神，即水神、火神、木神、金神、土神。其中，国狭槌尊为水神，丰斟渟尊为火神，泥土煮尊、沙土煮尊为木神，大户之道尊、大苦边尊为金神，面足尊惶根尊、惶根尊为土神。之后，这五神生出了千千万万的神。基于此，他提出了"一生万物"的观点，即："一即二，二即五，五即万，万即一。无方之体，无穷之用。"② 这种认识基本上和朱子学中论及太极、理气的逻辑一致，即一气生阴阳，阴阳生五行，五行生万物，万物又归于一，即太极（理）。通过这种方式，山崎暗斋将国常立尊神抬高到创世神的位置，并认为该神是理通过气体现出来的，所以"神既不是单纯的理，也不是单纯的气，而是理和气相互作用的结果"③。

对于神道中的诸神，山崎暗斋把"天神七代""地神五代"与朱子学予以结合，用阴阳五行学说来阐述其产生与变化。实际上，中世神道学家就已经开始用中国古代的"五行相生说"来解释神道系谱，借用"木生火、火生土、土生金，金生水，水生木"的理论解释神的不断出现。④但是，山崎暗斋认为中世的学说不能解释"天神七代"的出现，而应该借助中国理学中太极、阴阳、五行理论。关于太极、阴阳、五行的关系，周敦颐在《太极图》中写道："无极而太极。太极动而生阳，动极而静，静而生阴，静极复动。一动一静，互为其根。分阴分阳，两仪立焉。阳变阴合，而生水火木金土。五气顺布，四时行焉。五行一阴阳也，阴阳一太极也，太极本无极也。"经过朱熹等人的发展，理学家们确立了从太极到阴阳，阴阳到五行，进而到生成万物的严密逻辑顺序。山崎暗斋也认为万物归于太极，阴阳交感生成万物。在"天神七代"中，他认为天神一代为国常立尊神；二代到六代分别是水神、火神、木神、金神、土神；七代为阴阳神，即伊奘诺尊、伊奘冉尊。为了进一步契合朱子学的

---

① 石田一良編集：『日本の思想14　神道思想集』，筑摩書房1972年，第5頁。
② 石田一良編集：『日本の思想14　神道思想集』，筑摩書房1972年，第5頁。
③ 王维先：《日本垂加神道哲学思想研究》，山东人民出版社2004年版，第33页。
④ 王维先：《日本垂加神道哲学思想研究》，山东人民出版社2004年版，第36页。

逻辑，他认为二代到六代的五神中也包含了阴阳的变化，即"水、火之神尊号各一，分阴阳之所以也。木、金、土神之尊号各二，明阴阳耦生之所以也。水、火、木、金、土皆有气有质，且气质各有阴阳。气为虚，质为实。以质而观之，水、土犹虚，木、金、土确为实"①。

山崎暗斋还用朱子学的气化、形化的观点来解释"天神七代"和"地神五代"，把他们划分为造化之神、气化之神、身化之神、心化之神，说："我神道有四，造化、气化、神化、心化。造化、心化无形，气化、身化有体。"② 其中，造化之神是造就天地万物并对万物进行主宰的无形之神，如"天神七代"；气化之神是依据阴阳二气感应而形成事物的实体之神，如伊奘诺尊、伊奘冉尊；身化之神是靠阴阳二气感应产生人类形体的神，如日神、月神、素盏鸣尊；心化之神指心气所生并对靠心性对自己命运主宰的神，如宗像三女神。同一神可以兼具不同的情况，如伊奘诺尊、伊奘冉尊既是造化之神，也是气化之神。但是，在中国理学中，只有气化和形化的概念，而没有造化、身化的观念。《二程集》中对气化和形化的表述是这样的，"万物之始，皆气化。既形，然后以形相禅，有形化，形化长，则气化渐消"③。可以看出，二程用气化来说万物的初始，用形化来说万物出现后的变化。在中国理学中，气化实际上指的是阴阳二气的凝合，具有普遍的宇宙论意义；而形化是指产生万物变化的概念，也具有普遍指代的含义。山崎暗斋为了有效解释诸神的出现和变化，在借鉴程朱理学中气化、形化概念的基础上，创造出了具有不同意味的概念，即造化、气化、身化、心化。按照山崎暗斋的解释，造化和气化可以创造万事万物，身化产生人类，心化则使神具有"心之体用"④ 的功效。这样，通过造化、气化、身化、心化，神成为创造万事万物又连接人类，且具有人之感情的结合体。

正是从神与人相结合的角度出发，山崎暗斋提出了"天人唯一"的

---

① 石田一良编集：『日本の思想14　神道思想集』，筑摩書房1972年，第289页。
② 石田一良编集：『日本の思想14　神道思想集』，筑摩書房1972年，第290页。
③ 程颢、程颐著，王孝鱼点校：《二程集》（上），中华书局2004年版，第79页。
④ 王维先指出，垂加神道的心化之神受朱子学心之"体用"的影响，是有形之神与无形之神的结合。具体内容详见王维先《日本垂加神道哲学思想研究》，山东人民出版社2004年版，第40页。

观念。该观念是山崎暗斋在汲取吉川神道的"天人一体"、吉田神道的"唯一"思想的基础上,对朱子学中"天人合一"思想作出的新的诠释。"天人合一"的思想在中国古代早就出现,而朱子学中"天人合一"主要指天之理与人之理的一致性。朱熹认为:"盖人生天地之间,秉天地之气,其体即天地之体,其心即天地之心。以理言之,是岂有二物哉?"(《中庸或问》)因此,他认为人与天的性质、结构相同,人伦与天道也相对应,人的四德即仁义礼智与天的四德——元亨利贞相一致,也就是"天人合一"。与朱子学不同,山崎暗斋的"天人唯一"思想淡化了天的概念,加入了神与人的关系。如上节所示,神由造化、气化、形化、心化而生,而伊奘诺尊、伊奘冉尊作为第七代天神,兼具造化和气化之神。二神是天神的最后,也是地神的开始,具有连接天和地、神与人的特殊地位。从"无形"的角度而言,二神是阴阳造化之神;从"有形"的角度而言,二神则是男女气化之神。二神创造了国土山川,也创生了人类。也就是说,神创造了万物,而万物(包括人)中又内化有神灵,从而神和人达到了"合一",这就是山崎暗斋的"天人唯一之道"。

伦理方面,他用"土金"理论解释"敬",说:"我神国传来唯一宗源之道在土、金。且土即为敬,土与敬乃倭训相通也。敬使天地归其位,使阴阳而行,使人道而立。宗源神道之妙旨,敬之训中皆备。"[①] 他认为神道的宗源就在于"土金",而土的训读"つち"与"敬"的训读"つつしむ"相通,所以"土金"等同于"敬"。然后,他认为"敬"生出天地,使阴阳运行,并让人们身心完善,所以人们只要学习日神的德行,就可以拥有万善的品质,进而能够治国、平天下。

如上所述,山崎暗斋的神道理论中融入了很多朱子学的成分。但是,和吉川惟足一样,他也自称没有倡导神儒结合,而是唯一神道的继承者。为此,他努力建立自己的理论逻辑,尽力让神道和儒学的结合没有违和感。然而,神道的宗教性格决定了其无法与具有深邃的哲学意味且以人为中心的朱子学完全达成一致,从而使山崎暗斋的继承者分化为很多流派。这些流派中,有的专注于朱子学,有的成为纯粹的神道学家,有的则是神儒兼学。神道方面,继承了山崎暗斋垂加神道的人才辈出,如玉

---

① 石田一良编集:『日本の思想14 神道思想集』,筑摩书房1972年,第283页。

木正英、正亲町公通、若林强斋等等。其中，许多人成为朝廷、幕藩的掌权者，极大地推动了垂加神道在后世的发展。

第三节　神道与国学

在江户时代初期，儒学是官方的统治思想，也是思想界和学问界的主流思想。当时的知识人对儒学非常痴迷，甚至有"将自己的国家即日本视为'东夷'（对东方异民族的蔑称）的倾向"①。然而，一部分人对当时的价值观念深感担心和忧虑，希望从日本本土的经典中寻求日本的精神和价值，从而产生了江户中期的国学思潮。国学在批判复古儒学的基础上发展起来，以研究日本古代经典为主要方法，探索日本固有文化特质，创始人是元禄时期的契冲。契冲之后，荷田春满、贺茂真渊、本居宣长、平田笃胤四人大大发展了国学，并引领了日本国学发展的潮流，他们也因此被誉为"国学四大人"。在神道方面，他们批判神道学家用佛教、儒学的学说解释神道，并努力从日本古代文献的原典中探究神道。因为国学者使用古代经典作为文献依据，采用考据的方法，所以国学也被称作古学。

一　荷田春满的复古神道

荷田春满出生在京都的稻荷神社，其父亲羽仓信诠曾担任稻荷神社的"御殿顶"一职。出身神道世家的荷田春满在父亲的影响下，从小学习和歌，研读国史、律令等政治、历史方面的文献，为他日后在国学方面有所建树奠定了良好的基础。

荷田春满生活的江户时代中期，经过德川幕府长期的治理，社会秩序逐渐恢复，商业日渐繁荣。但是，战国时代长期战乱给京都造成的巨大创伤仍然存在，加上德川幕府对皇室进行了严格控制，导致宫廷地位日益衰落。受此影响，很多与宫廷有密切关联的神社很难获得足额的财政支持，经营变得越来越困难。一些神道家对神社面临的困境感到担忧，

---

① ［日］苅部直、片冈龙编：《日本思想史入门》，郭连友、李斌瑛等译，外语教学与研究出版社2013年版，第150页。

希望找到一种方式恢复神社的活力。与此同时，尽管当时儒学仍是主导的意识形态，但许多思想家已经开始反思儒学对日本固有文化的侵蚀，试图通过考据的方式探究日本古代经典的魅力。契冲就是这些思想家中的重要代表之一。他使用实证的方法研究万叶假名，调查词形与表记之间的关系，并制作了假名表记的规范。在神道方面，他否定中世以后的神道学者胡乱捏合材料、随意解释材料的做法，主张基于事实解读神道古典文献，从古典文献中寻求神道的特质。荷田春满师从契冲学习古学，也主张采用实证的方法，分析《古事记》《日本书纪》等文献，力图寻求神道的真实面貌。

首先，荷田春满认为佛教、儒学的兴盛导致了神道的衰微。他在向德川将军吉宗提交的《创学校启》中，从德川将军平定天下、建立幕府时谈起，称赞德川将军既有镰仓将军的节俭之风，又有室町将军的尚文之气；既能听取手下的直言规劝，又能用古学实施教学。然后，他表达了对当时佛儒盛行的忧虑，说："今也洙泗之学随处而起，瞿云之教逐日而盛，家讲仁义，步卒厮养解言时，户事诵经，阉童壶女识谈空，民业一改我道渐衰。"① 这里的"洙泗之学"指的是儒学，"瞿云之教"指的是佛教。文中指出，当时家家户户讲仁义道德、诵读经书，连看门的小厮、手下的婢女也不例外，而日本本土的道却逐渐衰微。他感慨日本本土的文化在外来文化的冲击下已残存甚少，说："国家之学废坠，存十一于千百。"② 其中，包括律令格式、和歌等。因此，他提倡古学，说："古语不通，则古义不明焉。古义不明，则古学不复焉。先王之风拂述，前贤之意近荒，由不讲语学。"③ 对于神道，他指出："今之谈神道者皆阴阳五行家之说，世之讲咏歌者大率圆钝四教仪之解，非唐宋诸儒之糟粕则胎金二部之余沥，非罄空鐥穴之妄说则无证不稽之私言。曰秘，曰诀，

---

① 平重道、阿部秋生校註：『日本思想大系 39　近世神道論　前期国学』，岩波書店 1972 年，第 333 頁。

② 平重道、阿部秋生校註：『日本思想大系 39　近世神道論　前期国学』，岩波書店 1972 年，第 333 頁。

③ 原田敏明編纂：『神道思想　近世』，神宮皇学館惟神道場 1949 年，第 25 頁。

古贤之真传何有。或蕴，或奥，今人之伪造是多。"① "四教仪"指天台宗创始人智顗创作的佛教经典，而"圆顿一实"指天台宗的教理。文中的意思是，神道家讲的多是中国的阴阳五行学说，歌道者说的大多是佛教的教理，但这些内容不过是人们伪造的神秘道理而已。因为日本本国文化在佛教、儒学影响下逐渐衰微，所以他希望建立研究日本古典的学校，请求幕府批复三百坪的土地，并愿意捐献自己的文献。

其次，荷田春满认为神道的最初原典是《日本书纪》，神道的本源在于《日本书纪》中的神代故事。他在《日本书纪·神代卷箚纪》中写道："知本朝之道者甚少，故似可以歌解本朝之道并传授也。然，歌仅表当然之思于词，与教之本异也。本朝之道乃神代上下卷传承也。"② 文中用歌道对比神道，认为神道具有"本朝之道"的根本属性，然后指出神道就是《日本书纪》中神代故事的传承，《日本书纪》是寻求神道之源的原典。在文中，荷田春满之所以用歌道来反衬神道的价值，可能是因为他曾经把"和歌之道"作为日本精神文化的根本，认为用歌道来对比神道可以更加突出神道的价值。荷田春满年轻时曾跟契冲学习《万叶集匠记》等与和歌相关的著作，并对《万叶集》《古今和歌集》等进行深入研究，进而提出了自己的和歌论。或许是在研究和歌的过程中，他的国家意识逐渐增强，发现了《日本书纪》《古事记》等古典中的神道内容的价值，之后开始进行考据分析，并提倡起了复古神道。

最后，荷田春满对天津神给予了高度评价，而对国津神则持否定态度。他先从世间的怪异之事说起，指出："今日谈神似多有怪异之事，因不知天神之理也。于神代，可知国津神与天津神存德之大异。今日世间有妖妄怪异之事，皆国津神之神化也。天地之间有诸多不可思议之事，此皆乃国津神之所为，非天神之神德化也。故不应如从前般尊奉国津神。"③ 在这里，他认为国津神与天津神德行上存在差异，国津神的所作所为导致世间产生了许多波谲云诡、不可思议的事情。但是，"今日之

---

① 平重道、阿部秋生校註：『日本思想大系39　近世神道論　前期国学』，岩波書店1972年，第333頁。
② 原田敏明编纂：『神道思想　近世』，神宫皇学馆惟神道场1949年，第28頁。
③ 原田敏明编纂：『神道思想　近世』，神宫皇学馆惟神道场1949年，第26—27頁。

世，以为云怪异之事者皆为神道者也"①。也就是说，世人往往认为谈论"怪异之事"的都是神道者，但实际上那是国津神所为。与国津神不同，天津神没有怪异之处，而且也不会导致怪异现象的出现。所以他说："天神之道本无怪异之处，施以恒常不变之德化者被尊奉为天津神也。"②

在此基础上，他高度评价天孙降临的意义，从伦理道德的角度区分了天津神和国津神。他在《日本书纪·神代卷箚纪》中指出："皇孙降临至大己贵神国主之治领地，众人不解之第一事也，此也本朝之教之至极也。"③ 意思是说，天孙降临至大己贵神掌控的国土，对于神道而言具有根本的意义，也就是所谓的"本朝之教之至极"。那么，为什么天孙降临有如此重大的意义呢？他的回答是："如皇孙不降临，则天地国土气蒙昧，无善恶是非邪正差别之分，君臣无上下之别也。因兹天神造化成国土不被置，御德不被施以此国，故天照大神、高皇产灵尊派皇孙降临也。"④ 换句话说，如果天孙不降临，则无法改变日本的蒙昧状态，人们也就无法区分善恶、正邪、尊卑。他进一步指出："仅凭人一身元来性质之气，则目有好色……欲情放纵，无善恶邪正之差别，竟混国津之气。此乃大己贵命之国津御心也。"⑤ 在这里，他批判国津神无法给人们提供伦理判断的标准，难以让人们摆脱"欲情放纵"的原始状态。而且，"若恒有生来之国津神之气，则终无义理道德之差别"⑥，意思是说，如果人们始终是"国津神之气"的话，则终究无法具有区别是非的能力。相反，如果人们拥有是非善恶的标准的话，则情况完全不一样，即："若非道不见，非道不喰，非道不居，非道不娶，拥明辨是非善恶德化之御魂之德光而治国家，则人人为实之人，苇原之国受实之国土之恩惠。"⑦ 因此，国津神隐藏起本来的状态，拥护天孙降临至"苇原中国"，并接受天孙的

---

① 原田敏明编纂：『神道思想　近世』，神宫皇学館惟神道場1949年，第27頁。
② 原田敏明编纂：『神道思想　近世』，神宫皇学館惟神道場1949年，第27頁。
③ 原田敏明编纂：『神道思想　近世』，神宫皇学館惟神道場1949年，第27頁。
④ 原田敏明编纂：『神道思想　近世』，神宫皇学館惟神道場1949年，第27頁。
⑤ 原田敏明编纂：『神道思想　近世』，神宫皇学館惟神道場1949年，第27—28頁。
⑥ 原田敏明编纂：『神道思想　近世』，神宫皇学館惟神道場1949年，第28頁。
⑦ 原田敏明编纂：『神道思想　近世』，神宫皇学館惟神道場1949年，第28頁。

统领。由此看来，他的逻辑是，因为国津神没有道德区分的能力，所以天孙降临至"苇原中国"，给人以教化。

二　贺茂真渊的"古道论"

贺茂真渊是继荷田春满之后又一位重要的国学者、神道学家。和荷田春满一样，贺茂真渊也出生在神官世家。他家是浜松贺茂神社的社家，世代担任贺茂神社的神职。他先后师从杉浦国头（荷田春满的弟子）、荷田春满、荷田在满（荷田春满的养子）学习国学，因而受荷田春满的国学影响较大。同时，他还跟随当时非常知名的儒学家——荻生徂徕学习古文辞学，学会了"知古语—解古义—知古义"的方法。50岁时，在荷田在满的引荐下，侍奉德川吉宗的次子田安宗武。田安宗武掌握政治权力，还精通、热爱国学，所以对贺茂真渊著作的完成起到了很大的推动作用。贺茂真渊早期专注于和歌、物语的研究，尤其对《万叶集》《古今和歌集》《源氏物语》等颇为关注，著有《万叶考》《歌意考》《源氏物语新释》等。后来，在田安宗武的安排下，开始研究《古事记》等神道经典，强调日本古代的固有精神，即古意、古道。与此相关的著述有《国意考》《祝词考》《书意考》《语义考》等。其中，《国意考》是反映其神道思想的主要作品。

贺茂真渊之前的神道学家（包括荷田春满在内）在追溯神道的渊源时，大多使用《日本书纪》，认为《日本书纪》是考察神道特质的经典。而贺茂真渊却把《古事记》作为研究古道的主要文献，并称《古事记》更好地传承了古意、古言、古道。为了区分神道家的学说，他特意换用了古道一词。[1] 实际上，他所说的古道指的就是神道。为了更好地理解、领会古道，他还创作了许多带有复古风格的和歌、文章，并努力钻研《万叶集》中的文字读音以及含义。关于《古事记》，由于当时尚没有《古事记》的训读版本，他倾注全力研究奈良时代的语言，完成了《古事记》的和语读法。

贺茂真渊的古道论从批判佛教和儒学开始，其中对儒学的批判最为强烈。他认为儒学并不像儒学家所说的那样可以很好地治理国家，尧、

---

[1]　冈田莊司：『日本神道史』，吉川弘文馆2019年，第211頁。

舜、禹的事迹也只不过是儒者的理想建构，存在很多疑点和虚构的成分。他列举了许多例子来佐证自己的观点，如他认为尧把权力传给身份低下的舜并非善事，原因是传位给身份低下的人的做法会招致很多人弑君夺权。这样，善反而变成了恶。他还怀疑舜和禹的事迹，指出，如果舜是圣人，那么舜的父亲就应该在舜小的时候发现其优点，不可能那样虐待舜，而禹的父亲是恶人，恶人之子被选为接班人也超乎常理。对于孟子笔下的周公，他认为杀害了四十余名殷贵族的周公不应是褒奖的对象，因为被杀害的四十余人不可能都是恶人。而且，周成王的兄弟——管叔、蔡叔等起兵造反的事实也表明，西周并非孟子所说的太平盛世。他进一步指出，儒家所说的道并不是天下的原理，不是人类自古以来的通用之理，而是表面性的、小格局的、空洞的道理而已，经不起事实的考验，所以并不适合日本，即："彼之根本之孔子之教，中国尚未用，在吾国可用乎？"① 基于此，他认为人们即使表面遵循这些道理，但内心并不真正认同。他对儒学的批判涉及多个方面，但归根结底想要说的是，儒学不但不能治世，反而会招致社会的动乱，即儒学会导致"君与民判若一线，天下人均作为臣子而盲从于君，致使君臣之间无亲"②。

在批判儒学者人为创造制度的基础上，贺茂真渊站在自然主义的立场上论述了古道理论。他认为日本的古道是顺应自然的道，是自然本来既有的循环之原理。儒学中的礼、义、仁、智、信不过是人为创造的伦理、制度，不但没有遵循自然之理，反而会使自然之理变得狭隘，束缚人和其他事物。他的著作中多次对自然之理进行阐述，如在被儒学者质问日本古代人的同姓之婚与禽兽无异时，他反驳说，人与禽兽、草木等本来就同为自然之生物，并无高低贵贱之分，只是人自称高贵，贬低其他生物，而这种自傲的做法正是人们互相残杀的祸根所在。在贺茂真渊心目中，人们不需要儒学的道德说教，只要按照"天地之心"自然地生存即可。他进一步强调，日本的古道就是自然之道，所以儒学传入之前

---

① 賀茂真淵等著：『大日本思想全集第九卷　賀茂真淵集・本居宣長集：附橘守部・上田秋成』，大日本思想全集刊行会 1935 年，第 37 頁。
② 賀茂真淵等著：『大日本思想全集第九卷　賀茂真淵集・本居宣長集：附橘守部・上田秋成』，大日本思想全集刊行会 1935 年，第 15 頁。

日本能很好地治理国家。而中国因为过于拘泥于儒家道德，很多人不能真正按照道德行事，导致了动乱不断。古道既然是自然之道，那么古道就不是少数人创造出来的，也并非适用于一部分人，而是可以覆盖天地万物的豁达之物，所以道是"无棱角、不彰显理论，柔和且难以用语言呈现"①。因为古道没有棱角，较为柔和，所以天皇也应按照自然万物的本然状态来治理国家。贺茂真渊所说的无棱角和柔和，实际上指的是日本古代政治思想中的"和"。换句话说，就是避免人与人之间互相对立、互相抗争，而保持和谐稳定的关系。相反，他认为儒学执拗于道理和道德，而无法灵活变通，结果只能招致祸乱。

他还认为，正因为古道无法用语言表达，所以很多日本人无法理解古道，甚至有人认为古道已经绝灭。然而，古道是永恒不变的，所谓"古道不绝，与天地共生，永久不变"②。与古道相比，儒学只在一段时间内兴盛，不过是一时的现象。既然日本的古道等同于"天地之心"，那么古道在儒学等外来文化传入后而发生扭曲时，人们就需要努力回归到古道的原型上去。具体的做法就是："向人传上代之真相，告知天地之道外无他物"③，呼吁人们恢复古道。

贺茂真渊主张的古道还是不奢华的，具有质朴、低调的特征。他认为中国位高权重的人喜欢炫耀自己的权力和身份，结果导致人们观念崩坏、国家动乱。因而，身份高的人应把素朴的一面显示给身份低下的人，让身份低的人效仿身份高的人而厉行节约。他的逻辑是：节约会减少人们的喜好，喜好减少后则担心之事变少，而担心之事变少就会心态平和。他甚至认为儒学传入之前的日本原始状态是美好的，即"守天地与木之屋顶，土之垣墙，木棉之麻衣，黑葛卷之太刀等，且天皇亲携弓箭而猎"④。也就是说，原初的日本人在住宅、着装等方面都较为简单

---

① 贺茂真渊等著：『大日本思想全集第九卷　贺茂真渊集・本居宣长集：附橘守部・上田秋成』，大日本思想全集刊行会1935年，第15頁。

② 贺茂真渊等著：『大日本思想全集第九卷　贺茂真渊集・本居宣长集：附橘守部・上田秋成』，大日本思想全集刊行会1935年，第15頁。

③ 贺茂真渊等著：『大日本思想全集第九卷　贺茂真渊集・本居宣长集：附橘守部・上田秋成』，大日本思想全集刊行会1935年，第16頁。

④ 贺茂真渊等著：『大日本思想全集第九卷　贺茂真渊集・本居宣长集：附橘守部・上田秋成』，大日本思想全集刊行会1935年，第33頁。

朴素，但儒学传入日本以后，人们有了追逐名利的心思。人们穿上漂亮衣服时就自认为高贵，而看到别人穿着漂亮衣服时则心生羡慕、嫉妒之心。而当身份低的人看到身份高的人如此素朴时，不但不会嫉妒，反而会尊敬。

贺茂真渊的古道还服务于天皇统治，与"万世一系"的皇统具有统一性。《国意考》中的"国意"就是为考究皇国日本的精神而作，"国意"即"皇国之意"。他认为神道才是日本自古以来传承至今的道，天皇正是随着神道的兴盛而逐步确立了神威。关于"神"这个词的意思，他考察了《古事记》《日本书纪》等古典，认为"神"的读音与"上"的读音相同。而"上"往往指代天皇，所以天皇就是神，神道就是皇道。对于君臣关系，他指出："随天地之道，天皇为日月，臣为星，如星围日月般，臣拥天皇，直至现在亦未变也。"① 也就是说，最初的日本遵循古道，君臣关系和谐，社会和平稳定。然而，儒学传入以后，身份低下的人活跃起来，臣子忘记了自己的本分，挑战天皇权威，致使皇室逐渐衰微。在批判儒学的"同姓不婚"时，他称赞了日本的皇统："于天地，代代天皇未破万世一系，此乃应夸耀之处。不娶同姓之事为小事，不可同日而语焉。"② 他还把天皇的"万世一系"与中国古代王朝的安定时代进行对比，说日本长时间维系的天皇系统的一致性与中国短时间的王朝相比，要优越得多。

综上所述，在贺茂真渊看来，古道就是自然之道，也是神道、皇道。他先是把古道等同于自然之道，用儒学的人为性、伦理性对比古道的自然性、本然性，突出古道与自然之道的一致性，然后把神、天皇与古道相联系，论述"万世一系"的天皇符合自然之道。尽管他极力否定中国儒学的作用，想要从日本的古典中寻求日本的根本之道，但是他的思想却深受中国道家思想的影响。如他在《国意考》中对老庄思想倍加推崇，认为老庄思想更加接近于自然之理。只是，贺茂真渊并没有遵循中国道

---

① 賀茂真淵等著：『大日本思想全集第九卷　賀茂真淵集・本居宣長集：附橘守部・上田秋成』，大日本思想全集刊行会 1935 年，第 28 頁。
② 賀茂真淵等著：『大日本思想全集第九卷　賀茂真淵集・本居宣長集：附橘守部・上田秋成』，大日本思想全集刊行会 1935 年，第 38 頁。

家思想中自然、道的内涵，而是用极不符合逻辑的推理，生硬地把自然等概念与日本的古道、皇统进行关联，进而得出古道即自然之道的结论。再者，贺茂真渊盲目地、武断地美化古代日本人的生活，否定社会进步带来的时代变迁，并把古代日本人的生活智慧说成是一种精神，因而对中国儒学的批判就不可避免地缺失了客观性。

三　本居宣长的"古道学"

贺茂真渊之后，出现了日本历史上非常知名的国学者——本居宣长。本居宣长出生于三重县松阪市的商人家庭，23岁时听从母亲的劝说，去京都学习医学。在京都游学期间，阅读了契冲的多部作品，逐步走上了研究古典的道路。受契冲影响，本居宣长的前期研究主要围绕着《源氏物语》展开，提出了所谓的王朝文学理论。34岁时，在松阪的旅馆拜访了贺茂真渊，与贺茂真渊结为师徒关系。在贺茂真渊的建议和指导下，本居宣长开始研究《古事记》。历时35年，完成了他人生中非常重要的著作——《古事记传》。本居宣长的一生中，著述颇丰，门徒众多。其作品共有260余卷，涉及文学、历史、语言学等多个领域。其中，关于神道的相关论述被称作"古道学"，相关观点主要集中在《古事记传》《葛花》《国号考》《神代正语》《玉匣》《初山踏》等作品中。

本居宣长认为日本古代并不存在中国那种抽象的、理论性极强的道的概念。他说，《古事记》的神代卷中没有"道"一词，人代卷中"道"的意思只是人行走的道路，如"うまし御路"。他在《古事记传》中明确说："我国固有之道绝非天地之间自然之道，也非二三人制作之道。"① 这里的"天地之间自然之道"指的是老庄思想中的道，而"二三人制作之道"指人为创造的规则、制度，暗指儒学。他认为神道一词最早出现在《日本书纪》的"石村池边宫卷"中，但意思是祭祀神灵，和后来人们说的神道的意思有所不同。他指出："难波长柄宫之卷中称，'惟神道谓随

---

① 賀茂真淵等著：『大日本思想全集第九卷　賀茂真淵集・本居宣長集：附橘守部・上田秋成』，大日本思想全集刊行会1935年，第227頁。

神道亦自有神道也'，此乃皇国之道广为流传之始。"① 也就是说，孝德天皇卷中出现的神道才是后人常说的神道，是神道论说的开始。他认为日本的神道以崇拜神灵为主要内容，意思是尊崇神之道，按照神之道而行事。对于有些儒学者用中国《书经》中的"圣人以神道设教"来解释日本的神道，他认为这是极大的错误。因为在本居宣长看来，中国将天地阴阳之原理视作神，所以中国的神只不过是空洞之理，没有实质内容，中国古典作品中的神道不过是"深远不可思议之道"②。而日本的神指支配天下的天皇的祖先神，所以神道是"自皇室祖先开始，延续现在及将来之不变之道"③。

对于中国的儒学，本居宣长和贺茂真渊的观点一致，认为古代中国没有一以贯之、代代相传的君主，所以人心变化、风俗低下、国家动乱。他指出，当某些人夺取国家的统治权以后，就会费尽心思去防止政权被颠覆，而被统治的人中就会有人想伺机推翻统治者。结果是国家难以统治，革命不断。他还说，中国的圣人只不过是那些精于从别人手里夺取国家权力，并善于防止被别人夺走手中权力的人，圣人之道只是关于夺取国家政权的方法，以及夺取国家政权后防止被别人篡夺的伎俩而已。虽然夺取政权的人在一段时间内可以较好地治理国家，并给后人一些启示和警示，但他们内心险恶，缺失德行，其倡导的道只不过是表面的粉饰。这样，后人们也只是表面上遵循圣人之道，内心却并不认同；圣人之名貌似传播四方，但实际上并没有人践行。本居宣长实际上是从上下尊卑的观点来批判中国古代君王的更迭，批评中国自古以来尊卑秩序的混乱。他所认为的乱序是：樵夫、农民可能成为皇帝或位居高位的官员，身份低下的女人被皇帝看中后可能成为皇后，而皇帝之女也可能和没有任何地位的人结婚。而其主张的是：无论什么事情，什么时候，下位者

---

① 賀茂真淵等著：『大日本思想全集第九卷　賀茂真淵集・本居宣長集：附橘守部・上田秋成』，大日本思想全集刊行会1935年，第228頁。

② 賀茂真淵等著：『大日本思想全集第九卷　賀茂真淵集・本居宣長集：附橘守部・上田秋成』，大日本思想全集刊行会1935年，第229頁。

③ 賀茂真淵等著：『大日本思想全集第九卷　賀茂真淵集・本居宣長集：附橘守部・上田秋成』，大日本思想全集刊行会1935年，第229頁。

都应遵从上位者的意志行事。相反,"不遵上位者所教之事,为私事也"①,不遵从上位者的行为被定为"私"。

他还批判儒家的礼、义、仁、智、信的道德观念,认为严格规范人们行为的儒家道德并没有超出法律,没有成为人们自律的准则。关于阴阳之说,他在书中写道:"(阴阳说)虽自夸为解释天地一切之深奥理论,然不过是欺瞒世人,助其统治可持续进行之方法而已。"② 之所以这么说,他的理由是天地之原理是依据神的意思所决定,人的知识有限,无法预知天地的深奥之处。在对待儒学在日本的影响方面,他和贺茂真渊如出一辙,认为儒学传入前日本和平稳定,皇室安稳;而儒学传入后,日本人心变换,动乱不断。

在批判儒学的同时,本居宣长极力美化日本的神,认为日本的神超出了人的智慧、理性的范畴,与人类世界的规范、道德、行为无关。例如,他并不认为善良、正直、诚实的人可以得到神的恩惠,也不认为乐于布施的人能够获得神的护佑。也就是说,本居宣长笔下的日本的神与佛教、儒学没有关联性,"神是与人类世界相隔离的绝对的他者,人被包容在诸神当中"③。他还认为日本的神具有普遍性,不仅惠及日本,而且造福于其他国家。因为神创造的天地神秘莫测、不可思议,所以佛教的教义、儒家的学说不过是对人类世界的解释而已,而这些解释歪曲了人类世界的本来面目。相反,儒佛传入之前被诸神包容的世界才是真实的,也就是说,"记纪神话"中描述的世界才是世界的本来面目。在此基础上,他提出了"惟神而安国"的观点,意思是说按神的旨意行事就能使国家安定。如《日本书纪》孝德天皇卷中就有"惟神道谓随神道亦自有神道"④ 的说法,"随神道"指的是治理国家时只要遵照神道方式即可,不需要添加其他方法。而按照神道方式治理国家的话,就适合了"神之道",也就是"自有神道"。

---

① 贺茂真渊等著:『大日本思想全集第九卷 贺茂真渊集・本居宣長集:附橘守部・上田秋成』,大日本思想全集刊行会1935年,第232頁。
② 贺茂真渊等著:『大日本思想全集第九卷 贺茂真渊集・本居宣長集:附橘守部・上田秋成』,大日本思想全集刊行会1935年,第211頁。
③ 田尻祐一郎:『江戸の思想史 人物・方法・連環』,中央公論新社2011年,第142頁。
④ 田尻祐一郎:『江戸の思想史 人物・方法・連環』,中央公論新社2011年,第142頁。

那么神代的治理方式是什么样的，神代与现实又如何结合呢？他说："本来此道为天照大御神之道，天皇治理天下之道，遍及四海万国之真道。及此道为何道乎？此道为古事记书纪之二典所记，备于神代上代之诸多事迹之上。"① 这样，本居宣长就把日本的道与天照大神、天皇结合起来，让道成为自神代以来不断传承，且适用于其他国家的概念。在此基础上，他认为"天照大御神之御生之国"② 即日本优于其他国家，所以"皇国自天地之始末，至国土日月万物之创生，其事之所以可翔实传承。"③

分析本居宣长的神道理论，可以明显地看出他努力塑造天照大神的意图，将天照大神描绘成创造日本甚至是世界各国的神。他说："吾国优于万国之理由，于国之最初已现。世间诸国，无大御神不及之处。"④ 天照大神将"三件神器"传给其子孙，并宣称天下应是其子孙所管辖之处，从而确立了"万世一系"之天皇统治的基础。之后，天皇作为天照大神的直系子孙管理天下，没有出现破坏此秩序的神，也没有违背天照大神之命令的人。但是，本居宣长深知日本历史上实际上出现过不少背叛天皇而作乱的人，所以他只能找理由来粉饰上面的观点。这个理由就是，历史上虽有不服从天皇统治的"心术不正"之人，但人们遵循天照大神之旨意，以皇室之名进行讨伐后，这些作乱之人均被消灭。他指出，与天照大神不同，祸津日神是带来灾祸、不幸的神。因为该神作祟，所以才有善人不幸，恶人得势的情况出现。

本居宣长对天照大神的赞美，无非是要叙述天皇统治日本的合理性。他的逻辑是，因为天照大神明确要让其子孙统治日本，所以天皇就是代行天照大神之"御意"而统治日本国的君主。而且，天照大神是日神，人们每天接受阳光的恩泽，享有天照大神的恩惠。日神之"御心""御

---

① 田尻祐一郎：『江戸の思想史　人物・方法・連環』，中央公論新社2011年，第146頁。
② 賀茂真淵等著：『大日本思想全集第九卷　賀茂真淵集・本居宣長集：附橘守部・上田秋成』，大日本思想全集刊行会1935年，第101頁。
③ 賀茂真淵等著：『大日本思想全集第九卷　賀茂真淵集・本居宣長集：附橘守部・上田秋成』，大日本思想全集刊行会1935年，第101頁。
④ 賀茂真淵等著：『大日本思想全集第九卷　賀茂真淵集・本居宣長集：附橘守部・上田秋成』，大日本思想全集刊行会1935年，第206頁。

业"以天皇的传承得以体现，所以天皇的延续称作"日嗣"。天皇的"御座"之所以称作"高御座"，也是因为其是日神之"御座"。从"日嗣"的角度也可以推导出："日日得太阳之惠者，皆应尊敬天皇，起誓忠实。"[①] 与历史上经常变换君主的中国不同，日本是"只要天地存在，日月普照，即便万代之后，（天皇）亦是不可动摇之大君"[②]。所以，只有敬重天皇、效忠天皇，才遵循了天照大神的"御心"。而他所说的"古事"，不过是让臣民服从天皇统治的意思，所谓"遵古事而行事时，如出现疑问，则问大御神之御心，之后实行即可。"[③] 具体而言，就是臣、连等重臣以及其他臣民继承祖先传承下来的职业，重视各自的氏、姓，效忠于天皇。同时，他批判一切不敬重天皇、诽谤天皇的行为。例如，他把北条义时、北条泰时、足利尊氏等违背天照大神之"御意"的为政者称作卑劣之人，并指出，这些卑劣之人之所以在短时间内能掌握政权并实现子孙繁荣，是因为祸津日神之心转移到了这些人身上。对于当时仍有人不敬重天皇的现象，他认为原因是这些人过于迷信中国的儒学文献，而不相信天津日神是天照大神，甚至忘记了天皇是天照大神之子孙。

总之，本居宣长的神道理论从批判儒学等外来宗教、外来学说开始，逐渐构建出遵循天照大神之"御心"、效忠天皇的观念。本居宣长的国学研究后来被很多人认为是古代日本国学研究的顶峰，其本人也被当作对后世影响最为深远的学者之一。但是，无论是他的儒学认识，还是其神道理论，都存在很多随意捏造、凭空虚构的内容，其观点明显带有排斥外来文化、颂扬本国传统的主观色彩。尽管如此，他的神道学说不仅受到当时很多人的追捧，而且在近世末期的倒幕运动中被倒幕派运用，在近代则被蓄意用于皇国神话的构筑中，进而为近代日本天皇主义、国家主义、法西斯主义的形成奠定了基础。

[①] 贺茂真渊等著：『大日本思想全集第九卷　贺茂真渊集・本居宣長集：附橘守部・上田秋成』，大日本思想全集刊行会 1935 年，第 225 页。

[②] 贺茂真渊等著：『大日本思想全集第九卷　贺茂真渊集・本居宣長集：附橘守部・上田秋成』，大日本思想全集刊行会 1935 年，第 223 页。

[③] 贺茂真渊等著：『大日本思想全集第九卷　贺茂真渊集・本居宣長集：附橘守部・上田秋成』，大日本思想全集刊行会 1935 年，第 207 页。

四 平田笃胤的"古道"

在"国学四大人"中,出现最晚的是平田笃胤。他出生在武士家庭,其父亲大和田祚胤是佐竹藩的藩士。他25岁时成为松山藩藩士平田笃穏的养子,改名平田笃胤。26岁时接触本居宣长的《玉胜间》,深受感动,欲入本居宣长门下,但由于当年本居宣长去世,最终平田笃胤成为本居宣长的"殁后门人"。平田笃胤的研究领域涉及神道、佛教、儒学、玄学、医学等,在人生的不同阶段,其关注的领域亦有所不同。但是,神道研究基本上贯穿了他的一生,著有《俗神道大意》《神代御系图》《灵能真柱》《古史传》等著作。平田笃胤的观点继承了本居宣长的思想,但是在很多地方又进行了发展。

第一,他认为神道是日本固有的传统,有着不同于其他宗教的特殊意义。在平田笃胤最早的著作《呵妄书》中,就批判了太宰春台关于道的观点。太宰春台曾指出,有些人认为日本早就存在与儒家、佛教共存的神道,但实际上神武天皇到钦明天皇这段时间里日本并没有道。他还说,古人之所以重视对天地、山河、社稷、宗庙的祭祀,是因为人们害怕鬼神。他认为日本的神道是在佛法中加入儒家之道后而形成,受中国儒家圣人之道的影响较深。平田笃胤对此观点进行了严厉批判,指出太宰春台生存的年代没有真正的神道学者,当时的神道只不过是借助外来宗教、学说而构建出来的唯一神道和两部神道,所以那个年代的很多人并不知道神道为何物。他还说,《周易》中的神没有实体,与日本"记纪神话"中的具体的神不同,所以《周易》中的神道是虚妄的、抽象的道,而日本的神道却是关于具体神的道,所以日本的神道是真实的、具体的道。对于日本古代的祭祀,他指出,社稷、宗庙之祭是为了祭祀祖先,而天地、山川之祭源自各地流传的有关山神、河神等神灵的传说,因此这些祭祀并不是出于对鬼神的恐惧,而是继承了日本固有的神道传统。与日本不同,中国的祭祀没有相关传说作为支撑,所以只不过是虚空的祭祀。

关于中国古代的太极、无极、阴阳、五行、八卦等学说,他认为这些东西只不过是人们随意创造的概念而已,实际上并不存在。然后他说,有些人把这些抽象概念赋予万事万物,声称这些概念是万事万物之理,实则无稽之谈。和本居宣长一样，他也认为自然之理无限，而人的思维有限，所以人不可能真正理解自然，所谓："万物之理无限，而人之思有限，固理之说不可信。人思可知之界，只为眼之所及，心之所及，测算之所及，其不可及之处，无论如何思考，也未可知。"① 对于佛教，他也持批判态度，认为佛教的理论只不过是欺骗小孩的把戏，不可相信。

和国学派的神道学者一样，平田笃胤在否定了外来宗教、学说以后，构建了自己的宇宙观念和神观念。首先，他认为世界是由天、地、泉组成，而创造天、地、泉的是神。在诸多神中，他把天之御中主神定为宇宙万物的主宰神，说："天之御中主神，其御名取大，因无事迹之传，故无祭奉神德之便。二柱皇产灵神之前即有此神，兼女男之御德，无为之事，司产灵之根原，寂然于此。女男产灵大神资其神灵而生出，持分产灵之德用。天地诸物乃此二柱大神之产成也。"② 如此，在《古史传》中，他充分肯定了天之御中主神的地位和作用，称《真之灵柱》对天之御中主神的叙述不到位，应该对其地位给予充分肯定，并进行详细描述。

在神代最早的"造化三神"中，除天之御中主神外，另外二神分别是高御产巢日神、神产巢日神。他认为高御产巢日神是男神，掌管神事中的"显事"；而神产巢日神是女神，掌管神事中的"幽事"。高御产巢日神和产巢日神为产神，尊贵且力量无穷，即"产神尊贵且奇妙，世间之常理不可测量也"③。产神孕育出了之后的诸多神灵，所以他说："世间所有事，使天地开始之万物万事，悉皆资此二柱产灵大御神之产灵而出。"④ 而且，在产神的神力作用下，混沌之物中产生了天、地、黄泉，即："漂泊一物中现苇牙之物，升而为天。存其迹而本为地之物，尚未固时，其底部亦有一牙而生，渐成长为泉之国。后与地分离，今所见月即

---

① 田原嗣郎、関晃、佐伯有清、芳賀登校註：『日本思想大系 50 平田篤胤 伴信友 大国隆正』，岩波書店 1973 年，第 13—14 頁。
② 田原嗣郎、関晃、佐伯有清、芳賀登校註：『日本思想大系 50 平田篤胤 伴信友 大国隆正』，岩波書店 1973 年，第 581 頁。
③ 田原嗣郎、関晃、佐伯有清、芳賀登校註：『日本思想大系 50 平田篤胤 伴信友 大国隆正』，岩波書店 1973 年，第 19 頁。
④ 田原嗣郎、関晃、佐伯有清、芳賀登校註：『日本思想大系 50 平田篤胤 伴信友 大国隆正』，岩波書店 1973 年，第 581 頁。

为此。"① 他把天、地、黄泉说成是三个不同的世界，指出天即太阳，属于清净的世界，天照大神是这个世界的主神；黄泉即月，又名根之国，是污秽的世界，素盏鸣尊是此世界的主神；而天与黄泉之间的地方是清净与污秽并存的世界，也是人们生存的地方。对于国土的形成，他赞同服部中庸所持有的国土产生于伊邪那岐、伊邪那美二神的说法②。具体而言，伊邪那岐、伊邪那美交合后，伊邪那美的腹中产生了凝固之物，该物出生后，体积逐渐增大，最终形成了国。也就是说，日本国的形成是渐进的过程，并非一蹴而就。而且，他认为欧洲神话故事中的创世说模仿了日本神话，说："遥西之诸国古传说，世之初发，天神造天地之后，团土块而化为男女二神，男神为安太牟，女神为延波，此二神创造国土之说，完全为皇国古传之复制。"③

第二，相对于本居宣长而言，平田笃胤的生死观独具特色。本居宣长认为人死后去往黄泉国，而黄泉国是肮脏的地方，所以死亡是令人悲伤的事情，称："人死则妻子眷属朋友家财万事皆失，与已惯此世永别，且不能回来，去往污秽之语予美国，世间无比死亡更悲伤之事。"④ 然而，平田笃胤却认为人生存的世界属于"显界"，由天皇主管；而死后的世界属于"冥界"，由大国主神主宰。大国主神把国土让给天照大神的子孙以后，就隐身于"冥界"，从人们无法看到的另一个世界护佑着人们。因为人死后成为神并进入"冥界"，所以"冥界"并不污秽，死亡也并非悲伤之事。而且，神所在的"冥界"与人所在的"显界"处于同一空间，死去的人并没有离开现世的人们。他进一步指出，虽然"显界"的人们看不到"冥界"的神，但"冥界"的神却可以看到人世间的人，并能保佑

---

① 田原嗣郎、関晃、佐伯有清、芳賀登校註：『日本思想大系 50　平田篤胤　伴信友　大国隆正』，岩波書店 1973 年，第 24 頁。

② 服部中庸是江户时代后期的国学者，他所著的《三大考》用十幅图的形式对古代神话进行诠释。《三大考》曾被本居宣长的弟子质疑，认为其中内容多为主观解释而没有根据，但平田笃胤却极力推崇该书，并对其中的图进行了深入解释。他对服部中庸所著的《三大考》进行修改后，编写了《灵之真柱》。

③ 田原嗣郎、関晃、佐伯有清、芳賀登校註：『日本思想大系 50　平田篤胤　伴信友　大国隆正』，岩波書店 1973 年，第 32 頁。

④ 金本拓士：「平田篤胤『靈能真柱』における霊魂観」，『現代密教』第 23 号，2012 年，第 253 頁。

他们。关于这一点，日本民间信仰中也有类似的认识，即人死后成为神灵，并在"他界"保佑子孙的繁荣。民间信仰中的"他界"也不是远离人世的遥远地带，祖先也并非与子孙完全割裂的存在。相反，祖先会经常回到人世间，与子孙共同享受节日的快乐、丰收的喜悦。由此可见，平田笃胤的神观念和"冥界"认识中吸收了很多日本民间信仰的内容。

关于死后的世界，佛教中有天堂和地狱的描述，还有六道轮回的理论。然而，佛教并没有回答神灵为何经常回到现实世界这一问题，一般民众也难以接受父母死后进入六道轮回的观念。儒家学者则很少关注死后的世界，虽然也有思想家用抽象、深奥的"气"等概念来解释死亡，但这种认识在知识阶层没有形成太大的影响，更没有被下层民众所接受。而平田笃胤用"显界"和"冥界"的观念来解释人生活的世间和死后的世界，正好契合了民间关于人与神、生与死、此世与彼世的信仰，从而使平田笃胤的学说更容易被民众所接受。

第三，平田笃胤认为日本优于其他国家，是世界的中心。在他的观点中，创造万国的神诞生在日本，而且日本自身就是神所创造的国家。具体而言，伊邪那岐和伊邪那美创造了八大洲后，国土和海水逐渐分离，海潮中凝固成许多大小不一的国家。虽然其他国家也源自产神的神力，但它们并非由伊邪那岐和伊邪那美直接创造，而是由"潮沫"聚集而成。因此，其他国家出现的时间晚于日本，风土人情也不及日本。日本是"元之国"，而其他国家则是"末之国"。他将西方的地理知识附会其神道学说，称日本所处的地理位置最佳，既没有南方国家的酷暑，也没有北方国家的严寒。他还曲解荷兰人写的《日本志》，称文中记述了日本优越的地理位置和丰富的物产。例如，日本享有天地创造之神的特殊恩惠，大海环绕四周，有效避免了外国入侵；日本物产极为丰富，可以满足人们的需求，不用依赖外国物品等。《古道大义》中也明确写道，日本享受天神的眷顾，拥有众多岛屿和独特物产，如美浓的大米、佐度的金子等都优于其他国家。

至于为什么作为"万国之元"的日本比其他国家面积狭小，他分析道："吾国不大乃西国人之说法，神不以形之大小定国之优劣、物之尊卑美恶。如师所言，数丈之大岩不及方寸之玉，牛马虽大不及人，国即使广大,但恶国仍恶,国虽狭小,但美国仍美。"① 对于有些人质疑日本国开化时间晚于其他国家,他使用植物的比喻进行解释。他说,瓜果的果实虽然从底部逐渐长成,但底部却成熟最慢,这是因为底部往往是能量的源泉。他还通过动物的例子进行说明,称鸟兽出生不久就开始觅食,数月后进行交配,属于卑劣之物,而人的诸多行为虽然晚于鸟兽,但比鸟兽更为尊贵。

第四,平田笃胤坚持天皇中心论,坚信天皇是神的后代。他认为天皇是天照大神的后代,继承了天照大神的神统,虽然天皇也是人,但与普通人不同,尊贵且具有神性,是"现人神"。他还说,天皇是统治"八方"的"大君",而"八方"并非仅指日本,而是指整个世界。至于为什么天皇具有如此神圣的地位,他和其他复古神道学家一样,也是先从神代系谱中凸显出天照大神的特殊意义,然后将天照大神的孙子——迩迩艺命作为连接人世和神的纽带,进而使天皇具有作为神的后代的资格。实际上,平田笃胤的天皇中心论建立在他的宇宙论的基础之上,也是其灵魂观的佐证之一。早在撰写《灵能真柱》时,他就提到:"学古学,须先固大和心。不固大和心,则不知道为和物,此乃师本居翁教也。然,欲使大和心固,应先知人死后灵之去向,灵之安定之处。"② 也就是说,学习古学,必须持有大和心,而想要拥有大和心,首先要知道灵魂的去向。他进一步指出:"欲知灵之安定之处,先思天、地、泉之成始及其形,知天、地泉乃神之功,吾日本国乃万国之本国,万事万象优于它国,吾天皇乃万国之大君。"③ 但是,无论他的神道理论的基础是什么,天皇中心论都是其神道学说的重要内容。在相对严密的宇宙论和主宰神的观点的支撑下,再加上对西方自然科学的曲解和利用,平田笃胤的天皇观似乎比之前神道学者所持有的天皇观更具有合理性。这就使其学说更容易被天皇拥护者所接受和利用,同时也更容易引起幕府的警惕。1838 年,

---

① 田原嗣郎、関晃、佐伯有清、芳賀登校註:『日本思想大系 50 平田篤胤 伴信友 大国隆正』,岩波書店 1973 年,第 34 頁。
② 田原嗣郎、関晃、佐伯有清、芳賀登校註:『日本思想大系 50 平田篤胤 伴信友 大国隆正』,岩波書店 1973 年,第 12—13 頁。
③ 田原嗣郎、関晃、佐伯有清、芳賀登校註:『日本思想大系 50 平田篤胤 伴信友 大国隆正』,岩波書店 1973 年,第 13 頁。

幕府下令禁止《大扶桑国考》发行，并于1841年要求其返回出生地，禁止他从事任何著述活动。1843年，平田笃胤在失意中死去。

据说，平田笃胤的门人有数千人，包括他去世后的"死后门人"。其中，一些门人在日本历史上较为有名，如大国隆正、权田直助、生田万、六人部士香、矢野玄道等等。这些人中，有的担任过明治天皇的侍讲，有的成为皇典研究所教授，还有一些从事神社的工作。他们积极宣传平田神道，参与政治活动，在幕末的倒幕运动以及近代日本国家意识形态的构建等方面起到了重要作用。此外，平田笃胤的神道理论中，有些内容与日本的民间信仰基本一致，对民间信仰的研究和理解提供了重要参考。其中，论述天狗、幽灵、人鱼的《古今妖魅考》《仙境异闻》等作品对后世民俗学、新国学的出现和发展起到了一定的推动作用。

以上叙述了江户时代国学派神道学家之间的师承关系，以及他们各自的神道观点。尽管学术界对于江户时代国学派的代表人物和相互关系存在不同的见解，但荷田春满、贺茂真渊、本居宣长、平田笃胤所组成的"国学四大人"已经基本上得到学界的认可。他们去世后分别被祭祀于不同的神社，荷田春满在京都的东丸神社，贺茂真渊在静冈的县居神社，本居宣长在三重县的山室神社，平田笃胤在秋田县的弥高神社。从身份上来看，荷田春满、贺茂真渊出生于神道世家，本身也是神职人员，所以他们死后在神社中被祭祀并不奇怪。然而，本居宣长出身于商人家庭，平田笃胤出身于武士家庭，二人生前并非神职人员。他们作为神被祭祀于神社可能是因为他们在神道领域的影响广泛，被后世的日本人视作了对日本社会和文化做出重要贡献的人物。

国学派的神道理论影响非常深远，据说本居宣长的门人有500余人，平田笃胤的门人更是达到了4000人。这些门人来自不同阶层和职业，既有处于统治阶层的武士，也有处于被统治阶层的商人、农民、手工业者；既有在神社中供职的神职人员，也有在幕府乃至村庄工作的官员。因此，江户时代的国学不仅仅局限于对诗词歌赋的研究和宣扬，它更广泛地涵盖了神道理论的构建和传播，成为日本文化传承和学术记载的一部分。日本古代神道理论在近世国学派中达到了巅峰，对近代神道研究和日本人神道思想的形成产生了深刻影响。

第四章

神道与日本人的共同体意识

第一节　从氏族共同体的氏神信仰到家族的祖先信仰

在强调共同体主义的日本社会，氏族和家都扮演着重要角色。它们都是日本人为了生存的延续而自发形成的共同体，强调成员之间的一致性和共同性。氏族作为古代日本的社会组织，共同祭祀氏族氏神，并通常拥有属于氏族的祭祀设施。而家共同体强调家族的连续性，祭祀祖先神，有些地方也称为家氏神。随着日本历史的发展，氏族共同体逐渐走向解体，而家共同体和村落共同体逐渐成为日本社会的主要构成单位。相应地，人们的氏族氏神观念也逐渐消失，而祖先神、村氏神的观念更加突显。

一　氏族与氏族氏神信仰

氏族是古代日本社会的基本单位，是以真实血缘或模拟血缘关系为基础，强调氏族成员之间连带感的较大规模的社会共同体。氏族大多具有独立的政治、经济和军事组织，通过传承和继承规则来维持血脉传承和氏族地位的稳定。氏族成员共同承担责任和义务，共同体保护氏族的利益和荣誉。氏族氏神是氏族的保护神，通常与氏族的创始人或早期的重要人物有关。据考证，"氏神"一词最早出现在《万叶集》中。大伴坂上郎女在赞扬大伴连的氏神天忍日命帮助天孙降临时，写道："手捧木绵，如此作祈祷，见君一面，尚难？"[①] 而且，他明确指出，该和歌是为

---

① [日] 佚名：《万叶集》，赵乐甡译，译林出版社2009年版，第104页。

了供祭大伴氏神，并将该歌称作祭神歌。大伴连是古代实力雄厚的氏族，其氏神天忍日命在《古事记》中被描述为天孙降临时的先导。但是，氏族作为日本社会的基本社会组织，在弥生时代中后期就已经存在，因此氏族氏神在日本出现的时间要远早于《万叶集》成书的奈良时代，氏神一词在《万叶集》中的出现也只能说明氏族氏神的信仰和崇拜早已有之。当时，氏族成员在真实血缘或模拟血缘的基础上建立共同体关系，在氏族长的领导下共同劳作、集体生活，并将氏神作为他们共同的保护神，形成了内外分明、上下有别的氏族共同体。而大和政权就是建立在皇族与其他氏族斗争、妥协的基础之上，是氏族之间相互协商的氏族联合政权。因此，大和朝廷对各个氏族没有绝对的控制力，各个氏族都是支撑大和王权的一部分，具有相对的独立性。

由于氏族对于国家政权具有重要意义，大和朝廷十分重视氏族氏神的祭祀，强调通过神灵来统合国家。在天武天皇时期，天照大神被选定为皇室的氏神，并在伊势神宫加以祭祀。在"记纪神话"编纂完成后，伊势神宫被塑造成为全国神社中地位最高的神社，天照大神则被宣扬为各个氏族氏神的总氏神。不仅如此，天皇也重视其他氏族的氏神，甚至把其他氏族的氏神作为守护国家的神灵。例如，桓武天皇在迁都平安京时，就把藤原氏的氏神社——春日大社"劝请"至京都，用以守护新的都城。对于官员的氏神祭祀，朝廷也是积极支持和鼓励。《续日本后纪》中记载："山城国葛野郡上林乡地方一町，赐伴宿尔等，为祭氏神处"[1]，描述了平安时代前期大伴连的后裔从朝廷获得祭祀氏神场地的情况。在正仓院的文书中，还有官员以祭祀氏神为理由请假回乡的记录。《续日本后纪》中也有类似的记载："小野氏神社在近江国滋贺郡，勅听彼氏五位已上每至春秋之祭不待官符永以往返"[2]，意思是说朝廷允许小野妹子前往近江国祭祀氏神。除小野妹子以外，"是日勅听大春日，布瑠、粟田三氏、五位已上，准小野氏春秋二祠时不待官符向在近江国滋贺郡氏神社"[3]，即具有一定官位的官员都可以回乡祭祀。从这些记录中可以看出，

---

[1] 黒板勝美編輯：『国史大系第3巻　続日本後紀』，吉川弘文館1983年，第23頁。
[2] 黒板勝美編輯：『国史大系第3巻　続日本後紀』，吉川弘文館1983年，第25頁。
[3] 黒板勝美編輯：『国史大系第3巻　続日本後紀』，吉川弘文館1983年，第64頁。

当时官员的氏族氏神大多在籍贯地，实际上指的就是他们的祖先神。而祭祀时间大部分在春秋两季，与天皇祭祀中的祈年祭和神尝祭时间几乎一致。

现在可以考证的古代氏族大多与皇室有关，而相应的氏族氏神也多在《古事记》《日本书纪》中可以找到原型。例如，中臣氏的氏神鹿岛神又称武瓮槌命，是在伊邪那岐命砍掉火之夜芸速男神（火神）的头颅时生成的神。在"让国神话"中，鹿岛神作为天照大神最后派出的使者，将"十柄剑"倒立于波浪之上，自己盘坐在剑的尖端，展现出强大的威力，最终成功使大国主神交出了"苇原中国"的统治权。而在"神武东征"的神话中，他用自己的剑驱散熊野地区的恶神释放的毒气，拯救了陷入危机的神武天皇。再如，清和源氏的氏神八幡神在《古事记》中称誉田别命，即传说中的应神天皇。据《古事记》记载，誉田别命出生在筑紫国，在神功皇后摄政后成为皇太子，之后成为日本第十五代天皇。据说在他当政的41年间，积极接收来自朝鲜半岛的归化人，吸收中国的文艺和工艺，从而奠定了日本传统文化的基础。再有，秦氏的氏族神大山咋神在《古事记》中是使用鸣镝的山神，坐镇于比睿山的日吉大社。该神曾化作一支箭造访一年轻女子，与该女子结婚并生下贺茂别雷命。

如此，因为在大和国建立的过程中，氏族与王权之间的斗争和协作起到了关键作用，所以大和朝廷在皇权神话中融入了相关氏族神的传说，并建构了氏族神与国家政权之间的关系。但是，这些氏族神并非出自大和朝廷的编造，而是大和朝廷出现以前各个氏族本来就信仰的神灵。也就是说，在《古事记》《日本书纪》编纂以前，各地已经流传着相关氏族神的传说，皇权神话只是借用或演绎了这些传说而已。例如，鹿岛神本来就是古代日本常总地区的土著神，该地区最有实力的中臣氏奉该神为氏族神。大和朝廷征战该地区时，中臣氏奋勇作战，大力协助了征战者，所以大和国的神话故事中就有了鹿岛神帮助天皇排忧解难的故事。当中臣氏的氏族进入统治阶层，在奈良兴建春日大社时，他们就"劝请"鹿岛神进入春日大社，将春日大社尊为氏神社。再有，大山咋神作为日吉神社、松尾神社的祭祀神，最初是秦氏的氏族神。据说，5、6世纪时，从朝鲜半岛来到日本的秦氏开拓了山城国和丹波国，并大力发展农业生产，建立了势力强大的氏族。秦氏将松尾山的山神即大山咋神作为氏族神加以敬奉，松尾神社也因此成为京都地区最为古老的神社之一。

在后世的发展中，有些氏族的氏族神被统治者加以演绎，逐渐发展成为统治阶层的氏族神。例如，八幡神最初是大分县宇佐地区宇佐氏的氏族神，祭祀于宇佐八幡宫，但后来被认为是应神天皇的化身，成为武士阶层崇拜的神灵，八幡宫也随之被尊为武士的氏神社。至于八幡神何时指向了应神天皇，进而又与神功皇后相互联系的，学界并没有定论。但是，据《古事记》记载，应神天皇所处的时代恰好是大和朝廷迅速发展的历史时期，他曾主导朝廷入侵朝鲜半岛，平定了东国，并经历了很多神奇的事件。这种特殊的时代背景可能就是应神天皇被神化的原因，也是后世的人们对其进行演绎的基础。平安时代后期以后，武士们把神格化的应神天皇作为氏神进行祭祀，宇佐八幡宫、清水八幡宫、鹤冈八幡宫等大型八幡神宫也成为后来武家信仰的重要据点。其中，鹤冈八幡宫与源赖朝的渊源较深，被认为是镰仓武士的守护神社。声称是源氏后裔的德川家康建立了德川幕府以后，也把八幡神奉为德川家的氏神。八幡神对于武士而言意义十分重大，林罗山在《神社考序》中就将八幡神与天照大神并列，把八幡宫认为是日本诸神的宗庙，写道："伊势太神宫八幡宫谓之宗庙，贺茂、松尾、平野、春日、吉田、大和、龙田等谓之社稷，又祖神之祠谓之苗裔，夫本朝者神国也。"① 但是，历史上的八幡神不仅是武士阶层的氏神，也是日本全国各地数万个八幡神社的祭祀神。各地民众"劝请"后的八幡神成为符合他们祈祷目的的神灵，如农耕神、海神、冶炼神等。

中臣氏的氏族神鹿岛神也在后世被塑造成为民众信仰的保护神。传说鹿岛神使用的剑具有巨大威力，挥舞起来犹如雷电划过星空，所以古代人就把该神与剑、威力进行了结合，将其作为勇猛善战的象征。同时，由于雷电与降雨之间的关联性较强，常总地区的农民还将该神视作水神，作为农业生产的保护神。大山咋神信仰则是伴随着"神佛习合"的发展，在平安时代以后进一步下沉到了民间。据传，最澄在比睿山建延历寺时，将比睿山的大山咋神奉为延历寺的守护神，称为日吉山王。后来，该神还被赋予日吉权现、山王权现等称呼。得益于此，日吉信仰逐渐扩展至

---

① 京都史蹟会编纂：『林羅山文集』，弘文社 1930 年，第 562 页。

全国各地，许多地方把日吉神社作为镇守神社。

如此，随着政治权力的变迁和经济实力的演变，许多氏族在历史上逐渐衰落。与此同时，氏神作为氏族保护神的角色也就越来越弱，逐渐演变成为具有其他功能的守护神。特别是随着近世村落和家庭的形成，氏族氏神的含义开始向村落和家庭的守护神的方向演化。

二　家与祖先祭祀

家庭是由成年人及其子女组成的基本社会单位，提供情感支持、物质支持和社会支持，同时也是个人成长、社会价值观传承和文化传承的重要场所。家庭的形成时间和起源有一定的争议和不确定性，但大多学者认为，进入农业社会以后，人们开始在特定的土地上建立稳定的居住点，并从事农业生产，从而促使了更加稳定和固定的社会组织包括家庭的形成。与侧重维持和传承共同关系、族群认同的氏族共同体不同，家庭更多被视为私人领域的一部分，着重于家庭成员的关系和个人生活，是规模较小、私性较强的共同体。在很长一段历史时期里，氏族和家庭同时存在于日本社会中，日本人的氏族意识和家庭意识交织在一起。到了律令制时期，大和朝廷加强了对地方政权的控制和集权化，导致原本具有独立权力的氏族逐渐丧失了政治地位和特权，氏族作为政治单位的概念随之逐渐弱化。而"户"作为一个更小的社会单元，因其更容易受到中央政府的控制和影响，所以成为国家规定的合法的社会单位。

然而，氏族共同体的社会模式并没有因为律令制的实施而发生根本的变化，实力雄厚的豪族仍然保持着强大势力。之后，这些氏族共同体有些逐渐衰落，有些则模拟家的模式，以家的名称来命名，演变成为更加强调亲属关系和传承关系的家共同体。到了江户时代，日本人对家的强调已经到了一个高潮。家是成员、家产、家名等的总称，具有父家长制、长子继承等特点。同时，家还有大家和小家之分。大家指商人奉公的主家、武士效忠的主君家等，而小家则多指相对于主家的个人家庭。但是，无论是拥有多个分家的大家，还是只有夫妇、子女组成的小的家庭，日本人都曾非常重视家的成员之间的共同意识和合作关系，强调血缘关系的传承和家业的维持。他们将祖先视为维系家的纽带，通过祖先祭祀强化家内成员的家意识。日本人认为，人死后肉体会腐烂、消失，但灵魂并不会远离子孙,而是通过子孙的祭祀成为祖先,以山神、田神的形式存在。因为农耕社会下的土地往往是家唯一的生活资料来源,是家得以维系的重要条件,所以人们对祖先的期待也就主要体现在土地上。为了获得农耕所需要的人力和水,同时避免天灾人祸,人们就会祈祷祖先神的保佑。他们相信,在春天农耕开始时,祖先从山里来到田地,保佑农耕顺畅进行;而当秋收结束以后,祖先又回到山里,成为山神。

由于祖先是农业得以顺利开展、家得以传承的重要保障,祖先祭祀很早就成为日本人精神生活的一部分。在传统的日本家庭里,通常会设置有祭祀祖先的神龛,并定期上供祭拜。许多人家还会在特定的日子举行祭祀祖先的活动,如越后村的百武氏的村民就在每年4月15日和9月23日聚集在村社,共同举行祭祀祖先的活动。而在日本的传统节日中,新年曾是祭祀祖先的重要节日。很多地方的人们把新年称作"祖先正月",把新年时祭祀的神灵即"正月神"称作祖先神。[①] 过新年时,人们向神灵献上贡品,并举行多种多样的活动,目的都是为了祭祀祖先。

与新年相比,盂兰盆节与祖先信仰的关系更加紧密,甚至被日本人认为是专门祭祀祖先的节日。日本的盂兰盆节受中国佛教、道教、儒学的影响较大,是多种文化形态融合后的结果。盂兰盆一词源自佛教的《盂兰盆经》,寺院举行的盂兰盆会、施恶鬼会等活动也与该经中的故事有关。经中记载,尊者目连的母亲生前家中富足但贪婪吝啬、少有善行,所以死后坠入饿鬼道。目连见母亲受苦后心中难忍,想救母亲脱离饿鬼道。经佛陀指点后,目连于7月15日设盂兰盆会,供养十方众僧,以大功德救母亲解脱了恶鬼道之苦。由于该故事明显带有赞扬孝道的色彩,学术界曾一度认为《盂兰盆经》是基于中国的孝道思想而编写的伪经,并非印度的佛教经典。不管该经真伪如何,可以肯定的是,中国儒学中的孝道观念培养了中国人敬老爱老的美德,推动了中国人祭祀祖先传统的形成,也使中国的七月半节日很早就具有了祭祀祖先的内容。

在中国文化的影响下,日本至迟在镰仓时代就有了盂兰盆节的相关记载。到了江户时代,盂兰盆节已经成为民间十分重视的祖先祭祀的日子。盂兰盆节通常持续数日,日期从7月13日到7月16日。其中,7月

[①] 柳田国男:『柳田国男全集13』,筑摩书房1997年,第65—67頁。

13日往往被认为是迎接祖先神灵的日子，是盂兰盆节的开始。这一天，有的地方在墓地、十字路口、家门口点起"迎神火"，意味着让祖先看着"迎神火"回家；有的地方则用竹叶做成小船，上面放上大米、红豆等农作物，意思是请祖先乘着船回家。祖先回家以后，人们供奉米饭、年糕、面条等食物，请祖先享用。同时，人们依托当地的寺院举行祭祀活动，架起"精灵棚"，跳起盂兰盆舞，和祖先共享幸福和快乐。[1] 7月16日是盂兰盆节的最后一天，称作"送盆"。"早上人们收拾盂兰盆棚，临海或距河流较近的地方一般是把供奉给祖先的供品连同茄子或黄瓜作的牛马放在小船上，令其随水冲，人们相信这样供品会和祖先的神灵一起去往异界。"[2] 傍晚，各家点起送神火，欢送祖先。盂兰盆节前后，很多商家会给"奉公人"一定的假期，允许他们回乡祭祖。有分家的商家里，分家掌柜还会在盂兰盆节期间带着粮食、蔬菜、水果等去主家探望，并去祭祀主家的祖先。

"二战"后，随着工业化的发展和城市化的推进，大量日本人离开农村，成为现代企业的员工。传统的商铺也逐渐转变为具有规范管理制度以及严格聘用规则的现代企业，不再以家的名义强调主家和分家之分。随之，日本传统的家逐渐演变成为由父母和子女组成的规模较小的核心家庭，家意识也从对家长权威和家业传承的强调转为对家庭成员平等地位以及个体权力的重视。然而，在日本社会结构发生巨大变化的"二战"后，以家为基础的祖先信仰却保留了下来。在当代日本，很多公司仍会在7月或8月安排一周左右的盂兰盆节假期。在休闲娱乐多元化、传统意识逐渐淡化的今天，很多公司职员仍然把盂兰盆节假期视作回家探亲和祭祖的日子。

三 氏族氏神与祖先神的重合与偏离

氏族氏神和祖先作为氏族共同体和家共同体的祭祀神灵，具有各自

---

[1] 关于跳盂兰盆舞的目的，各地说法有所不同。有的认为是庆祝祖先归来，有的认为是祖先和子孙共享欢乐，有的则认为是欢送"疫神"。

[2] 王猛：《从盂兰盆节看日本人的祖先信仰》，《贵州民族学院学报》2008年第1期，第25页。

的适用范畴。然而，在历史的发展中，有些词语往往会被赋予多种不同的含义和寓意，在不同的历史时期、不同的场合中呈现出多种意思，反映出使用者不同的意象和思想观念。氏神和祖先在不同的历史阶段和地区也有多种解释，并引起过学术界对于二者是否是同一神的争论。柳田国男就曾指出，"一门氏神"即氏族氏神就是氏族成员共同的祖先，是日本最为古老的氏神的原型。他在探讨祖先信仰的意义时，写道："不谈及祖先，就无法解释神道，因为神道就是氏神的传统"①，指出了氏神与祖先的同一性，明确了氏神对于神道的意义。

的确，有的氏族氏神就是氏族的祖先，前面提及的日本律令制时期官员回乡时祭祀的氏神就是其祖先神。然而，有的氏族既有氏族神，也有祖先神，氏族神和祖先神并非同一神灵。例如，中臣氏的氏族氏神是武瓮槌命、经津主神，而祖先神是天儿屋根命。武瓮槌命即前文提到的雷神，被祭祀于鹿岛神社。经津主神在《日本书纪》中是磐筒男神、磐筒女神二神的后代，被祭祀于相取神社。而天儿屋根命在神话中是协助天孙迩迩艺命的神灵，被祭祀于枚冈神社。从时间顺序来看，据说祭祀武瓮槌命的鹿岛神社、祭祀经津主神的香取神社建成于神武天皇时期，即在奈良时代以前就被中臣氏奉为氏神神社②。而祭祀天儿屋命的枚冈神社虽然也有传说起源于神武天皇时期，但藤原氏（中臣氏之后的名称）确切的祭祀活动开始于平安时代，因此中臣氏的氏神祭祀要早于祖先祭祀。但是，平安时代以后，藤原氏把鹿岛神社的武瓮槌命、香取神社的经津主神、枚冈神社的和比卖神都当作了氏神神社，说明中臣氏的氏神在平安时代增添了祖先神的含义。

但是，并非所有氏族的氏族神和祖先神的变迁情况都与中臣氏相同。从人类历史发展的轨迹来看，先有祖先神后有氏族神的情况同样具有合理性。那是因为在基于血缘关系建立的原始共同体阶段，很多人更加重视血缘关系，往往把已故的血亲视为神灵。然而，在以氏姓为纽带确立

---

① 柳田国男、中野重治：『柳田国男対談集』，筑摩書房1947年，第146頁。
② 据推测，神社的出现时间应该在佛教传入日本以后，所以神武天皇时期存在鹿岛神社、香取神社的说法并不符合历史事实。不过，当时已经有了相对固定的祭祀场所和简单的祭祀设施，文中的氏神社可能指的是早期的祭祀设施。

社会关系的古代日本,"氏"虽然保留了原始氏族在血缘、地缘等方面的特征,但"是否拥有相同的祖先和共同的血缘,并不是氏得以存在的根本,它不过是利用同族关系的意识而结合在一起的政治集团"①。在这样的政治集团中,氏神成为维护氏族内部团结、体现氏族共同利益的重要方式,其保护神的含义得到突显。到了近世,随着氏族社会的逐渐解体,村落社会的组织方式和运行模式日益完善,日本人的家意识也随之增强。而近世的家是依靠真实血缘以及模拟血缘而组成的共同体,是成员、家产、家名等的总称。有些家虽然也有一定规模,如很多商家有本家和分家之分,但家的人员数量远不及古代氏族,人员组成也不再是基于地缘关系。相应地,日本人的氏神认识和祭祀活动也就与古代氏族社会时期有了很大不同。此时,很多人把祖先称作家氏神,把祖先祭祀当作维系家的重要纽带。这样,氏神一词就不再仅仅指代氏族神,还可以用来指代祖先。从氏族氏神到家氏神的变化,既反映了日本人信仰的变迁,也反映了日本社会结构从氏族共同体向家共同体逐渐变化的历史。

如此看来,氏神与祖先神之间存在一定的差异和复杂性,不完全符合柳田国男所提出的对等性观点。实际上,柳田国男是想将日本的氏神全部归结于祖先信仰,并使用"祖先一元论"来整合日本人的信仰,使分散、凌乱的民间信仰在整体上得以体系化。因此,柳田国男的祖先观念和氏神观念带有明显的目的性,其相关论述也带有一定的主观性。但是,他对日本人祖先的深入分析在理解日本人家族关系、家的传承方面给予了重要启示,为研究日本社会的运行模式、日本文化的形成和演变提供了重要参考。例如,他认为日本人对祖先的解释一般有两种情况,一种是家的最早先人,另一种是"如果我(我们)家不祭祀的话,那么就没有其他人祭祀的灵魂"②。但是,他认为多数情况下祖先指代后者,即最早开创家业,并塑造出家的形态的人,而不是血缘上的最早先人。这样说来,祖先相对而言比较具体,甚至通过努力就可以达到,所以才会有人在生前就表达死后要成为祖先的愿望。在强调长子继承的古代,那些没有继承权,被迫寻找谋生手段的二子、三子就可能创造出新的家

---

① 李卓:《"儒学国家"日本的实像》,北京大学出版社2013年版,第13页。
② 柳田国男:『柳田国男全集13』,筑摩書房1997年,第14頁。

业，从而成为新的家的祖先。例如，有的孩子成年后跟随手工业者学习手艺，有的进入商家学习做买卖，有的则成为武士的养子等等。这些人都有可能成就一番家业，进而成为新家的祖先。而古代家长也并非会忽视那些没有继承家业资格的孩子，如很多农民将家业传给长子以后，会帮助其他儿子开垦荒地，协助他们建设新的家。这样，原本隐退的家长也就可能成为二子、三子家的祖先。

但是，祖先并不仅仅指家业的创始人，还包括自家业创始人起已经逝去的世代祖辈灵魂。也就是说，多数情况下，日本人的祖先是一个集合了多个灵魂的抽象观念，而不是指代某个具体的人物。在传统的日本文化中，刚刚死去的人的灵魂往往被认为是污浊的，处于漂移的状态，需要经过子孙的祭祀才能逐步得到净化，最终摆脱漂浮不定的状态。而祭祀时间的长度各地有所不同，有的地方是33年，有的地方则需要50年。在最后一年的祭祀即所谓的"终年忌"以后，子孙们会推倒墓碑，或将墓碑扔进河里，或把墓碑上的名字抹去。家里也不再设有祭祀死者的佛龛，标志着逝者已经不再具有被现世人所记忆的姓名，失去了现世的特征，成为能够给子孙带来幸福的祖先神。因此，在很多日本人心目中，祖先神往往不是单个神、唯一神，也不是多个祖辈灵魂的群体，而是历代祖先的神灵融合在一起而形成的抽象的、模糊的神灵。

总之，祖先信仰与氏神信仰都是日本人追溯群体以及自我根源的表现，均表达了人们希望通过某个载体达到人与人之间横向与纵向连接的心情。从这一点来看，祖先和氏神具有相似甚至重合的特性，把祖先神等同于氏神的认识也就不足为怪。然而，社会结构的变化会促使人际关系以及群体意识发生变化。当群体意识发生变化时，人们所追溯的群体的"根源神"自然也就会发生变化。因此，氏神和祖先在不同的历史阶段以及不同的地区有所乖离也是理所当然的结果。

第二节 村落共同体的集体意识及村氏神祭祀

进入农耕社会以后，村落共同体一直是日本的基本社会单位。村民们生活在较为固定、封闭的环境中，共同劳作，共同面对自然灾害和其他挑战。在这样的社会背景下，村庄中形成了一种紧密的互助关系和集体意识。在这样的共同体中，祭祀村氏神扮演着重要的角色。村民们相信村氏神是保护村庄和守护村民的神灵，是与他们共同生活、共同劳作的伙伴和守护者。每年举行的祭祀活动是村民们展示对神灵的敬意和感激之情的时刻，也是表达团结与凝聚力的重要方式。

一 村落共同体的自治性塑造村氏神

村氏神指的是基于地缘关系而形成的相对封闭的村庄共同祭祀的守护神，也可以指代祭祀该保护神的神社。据调查，在近代法律上称为村社的神社中，大约有一半被村民称作村氏神，另外一半也大多是守护村庄的神社，从某种意义上也是村氏神。因此，比起氏族氏神、镇守氏神[①]而言，村氏神更贴近现代日本人的生活，更能体现日本传统文化在现代的传承。通过分析村氏神祭祀的组织和过程，可以窥探日本村落社会的历史发展过程、运营方式以及其中的人际关系。

村氏神大约出现在中世惣村形成之后，是在古代氏族共同体逐渐变形、解体的情势下逐渐被塑造出来的。具体而言，进入农耕社会以后，日本人开始了定居生活，个人的出生、结婚、生子、死亡等人生大事以及关系到生存的水稻播种、收割等农业生产过程也大多在同一区域进行。日本人对于他们世代生活的土地抱有特殊的感情，对于能够保护农业丰收、祖孙繁荣的守护神寄托了极强的愿望。但是，由于氏族是当时社会的基本社会结构，是体现地缘和血缘关系的重要载体，这种感情和愿望在很长一段时间里就主要寄托在了氏族氏神身上。

进入中世以后，庄园的大量出现使氏族聚集地逐渐分散成为以庄园为中心的多个村落。当时，农业生产相对落后，而朝廷和庄园的租税又相对较重。很多农民为躲避租税而逃亡，导致农村人员流动性较大。当时的农村相对开放，尚没有明显的封闭性和聚居性，所以在农忙时豪族和庄园主会雇用许多外来的农民。南北朝时期的动乱则进一步促进了地

---

① 很多日本人把镇守氏神和村氏神作为同一概念来使用，把"村氏社"也称作"镇守"。但是，"镇守"的侧重点在于守护建筑物、土地，而"氏神"的侧重点在于守护某个固定的群体，二者的本来含义有很大区别。只是，在不同的历史阶段、不同地域的民间信仰中，有时趋于重合，有时各有指向。

域之间以及公家、武家、农民等阶层之间的交流，推动了人员、物资、信息方面的融合，推进了以安定居住和自给自足为主要特征的、相对成熟的惣村的出现。这样，室町时代的农村逐渐成为村民共同经营农业、共同完成农村事务的自治共同体，农业经营者依靠外来农民的情况也就越来越少。随着战国时代军队编制方式的改变，各地的统治者对氏族组织的需求也变得没有那么强烈。之前，氏族既是社会组织，也是政治组织，如有的氏族负责祭祀，有的氏族负责制造弓箭，有的氏族负责守卫。但是，在重视强权和实力的战国时代，头衔和荣誉变得没有那么重要。那些渴望在争斗中取胜的领导者往往会挑选在各个领域中拥有真正实力的人，而不是依靠具有传承特点的氏族长。这样，以氏族为单位进行统治的必要性就逐渐变小，维护氏族长权威的重要性逐渐弱化，氏族社会也就逐渐走向解体。

在战国时代，惣村的自治性已经很强，村民对于外来人员高度警惕，对于违背惣村利益、违反惣村规则的人进行驱逐。他们将那些给惣村带来灾害、危险的东西称作"秽"，包括死秽、产秽、血秽等等。为了隔离外界的"秽"，确保惣村的井然秩序和村民的安定生活，村民往往会在村子的边界处拴上"注连绳"，并在村社举行氏神祭祀。因为村庄是村氏神保护下的圣与俗的地方，与充满污秽和危险的外界不同，所以很多村庄在村头建有祠堂或塔碑，祭祀道祖神、山神等。而死亡在神道思想中多被定义为污秽之事，所以很多地方会把死者墓地安置在村外，而在村里建一个专门用于供养、祭祀的墓碑。这样，各地就出现了安放遗体的墓碑和祭祀死者的墓碑同时存在的情况，即学术界所说的"两墓制"。

到了江户时代，人们的氏族观念进一步弱化，祭祀氏族氏神的情况随之越来越少。这与江户时代日本人的婚姻习俗以及征税制度有一定关系。在江户时代以前，日本人结婚后，新家一般先设在女方家里，丈夫必须到妻子娘家后才能见到妻子。如果丈夫和妻子所在村庄距离较远的话，丈夫移动起来就会很不方便，照顾本家和新家也有较多困难。相反，如果住在同一村庄的话，就避免了较远距离造成的麻烦。在这样的背景下，江户时代出现了很多来自不同氏族的村民共同居住在同一村庄的情况。既然人们来自不同地方，隶属于不同氏族，那么最初就不可能信仰同一氏族氏神，也不可能采用相同的祭祀方式。然而，在需要用共同神灵来加强地域共同体连带感的时代，如果没有共同祭祀的神灵，既不利于村庄的内部团结，也不利于抵御外来灾害。为了解决这个问题，村民们选择了某个特定神灵作为共同祭祀对象，从而形成了村氏神。

政治方面，江户时代的"村请制"进一步加强了村民之间的连带关系，促进了村氏神祭祀的繁盛。与中世向庄园领主征收地租的模式——"地下请"不同，江户时代实行以村庄为单位征收地租的"村请制"。"村请制"下的各村地租不以人头计算，而是以村庄整体的土地数量计量。因此，当村里有人交不起租税时，其他人就要为其缴纳。这种征税方式下，村民就更加需要协同合作，共同应对自然灾害以及官吏的压榨剥削。这就进一步增强了村庄的封闭性和村民的连带感，使村氏神祭祀更加受到村民重视。《德川禁令考》第四十四章"神社及祢宜神主法度"记载，天保元年（1831）名为庄村的村里有人申请不再作为庄村八幡社的氏子，而要成为自己居住村庄的八幡社的氏子。这反映了"村请制"下的村庄作为江户时代的基本社会组织已经备受村民重视，村氏神作为村庄的守护神受到村民的尊敬和推崇。

如此，当古老的氏族裂变为相对独立的家庭时，村民们就更加渴望在生产生活以及信仰层面的紧密关系，以增强彼此之间的和睦程度以及村落的规范性。柳田国男在分析氏族氏神向村氏神转变时曾指出，村落社会形成的初期，各个氏族仍然以氏族为单位祭祀各自的氏神，氏神祭祀活动较为分散、独立。[1] 但是，各个氏族祭祀的时间大致相同，要么在播种的季节，要么在丰收的季节。祭祀的地点也大同小异，要么在河边，要么在山口，要么在田地。在大致时间、大致地点举行祭祀的过程中，人们逐渐萌生了共同祭祀的愿望。毕竟规模宏大的共同祭祀更能让人们感受祭祀的庄严与乐趣，体会对神的敬畏与感激。祭祀场所方面，一般氏族并没有祭祀氏神的神社，只能在户外举行。与户外相比，在神社内举行祭祀自然更加庄严，也更具有仪式感，所以人们就希望建设神社或依托某个大的氏族神社进行祭祀。而祭祀的主持者方面，随着神道理论的发展，沐浴、斋戒等礼仪变得越来越烦琐，礼节和教理也越来越复杂。由于早期氏族共同体的祭祀活动由氏族长负责，而不是专职的神职人员，

---

[1] 柳田国男：『柳田国男全集 14』，筑摩書房 1990 年，第 538—549 頁。

他们很难把握日益烦琐且逐渐规范的祭祀活动,无法满足人们对专业祭祀的要求。这也促使了共同祭祀村氏神的出现和发展,推动了祭祀人员、祭祀方式、祭祀过程向更加有组织和专业化的方向发展。

到了明治时期,在神佛分离政策的总体规划下,政府于1871年公布了"大小神社氏子取调规则",要求全部国民都成为乡社①的氏子,试图用氏子制度取代江户时代的寺请制度。根据这项规则,每个村庄的乡社都必须确保所有村民成为氏子,即乡社的成员。这意味着每个村民都被要求参与神社的活动和祭祀仪式,并按规定缴纳捐款。虽然这一政策实行不久后就被取消,但其影响却一直持续到了后世。随着神道成为国家的意识形态,政府陆续发布了关于神道的行政命令,规定了神社的组织结构、祭祀仪式的举行方式以及村民对神社的义务和责任。这些措施加强了村民与村氏社的关系,同时推动了神道信仰的普及与强化。

总之,村氏神的出现是日本古代氏族解体、地缘社会形成的表现,是政治、经济等因素共同作用下的结果。本来,各氏族有各自的氏族神,祭祀活动由各氏族单独举行。但是,随着村落社会的形成,分散的、独立的氏族祭祀逐渐合流,指向了村民的共同愿望,即祈祷所在村落的安全和繁荣。这样,氏神脱离了最初的氏族载体,从氏族氏神逐渐演变成村民共同祭祀的村氏神。

二 对村落具有重要意义的"灵验之神"被尊为村氏神

尽管村氏神是在氏族共同体逐渐解体的前提下,由氏族氏神逐渐发展而来,但村氏神并非早期聚集在一起的村民的氏族氏神组成的合体,而是由被公认为是对于守护村庄具有重要意义的神灵来充当。其中,一种情况是村庄里某个知名氏族的氏族氏神直接被奉为村氏神,而其他氏族的氏神成为家氏神,共同支撑村氏神。② 例如,三轮氏曾是古代实力雄厚的氏族,其氏族氏神——大国主神也广为人知,所以在有三轮氏的后

---

① 明治时期以前,日本社会已经确立了"一村一社体制",即每个村庄都有村民共同祭祀的村氏社。明治政府继承了这一体制,并在一定户籍数量的区域内设立乡社。乡社在社格上高于村社,村社附属于乡社,但村社的氏子仍然保持原来的身份。
② 柳田国男:『柳田国男全集27』,筑摩書房1977年,第384頁。

裔居住的村庄里，人们就会将大国主神奉为村社的祭祀神。

第二种情况是通过"劝请"的方式，使知名的神灵成为村氏神。因为近世新建村庄的村民大多来自不同地方，人们祭祀的神灵不尽相同，所以很多村庄就选择将"劝请"来的神灵作为村氏神。而"劝请"较多的神灵一般是当时具有较大影响力的神灵，如天照大神、丰受大神、八幡神、日吉神、稻荷神、熊野神等等。即使到了"二战"后，仍有一些村庄通过"劝请"的方式选定村社的祭祀神。例如，位于秋田县的大潟村大潟神社于1964年新建，其祭祀的天照大神、丰受大神、八郎太郎神就是通过"劝请"方式确定的。之所以选择这三尊神，据说是因为天照大神是日本的祖神，丰受大神是保佑五谷丰登的农耕神，而八郎太郎神是八郎潟①的守护神。

近世以后，随着"劝请"神灵的情况越来越多，镇守神和村氏神、镇守神社和村氏社相混淆的情况也逐渐增多。有些村庄将"劝请"来的镇守神安置在村社里，并称为"镇守"。还有一些村庄直接将中世庄园的镇守神社视作村氏社，把镇守神当作村氏神。例如，和歌山县的隅田八幡宫在平安时代和镰仓时代是隅田庄园的镇守神社，但到了江户时代却变成了附近村庄的村氏社。② 隅田庄园出现在平安时代末期，由隅田氏（藤原氏是其前身）管理。庄园的镇守神社称作隅田八幡宫，是隅田氏"劝请"石清水八幡宫的神灵而建立。当时，隅田氏担任神宫的"俗别当"，是神宫的实际操控者。同时，隅田氏还将隅田神宫视作氏族神神社，并定期进行参拜。然而，随着庄园的逐渐解体以及隅田氏的日益衰落，到了近世以后，隅田八幡宫不再是庄园的镇守神社，也不再是隅田氏的氏族神神社，而是转变为附近村民的村氏社。直到现在，隅田八幡宫作为附近十多个村的村社，每年都会定期举行村民们共同参与的大型祭祀活动。

"镇守"原本指守护某个建筑物或某块土地的守护神，据说起源于中国古代的"伽蓝神"信仰。狭义的"伽蓝神"指寺院的守护神，而广义的"伽蓝神"则指守护佛法的神灵。在"神佛习合"的过程中，日本接

---

① 八郎潟是位于秋田县的一个湖泊，大潟村就建设在该湖泊干涸后露出的陆地上。
② 新谷尚紀：『氏神さまと鎮守さま　神社の民俗史』，講談社2018年，第69—99頁。

受了中国的"伽蓝神"习俗。到了平安时代，一些寺院已经设立了守护佛法的神祇。例如，传说空海在高野山创建真言密教的总寺院金刚峰寺时，丹生都比卖神向寺院进献了"神领"，因此空海就将丹生都比卖神作为寺院的守护神进行祭祀。但是，丹生都比卖神并非是在金刚峰寺建设时才出现的神灵，而是早在佛教传入日本之前，就已经成为高野山一带民众心目中的守护神。当时，人们相信高野山上有山神驻守，并定期去往高野山附近进行祭拜。据说，现在丹生都比卖神社所在的位置即高野山的入口附近，就是古代日本人祭拜高野山山神的位置所在。如此分析来看，当时的人们可能是将丹生都比卖神视为山神，认为其是守护高野山的神灵。而空海正是利用了民间信仰中丹生都比卖神的这一形象，在创建日本的真言宗时把该神纳入自己的佛教理论中。然而，当时日本人对于守护地域之神的认识并没有那么显化，相关的祭祀活动也尚未规范化。之后，随着镇守神观念的兴起，皇族、政治家、庄园领主、农民都纷纷祭祀镇守神，以祈祷国家、庄园、宅地的安全。尽管祭祀镇守神主要是为了祈祷地域安全，与祭祀村氏神的目的有很大不同，但农业社会下的地域性也代表着共同体性特征，保护地域的安全也意味着守护当地民众的利益。在民间信仰多元且多变的时代，有些人就将"镇守"与村氏神等同起来了。

此外，有些村庄还将那些为村庄做出较大贡献的人祭祀为村氏神。例如，位于八郎潟南部的渡部村就是把渡部斧松祭祀为村氏神，把祭祀该神的神社称作渡部神社。[①] 据说，江户时代该村水源缺乏，荒地较多，渡部斧松带领村民疏通河道、建设堤坝，最终成功将荒地改造成为水田。同时，他还制定了多项村规，创立了"相互扶持、简朴节约、遵守法规"的村约，使渡部村成为村民更加团结、民风更加淳朴的村庄。渡部斧松去世后，村民们把他祭祀于该村的渡部神社。而渡部神社最初名为今木神社，祭祀佛教的不动明王。不动明王是密教八大明王的首座，被真言宗、天台宗、禅宗、日莲宗的信徒广泛信仰，最初与神道并无直接关系。但是，经过长时间"神佛习合"后，不动明王逐渐被包括今木神社的很

[①] 保坂泰彦:「地域神社の祭神と集落の結集についての試論——秋田県男鹿市渡部神社を事例として——」,『常民文化』(40), 2017年, 第117—119頁。

多神社所祭祀。而当明治政府下达神佛分离的政策以后，神社中的佛教要素被去除，今木神社改名为渡部神社，祭祀神也随之变成了岩户别命和渡部斧松翁命。

总之，伴随着江户时代"劝请"风潮的兴起以及"人神"信仰的普及，村氏神有了多种形态。有的是古代某个影响较大的氏族氏神被"劝请"为村氏神，有的是与氏神没有关联的神灵被"劝请"为村氏神，还有的是死去的人被奉为村氏神。可能是因为村氏神与氏族氏神在本质上都是人们的保护神，在神观念方面具有一定的相似性，所以日本人才会把二者都称作氏神。

三　强调集体性的村氏神祭祀组织和祭祀活动

由于村氏神是村民共同信奉的神灵，是统合村民意识、促进村民团结的重要手段，村庄通常设置有专门祭祀村氏神的组织，并制定有祭祀的相关流程。首先，从祭祀制度来看，大部分村庄都有关于村氏神祭祀的相关规定，如"当屋""头屋""头人""统前"等。"当屋"指村氏神祭祀的执行人、负责人，包括祭祀前的准备、祭祀过程的操办、祭祀后的处理等。很多村庄实行村民轮流担任"当屋"制度，目的是让氏子家都有参与村社祭祀、村社管理的机会。"当屋"的职责重大，任务较多。如奈良县大柳生村的"当屋"既要负责照顾春日明神的"分身"[1]，又要在祭祀中亲自扮演春日明神。照顾春日明神"分身"时，"当屋"需要在自家屋里扯上稻草绳，在屋顶上吊上用青竹制作的神龛，作为该神一年的住所。神社举行祭祀时，"当屋"还要穿上正式和服、白色袜子，戴上"鸟帽子"，口含神木之叶，手提灯笼和酒壶前往山口的神社祭祀。

由于"当屋"身份特殊、责任重大，只有在满足相应的条件并参加庄严的仪式后才能成为"当屋"。以滋贺县的九村之岛上的村庄为例，当某家的长子14岁时，村庄会为其举行"村附"仪式，之后长老把村社本殿的钥匙交给该长子，让他负责一年的祭祀活动并管理村庄的氏神社。

---

[1]　春日明神是春日大社的祭祀神灵，其他地方的春日神社多是"劝请"春日大社的春日明神后建设的，所以各地的春日神社中的春日明神称"分神"。

当该男孩长到15岁时，长老让他担任苗村神社①五月节祭祀的"当屋"，并在16岁时担任苗村神社四月祭时的"当屋"。与九村之岛的村庄的做法相似，滋贺县的桥本村也在氏子家的长子14岁时举行"村附"仪式。随后，长老会将男孩的姓名记录在"宫座"的户籍簿，并让他负责一年村氏神祭祀的相关事务。奈良县大柳生村是在氏子家的长子15岁时在山口的神社举行"座入"仪式，并将其名字登入《宫座芳名录》。其中，"村附""座入"在江户时代既是选定"当屋"的仪式，也是成人式的一种形式，说明男子只有成人后才能获得祭祀村氏神的氏子资格。

但是，一般村庄的"当屋"并不是村氏神祭祀的最高管理者，而是"宫座"或"长老众"等组织管理下的执行人。"宫座"和"长老众"的成员通常不是专职的神职人员，而是村民组成的祭祀组织。这种组织一般按照年龄确定顺序，有一老、二老、三老等位次之分，称作"座顺"。例如，奈良县阪村的一老、二老、三老就是按照年龄大小排在前三位的长者，祭祀时坐在上座，而三老以下的长者按照年龄顺序依次入座。奈良县大柳生村的"座顺"一般也是按照年龄大小确定，同龄的氏子则按照父亲的"座顺"决定。"座顺"中最年长的长老称作一老，其次是二老、三老，以此类推。其中，前八名长老组成"八人众"，前二十名长老组成"二十人众"。当"长老众"中有长老去世时，后面的人才有机会进入长老行列。也就是说，虽然氏子在经过一定仪式后获得了成为长老的资格，但具体何时成为真正的长老却并不可知。在九村之岛的村庄里，男子在完成苗村神社四月祭"当屋"的任务后，可获得长老资格。弓削村的规定是男子在60岁左右担任一年的"年行司"，然后按照年龄顺序依次进入长老行列。阪村的规定是，男子在45岁时成为初老，50岁时成为中老，60岁时成为老中。在60岁到62岁的三年期间，还要见习"宫座"的事务，即在长老的支配下做与祭祀相关的工作，之后才可获得升入长老的资格。

"宫座""长老众"是真正管理、操控祭祀的村落组织，其成员不仅

---

① 苗村神社在日本中世是滋贺县某庄园的镇守神社，庄园解体后成为附近多个村即"九村三十余乡"的村氏社。因为"九村三十余乡"由多个村庄组成，所以各个村庄的村民既是各自村氏社的氏子，又是苗村神社的氏子。可以说，苗村神社是"九村三十余乡"的总氏神。

在祭祀活动中掌握较大的权力，而且被赋予很多象征意义。其中，一老通常被认为是最为关键，最能接近村氏神的长老。因此，很多地方的一老是"宫座""长老众"的最高管理人，负责任命"当屋"、记录氏子簿、宣布祝词、奉纳玉串等等。虽然有些村庄的"当屋"被赋予照顾村氏神的职责或荣誉，但其只不过是代行一老的使命而已。如弓削村在为15岁的氏子举行完"村附"仪式后，需要由最年长的长老将该男孩姓名记入"座下账"中。

此外，作为"长老众"的成员，所有长老都有各自的任务和职责，需要在固定的日子完成特定的仪式。例如，桥本村将每月的1日和16日定为长老的工作日。工作日时，长老们穿上带有家徽的和服聚集到左右神社，举行月祭仪式。弓削村的八名长老则要在1月29日时制作花瓣饼，并将花瓣饼以及柳树枝制作的守护符置于阿弥陀堂进行祈祷，然后赠送给村里前一年出生的孩子。再如，以苗村神社为村氏社的三十余乡的情况是，有新生儿出生的家庭先把称作"污秽之米"的大米送到长老那里，由"年行司"将大米捣制成年糕坯子，然后由长老进一步拉伸制作，并将年糕供奉于阿弥陀堂进行祈祷，之后送给新生儿。大柳生村的"八人众"的成员则主要负责修理立磐神社后身的巨石上的树木，并定期对六百卷《般若经》进行清扫和驱虫。其他人中，"二十人众"负责1月6日的御田祭、10月17日的宵宫例祭、10月18日的本宫例祭、10月20日的九头神祭、12月1日的佐比祭。排序为第21位和第22位的氏子担任"警固"，负责安全、防护等。而从第23位开始，有座次的年轻人8人一组组成"入众"，负责给神灵表演艺能等等。

如此，近世日本村落中自发形成的以年龄为基准的长老制度影响了村氏神祭祀，使村氏神祭祀成为秩序相对规范、管理相对完善的民俗活动。[1] 重视年龄顺序的日本人不仅以长幼尊卑确定祭祀组织的上下关系，而且把年龄代表的生命力之传承的寓意融入了村氏神的祭祀活动。无论

---

[1] 从日本全国的祭祀情况来看，近畿地区的村庄设置"宫座"和"长老众"的较多，其他地方相对较少。在不设置"宫座"和"长老众"等组织的村庄里，通常会有常驻的神职人员或世袭的祭祀神主来指导祭祀活动。不过，氏子们仍然要参与祭祀的相关事务，而这些事务的负责人多采用轮流担任的方式。从这个意义上而言，村氏神的祭祀都是在一定的组织下进行，并由固定的人员负责组织和推进。

是长老为新生儿制作、祈祷年糕，还是长老为氏子举行"村附"仪式，都透露出传统文化下的日本人持有的"年龄＝生命力"的生命观。据说，福井县白木村在把新生儿的名字写入"御神事账"时，会把新生儿的名字写在最年长者的前面，使"御神事账"上的祭祀人员形成一个年龄互相连接的环状，象征着祭祀人员在时间上从未中断过。所以，有的日本学者认为"年龄大意味着生命力强大"的认识是以守护村民生命为第一要务的村氏神信仰的核心，是氏神祭祀的根本。[1]

---

[1] 新谷尚紀：『氏神さまと鎮守さま　神社の民俗史』，講談社 2018 年，第 125 頁。

第 五 章

神道与日本人的"死后"观

第一节 "含冤之人"死后被祭祀为神

人死后成为神而被人们所信仰的情况是宗教研究中非常重要的内容，也是日本神道研究中不可回避的问题。在日本历史中，存在许多怨灵作祟的传说。为了平息怨灵的怨恨，朝廷和民间曾频繁举行祭祀活动，并修建陵墓和神社来供奉其灵魂，以祈求自身的平安。而随着历史的演变，许多怨灵失去了原本恐怖、凶狠的一面，成为人们心目中的保护神。如此，通过剖析怨灵传说以及相关的祭祀活动，可以窥探日本人对灵魂和死亡的思考，也可以分析信仰和宗教在塑造日本文化时所起的作用。

一 对"含冤之人"灵魂作祟的假想与怨灵祭祀

怨灵指人死后对生前的遭遇怀有怨气，以作祟的方式给人们带来灾难的灵体。怨灵信仰则是指为了平息怨灵之怨气，避免怨灵作祟，而对怨灵进行祭祀的行为以及尊崇怨灵的心理。日本历史上曾有很多人死后被认定为怨灵，如井上内亲王、早良亲王、菅原道真、平将门、崇德天皇、安德天皇等。

井上内亲王是光仁天皇的皇后，因诅咒光仁天皇而遭受罪责。获罪后，井上内亲王被废除皇后之位，儿子他户亲王也被废除了皇太子之位。之后，井上内亲王又因涉嫌诅咒天皇的姐姐难波内亲王而被剥夺了皇族身份，并与他户亲王一起被幽闭于宇智郡。最终，二人在幽闭过程中被藤原百川毒害而亡①。与此同时，因母亲出身低微而本无继承皇位可能性的山部皇子被立为太子，并最终继承皇位，成为桓武天皇。井上内亲王和他户亲王死后不久，各地频繁发生洪水、地震、台风等自然灾害，灾民数量不断增加。于是，朝廷内外传言这些灾害是井上内亲王的怨灵所致，需要人们祭祀才能平息。在此情势下，以光仁天皇首先为井上内亲王修建了陵墓，称为"御陵"。之后，又恢复了她的皇后名誉，并修建灵安寺祭奠其亡灵。桓武天皇即位后，也多次对井上内亲王进行祭祀。实际上，桓武天皇并没有迫害过井上内亲王和他户亲王，与二人的死没有直接关联。但是，桓武天皇深知二人之死是自己登基的重要条件，意识到自己是二人之死的受益者。因此，桓武天皇登基后就担心井上内亲王和他户亲王的怨灵会危及自己，便积极组织对他们的祭祀活动。

如果说井上内亲王的怨灵是桓武天皇的拥护者为了让桓武天皇登基而杀害皇族所产生的话，那么早良亲王的怨灵就可以说是桓武天皇即位后为排除异己而杀害同胞兄弟后出现的。早良亲王是桓武天皇的亲弟弟，在桓武天皇即位时就被立为皇太子。但是，后来在藤原种继被暗杀的事件中，早良亲王成为被牵连的对象。事发后，早良亲王先是被废除了太子之位，之后在流放途中绝食而死。早良亲王死后不久，桓武天皇的妻子、母亲相继去世，其他皇族也有不少突然死亡的。同时，各地频发干旱、洪水、疫病等灾难，导致无数人丧生。桓武天皇请阴阳师占卜缘由后，得知是早良亲王的怨灵在作祟。于是，追封早良亲王为崇道天皇，为其修建坟墓，并命令各地的国分寺诵读《金刚般若经》，祈祷崇道天皇的冥福。此后，早良亲王的神灵被祭祀于上出云寺的镇守神社，即后世的上御灵神社。

上御灵神社作为祭祀怨灵的神社，祭祀过平安时代的多个怨灵。早期的主祭神有崇道天皇（早良亲王）、伊予亲王、藤原大夫人（藤原吉子）、橘大夫（橘逸势）、观察使（藤原仲成）、文屋宫田磨等。后来，井上内亲王、他户亲王取代了伊予亲王、观察使，成为上御灵神社的主祭神。之所以出现这样的变化，据说主要是因为《太平记》《愚管抄》等文学作品的影响。换言之，这些作品大力描写了井上内亲王、他户亲王

---

① 无法考证真实死因，也有说法是二人自杀。

的历史以及其怨灵作祟的故事，使人们对怨灵的认识发生了一定的变化。

与井上内亲王、早良亲王相比，菅原道真的怨灵故事影响更为深远。菅原道真是平安中期著名的文人、贵族，出身于名门望族的土师氏。他深得宇多天皇、醍醐天皇的信任，曾被任命为右大臣，以对抗当时拥有强大权势的藤原氏家族。而藤原氏深感来自菅原道真的威胁，多次谋划对付菅原道真。901 年，菅原道真被诬告篡夺皇位而被贬至大宰府，子女也被处以流刑。903 年，菅原道真在大宰府病逝。不久之后，朝廷内外爆发了大规模的疫病，同时出现了日食和大彗星同时出现在天空的奇异天象。于是，有关菅原道真怨灵作祟的传闻在朝廷内传播开来。908 年 5 月，雷电交加，大雨倾盆，雨水浸泡了接待渤海国使节的会客厅，导致接待仪式被迫延期。同年 8 月，参与筹备仪式的藤原菅根死亡，而他正是筹划菅原道真流放的人员之一。909 年，致使菅原道真被判流放罪的藤原时平病死，时年仅 39 岁。紧接着，913 年，与菅原道真获罪有关的源光病死；914 年，京都发生大火；915 年，天花流行；923 年，皇太子保明亲王突然死亡。

一连串的不祥事件让人们对怨灵越来越恐惧，宫廷内外蔓延着多种关于菅原道真怨灵作祟的传言。为了平息怨灵的怨恨，醍醐天皇烧毁了流放菅原道真的诏书，恢复其右大臣的职位。然而，此举貌似并没有收到相应的效果，祸事依旧接踵而至。925 年，年仅五岁的皇太子庆赖王死去。930 年，清凉殿被雷击中，公卿贵族死伤无数。此事件后，醍醐天皇病倒，慌忙中传位给宽明亲王，不久病逝。至此，致使菅原道真流放的人几乎全部死亡。

面对频频发生的祸事，天皇及藤原氏等人多次举行驱逐怨灵、抚慰菅原道真灵魂的祭祀活动。然而，祭祀菅原道真的北野天满宫最初却是由民间宗教人士所建，与皇族、官员的关联性较小。传说，942 年名为多治比文子的巫女在梦中接到菅原道真的神谕，称菅原道真希望人们祭祀他的灵魂。之后，多治比文子在自家角落里建了一个小庙堂，供奉菅原道真。947 年，据说近江国比良宫的神官宜神良种的幼子也在梦中接到了菅原道真的神谕，并称菅原道真要求人们在松树繁盛的地方祭祀其灵魂。于是，位于北野朝日寺的僧侣最镇便向朝廷请求在朝日寺内建立祭祀道真的社殿，并最终与多治比文子、宜神良种一起建成了北野天满宫。但是，受到"神佛习合"思想的影响，当时的北野天满宫以朝日寺为神宫寺，处于朝日寺的管控之下。在明治时期神佛分离以前，神社的负责人也由寺院的社僧担任。

在菅原道真之后，被日本人所熟知的怨灵是发动平将门之乱而被讨伐致死的平将门。平将门是平安中期著名的武将，被认为是日本历史上唯一敢于公然反叛天皇并自立为天皇的人。从朝廷的角度来看，平将门之乱当然是反叛朝廷的不义之举，而评定平将门之乱的藤原秀乡等人则被视为守护国家的忠义之士。然而，一个人死后是否成为怨灵、是否作祟，并不取决于其生前的行为是否正义。平将门死后，有人称看到平将门的首级睁眼大笑，也有人称见到平将门灵魂的人会患上重病，还有人称平将门的首级飞到了东国（关东地区）。如此，关于平将门的谣言五花八门，四处传播。为了安抚平将门的怨灵，人们在东国建成"将门首冢"，时常前去祭奠。到了14世纪，东国地区遭受瘟疫的侵袭。人们认为这是平将门的怨灵所为，于是就在神田神社祭祀他，以平息其怨气。

除上述这些作祟的怨灵以外，还有许多贵族和武将在含冤而死后，虽然没有怨灵作祟的传闻，但出于对怨灵的恐惧，人们仍然会对他们进行祭祀。例如，祭祀源义平的若宫八幡、祭祀新田义兴的新田八幡、祭祀足利忠纲的皆泽八幡等等。柳田国男将这些祭祀武将的八幡神社称作"新八藩"，推测其出现的原因是人们担心战死的武将会成为怨灵并带来不祥之事。

二 从对怨灵的恐惧到向御灵的祈福

分析古代流传的诸多怨灵的故事可知，必须符合两个条件，人死后才可能成为怨灵。一是生前是达官贵人或在某方面有超群的能力，如菅原道真曾是有名的大学问家，平将门是勇猛的武将，井上内亲王则是光仁天皇的皇后。二是没有完成生前的愿望而获罪，最终含冤而死，如菅原道真、平将门、崇德天皇都是在政治斗争中失败后而获罪。因此，成为怨灵的人只是少数，普通百姓难以具备上述资格，也就不能成为神。

从传播者、祭祀者的角度来看，怨灵的出现离不开人们对冤魂的恐惧，以及编造怨灵故事的人。怨灵信仰的特点之一就是把含冤而死的人与灵魂建立联系，让某人生前怀有的怨恨在死后以报复的形式呈现，进而把死后之人塑造成神。这其中或许包含了某些人对于死者的同情、惋惜，抑或是内疚与心虚等情感。这些情感与人们对灵魂的恐惧结合起来，被演绎成为怨灵作祟的故事。随着怨灵故事的不断传播，故事的戏剧性和传奇性也越来越强，于是就有文人墨客把这些故事用文字记录下来。如描写崇德天皇的《雨月物语》、记述菅原道真的《北野天神缘起》、描述佐仓惣五郎的《地藏常通夜物语》、记录平将门的《将门记》等。在文学作品以及戏剧表演的影响下，怨灵信仰的受众也就越来越多。

而且，人们相信通过祭祀可以让怨灵失去恶的一面，使其转变为保佑人们的善神。这种祭祀怨灵的活动被称作御灵会，最初由朝廷举行，后来逐渐扩展至民间。御灵一词最早出现在《日本三代实录》中，即863年条目中的"所谓御灵乃崇道天皇伊予亲王藤原夫人及观察使橘逸势文室宫田麻吕等是也"[①]。这里将平安时代因政治斗争失败而惨死之人的怨灵称作御灵，而崇道天皇是对早良亲王的敬称。书中还提到，人们相信疫情爆发、蔓延是怨灵所为，因此民间就在每年夏秋之季定期举行御灵会来求福禳灾。每当御灵会时，人们唱歌、跳舞、演剧、骑射，举行各种活动。这样，民间自古以来的消灾祛病的祭祀活动就与御灵会结合在一起，使御灵会成为民间信仰的一部分。

如此，在后世的发展中，怨灵的形象发生了很大变化。平安时代的怨灵多以恐怖、凶狠的形象呈现，让人感到他们因生前遭遇迫害而怀有的怨恨和愤怒。但是，随着这些人死去的时间越来越久，人们对于这些怨灵生前的记忆逐渐淡化，关于怨灵作祟的意识也日益减弱。于是，人们开始凸显怨灵生前的某一才能，或者赋予其特殊的神力，将其塑造成为祈祷学业、婚姻、长寿等的福神。这样，怨灵最初带有的令人恐怖的负面特征逐渐褪去，转变为给人们带来幸福的御灵。怨灵信仰的目的也不再是镇魂，而是祈祷平安与幸福。例如，上御灵神社现在已经成为人们祈祷驱邪避灾、家业繁荣、学业有成的神社，井上内亲王等怨灵也成为赐予人们"恩德"的神灵。

在这个过程中，外来的佛教也影响了日本人的怨灵信仰、御灵信仰。

---

① 国史大系编修会：『国史大系（第4卷） 日本三代実録』，吉川弘文馆1966年，第112—113頁。

佛教多关注人死后的世界，对人死后的状态和去向有较为系统的阐述，有些宗派甚至认为人死后皆成为佛陀。在日本佛教中，也存在人死后成为佛陀并接受供养的情况，如藤原镰足、源满仲、佐仓惣五郎等。因此，佛教中把供奉佛陀的行为称作供养，把供奉佛的场所称为供养塔或佛堂。供养类似于神道中的镇魂，而供养塔或佛堂则类似于神道中的祠堂或神社。在长期"神佛习合"的过程中，神道和佛教的思想相互渗透、交融，形成了佛教中有神道、神道中有佛教的日本宗教特征。所以，很多御灵神社建在寺院里或寺院附近，有些御灵也被冠以佛陀或菩萨的称号。还有一部分寺院在明治时期"废佛毁释"运动的推动下，被迫改建成神社，如供养藤原镰足的多武峰寺变成了谈山神社，供养源满仲的多田院变成了多田神社。

三　神灵作祟的神话故事与怨灵信仰

提到怨灵信仰的根源，从文字记载来看，可以追溯到更早时代日本流传的神灵作祟的神话故事。据《古事纪》[①] 记载：崇神天皇统治期间，瘟疫肆虐，人人自危。国家多次举行祈祷祭祀活动，祈求平息瘟疫，但均没有成效。一天，崇神天皇梦到大物主神。大物主神称瘟疫是其所为，并表示只有意富多多尼古作为他的祭祀者，才能平息瘟疫。于是，崇神天皇派人找到意富多多尼古，得知他是大物主神的儿子，便请他作为大物主神的主祭者，并把大物主神祭祀于三轮山的大神神社。朝廷向大神神社和其他神社奉献盾牌、长矛、币帛等物品，并举行了多次祭祀活动。经过一系列努力后，疫情终于得以平息。这个故事说明大和朝廷以国家祭祀的方式祭祀了皇族以外的其他氏族神，以大和朝廷的名义"镇祭"了作祟神灵。同时，该故事也表明，古代日本人的神观念中已经包含有神灵作祟以及通过祭祀消除神灵作祟的思想。

另外，《常陆国风土记》也有类似记载。传说箭括麻多智是古坟时代的豪族之一，在带领民众开拓田地时，曾多次遭遇夜刀神即蛇神的干扰。这些夜刀神成群结队地破坏田地，使箭括麻多智极为愤怒。于是，他披

[①] [日]安万侣：《古事记》，邹有恒、吕元明译，人民文学出版社1979年版，第85—88页。

上铠甲，手持长矛斩杀了夜刀神，并将其驱逐出此地。之后，他把长矛立于山口，对夜刀神说："此处以上为神之土地，以下为人之田地。今后，吾作为祭主，永远祭祀汝。愿汝不作祟，不怀恨"（《常陆国风土记》），并建祠堂加以祭祀。得益于此，夜刀神没有再来骚扰，箭括麻多智成功开辟了十町耕地。后来，他的子孙继承了家业，并坚持祭祀夜刀神，从而过上了安稳的生活。依据已有的资料虽然无法考证箭括麻多智是否为真实历史人物，但成书于奈良时代的《常陆国风土记》中的这段故事表明，在奈良时代以前，神灵作祟以及对作祟神灵进行祭祀的传统已经存在。

通过分析上述神话故事的类型，可以发现此类故事基本上具有相似的梗概：首先是神灵作祟给人带来灾难，然后人们通过祭祀使怨灵停止作祟，最终作祟神灵变成保佑人们的善神。这与前面提到的怨灵信仰中的故事几乎一致，唯一不同的是神话故事中的作祟神灵本来就是神，而不是人死后的灵魂。奈良时代之后，人们对作祟神灵的认知可能发生了变化，将与恨意相关的报复、破坏的心理投射到了死后的世界。这可能是因为在古代日本的宗教观念中，人们相信灵魂在人死后会继续存在，并可能对活人产生影响。因此，当有人在生前怀有强烈的恨意，或者在死时遭受不公平待遇时，人们就会认为他们的灵魂可能成为怨灵，并对现世的人们造成伤害或困扰。随着时间的推移，怨灵信仰逐渐发展和演变，形成了怨灵神社等相关的宗教实践。人们在怨灵神社祭祀怨灵，希望平息怨灵的愤怒，并寻求他们的庇佑。同时，通过举行仪式和祭祀活动，使神社与怨灵保持联系。这样，既表达了对作祟神灵的崇敬，也显示了对死者的尊敬和纪念。

总之，怨灵信仰的出现与古代日本人的宗教观念和文化传统密切相关。它反映了人们对死亡和灵性世界的探索，以及对恶灵与善灵、报应与祝福的信仰。这种信仰不仅在宗教方面有所体现，也在文学、戏剧和艺术作品中得到表现，成为日本文化中丰富多样的表达和探索。

第二节　具有"特殊才能"之人死后被祭祀为神

任何国家的人都有称颂技术、才艺的一面，认为那些具有特殊才能的人是推动社会进步、引领时代思潮的关键力量，并且将他们视作典范和榜样，日本人也不例外。然而，在不同的历史阶段，人们所关注的焦点不同，所推崇的人物也有所不同。在古代，日本人曾将拥有咒术能力的阴阳师视为尊崇的对象，并形成了阴阳道文化以及祭祀阴阳师的传统。在诗词歌赋等方面，日本人则会敬重那些出类拔萃的文人，并把他们尊奉为"学问之神"。

一　阴阳师的术数与阴阳道信仰

阴阳道是基于中国的阴阳五行学说，以占卜、祭祀、祈祷为主要构成要素的日本宗教。阴阳师就是专门从事占卜、咒术的宗教活动者。阴阳道起源于日本律令体制下的阴阳寮，大致形成于怨灵信仰盛行、贵族救赎意识强烈的平安时代，并在近世广泛渗透到民间。明治时期，阴阳寮被废止后，阴阳道也被当作迷信禁止在民间传播。但是，"二战"后随着动漫、游戏等现代娱乐形式的普及，被认为具有预测、咒术等才能的阴阳师成为娱乐作品的主题之一，以安倍晴明为代表的阴阳师以及与之有关的阴阳道也再度被日本人提起。从古代日本人对阴阳师的信赖、利用，到现代日本人对阴阳师的虚构、神化，可以看出日本人对拥有特殊才能的阴阳师大多怀有敬畏之心，对具有"神奇"效果的占卜、咒术抱有期待心理。

历史上知名的阴阳师有很多，如贺茂保宪、贺茂光荣、安倍吉平、安倍泰亲等等。贺茂氏、安倍氏曾是专门侍奉朝廷、幕府、大名的阴阳师，在文学作品、电视作品中被描述成精于占卜、擅于驱邪的能手。但是，在历史的发展中，很多阴阳师并没有被人们所记住，其传奇故事很多被附会到了安倍晴明身上，从而使安倍晴明成为阴阳师的代名词。

安倍晴明曾是平安时代朝廷阴阳寮中的阴阳师，为花山天皇、一条天皇等皇族提供占卜、祭祀等服务。据说，他可以占卜未来、实施咒术，还可以看到人眼无法见到之物。《小右记》记载，正历四年（993）二月的一天，一条天皇突患疾病，安倍晴明为其修禊，之后一条天皇病情迅速好转。《御堂关白记》则记载，宽弘元年（1004）出现旱灾，安倍晴明举行五龙祭后，当天就下起了大雨。再如，《今昔物语集》中写道，安倍晴明被贵族子弟问及能否用咒术杀人后，他先是向一枚草叶念咒语，之后用这枚草叶裹住一只青蛙并把其杀死，以此展示其咒术的神秘力量。类似的传说在《宇治拾遗物语集》《源平盛衰记》《太平记》等作品中有很多，都极大渲染了安倍晴明祛鬼怪、卜吉凶的特殊能力。而怪异故事、神奇传说不仅是文学爱好者的选题，也是平民百姓喜欢的话题。毕竟古代社会的人们很多痴迷于占卜、咒术，以皇室为代表的贵族文化随着武士阶层的崛起又逐渐退到幕后，所以中世以后宣传安倍晴明故事的主体就不再是宫廷贵族和政客，而是活跃在民间的阴阳师以及普通民众。这就进一步促进了民间"晴明信仰"的发展，推动了与晴明神社相关祭祀活动的进行。

安倍晴明去世后不久，人们就开始了与他相关的神道祭祀活动。相传，位于京都上京区和大阪府阿倍野区的晴明神社，均于他去世两年后即1007年建成。其中，京都的晴明神社是由一条天皇下令在安倍晴明的京都住处兴建的，以表彰他的功绩。当时，人们认为神社的祭祀神——安倍晴明御灵神是稻荷神的化身，可以祈愿风调雨顺、五谷丰登，因此统治者和民众经常去神社祭祀。大阪的晴明神社则是花山法皇下令在其出生地建成，后来由自称是安倍晴明子孙的保田家所管理。据说江户时代的历代"大阪城代"都曾前往该神社参拜"晴明之神"，说明该神社受到当时官方的关注和支持。

如果说上述晴明神社的兴建以及与之相关的信仰仍保留有很强的政治色彩的话，那么名古屋的晴明神社就可以说几乎与官方无关。传说安倍晴明生前曾在尾张国上野邑施法击退毒蛇，为村民解决了毒蛇之患。到了江户时代，当该地再次遭受毒蛇侵扰时，村民们就把"晴明之神"请至此地，建设祠堂进行祭祀，并成功赶走了毒蛇。祠堂后来被改造为晴明神社，并产生了很多神奇故事。这些故事被人们所称颂，成为当地流传的"七大不可思议之事"。如"二战"后当地政府为了建设住宅区欲拆除祠堂时，发生了两次事故；平成十三年（2001）举行神社祭祀时，燃烧的火焰呈现狐狸之状；某日，名古屋的其他地方都在下雨时，唯独晴明神社境内没有下雨；等等。神奇故事的多少往往是神灵灵验与否的基础，事关人们信仰之心的浓厚与淡薄。围绕名古屋晴明神社的"七大不可思议之事"不仅主题多样，而且故事发生的时间大多被认为在近现代，因此就更加推动了近代以后民间"晴明信仰"的高涨。

与名古屋晴明神社多样的晴明信仰主题不同，镰仓地区的晴明信仰大多围绕着驱除火灾的主题展开。例如，八云神社里安置的"晴明石"、第六天社的鸟居旁以及JR横须贺线与镰仓街道交界处矗立的刻有"安倍晴明大神"的石碑，都曾寄托了人们祈祷消除火灾的愿望。而这一主题与安倍晴明在当地实施避免火灾、镇宅辟邪的咒术有关。据《吾妻镜》记载，源赖朝刚到镰仓后就想建设府邸，但由于时间仓促，无法在短时间内建成。于是，源赖朝只能暂住山之内地区的某个官员的府邸。而该府邸据说因贴有安倍晴明赐予的"灵镇宅符神"护符，自平安时代建成以后从未遭受过火灾。从这个故事可以推测，当地应该早就流传有安倍晴明能预防、消除火灾的传说。正是因为人们深信这一点，所以才会在火灾频发的山之内地区的多个地方放置用于祈祷消除火灾的石碑。而且，据《新编相模国风土记稿》记载，两个"晴明石"旁曾各有一口井，安倍晴明使用井水来防止火灾造成灾难。这也表明当地曾流传着安倍晴明驱除火灾的传说，印证了"晴明石"承载着当地人想要借助安倍晴明之"神力"消除火灾的愿望。

既然人们赋予安倍晴明如此神乎其神的才能，那么自然会认为他拥有不同于普通人的出生和成长经历。传说安倍晴明的父亲安倍保名曾在信太之林救助了一只被猎人追赶的白狐，自己也因此受伤。白狐变成一名女子，名为葛之叶，照顾受伤的安倍保名。之后，二人恋爱、结婚，生下了童子丸。几年后，葛之叶暴露了白狐的身份，称这一切都是稻荷大明神的恩德，然后回到了信太之林。安倍保名得知葛之叶是为了报恩来到人世间后，与儿子去信太之林寻找葛之叶。葛之叶现身后，把水晶之玉和黄金之箱赠与童子丸，说是稻荷大明神的赠予之物。数年后，童子丸改名为安倍晴明，成为首屈一指的阴阳师。这个"异类婚姻谭"的传说在日本各地流传很广，在歌舞伎、净琉璃等戏剧作品中也多有登场。至于人们为何把安倍晴明、葛之叶、稻荷大明神三者关联在一起，从现有的资料中无法考证。但是，从结果上来看，安倍晴明与农耕神、稻谷神的有机结合使晴明信仰与稻荷神信仰联系在了一起，也使各地出现了很多与安倍晴明相关的稻荷神社。如福岛的稻荷神社是安倍晴明去往奥州时通过"劝请"信太大明神而建设，千叶县的清明稻荷以及静冈县的翁稻荷社供奉的也都是安倍晴明，爱知县的北明治稻荷社和葛之叶稻荷社则供奉葛之叶，等等。

从上述晴明信仰的诸多情况来看，安倍晴明的特殊才能是他死后受到民众追捧和信仰的基石，各地流布的神奇传说是人们把其作为神道之神加以祭祀的前提，而安倍晴明在某地成长、生活抑或施法的经历是该地神道设施建设的重要契机。但是，需要指出的是，尽管日本全国祭祀安倍晴明的神社有几十个，安倍晴明的信众很多，但这些神社大多是大社内的小社或末社，而并非规模宏大的大社或神宫。如位于大阪市阿倍野区的晴明神社距离阿倍王子神社约50米，是阿倍王子神社的末社；千叶县铫子市的清明稻荷神社位于圆福寺的仁王门的旁边，规模很小；京都的晴明神社在战国时代曾一度荒凉，近代也只被定为村社。这一方面说明阴阳道、阴阳师在历史上没有得到统治阶层持续性的重视，另一方面也说明安倍晴明信仰更多是在民间。

二 对学问家的推崇与"学问之神"的信仰

与具有占卜、法术等特殊才能的阴阳师不同，那些拥有广博学识的人也常被人们尊奉为神灵。早在奈良时代，日本就形成了以朝廷贵族为主要代表的贵族文化，而且这种文化在一千多年的历史发展中从未真正中断。贵族通常喜欢诗词歌赋，注重个人修养，关心政治局势，因此奈良时代、平安时代涌现出很多诗人和歌人。对于后世爱好学问、欣赏才华的人而言，学问家就成为他们信仰的"学问之神"。

在众多"学问之神"中，柿本人麻吕是出现时代较早、影响较为深远的重要人物。他曾是飞鸟时代的歌人，有《万叶集》第一歌人、歌圣等美称。由于他在和歌方面的才华出众，自平安时代后期开始就有人把他神格化，并祭拜他的画像或作品。这种把已故人物的画像、作品进行祭祀的现象被称作"影供"，因此柿本人麻吕的"影供"就被称为"人麻吕影供"。《十训抄》记载，藤原兼房有一天梦到了柿本人麻吕，于是命人绘制了柿本人麻吕的画像，并让藤原显季进行祭拜。之后，伴随着人们对柿本人麻吕的推崇，柿本人麻吕成为广为人知的"歌道之神""学问之神"。而大约从江户时代开始，人们又将柿本人麻吕的名字与生育、火灾等意象相关联,将他视为保佑生育和祈祷安全的神灵①。此外,因为祭祀柿本人麻吕的明石神社的"明石"读音与"開かし"的发音相同,许多人又将其视作保佑眼病痊愈、眼睛健康的神灵。如此,柿本人麻吕信仰中不仅包含了人们祈求学问精进、博学多识的目的,还包含了人们求福禳灾、祈福助孕等愿望。

进入奈良时代以后,日本积极吸收中国的政治制度、思想文化,并对引进的中国文化进行改造,涌现出《古事记》《日本书纪》《万叶集》等传世作品。然而,可能是许多作品的作者无法考证的缘故,奈良时代的文人很少被后世称颂为"学问之神",而太安万吕是其中的一位。他是奈良时代的官僚,因创作了《古事记》而为人所知。不知从何时起,太安万吕与神武天皇、绥靖天皇一样,成为多坐弥志理都比古神社的祭祀神。每年七月,多坐弥志理都比古神社以及其附属的摄社、小社都会举行太安万吕祭,以祭祀创作了皇权神话而被人们熟知的太安万吕。

到了国风文化盛行的平安时代,具有鲜明日本特色的和歌、物语、随笔、日记等作品层出不穷,知名诗人、歌人不断出现。正因为如此,平安时代出现了对柿本人麻吕等前人的祭祀,同时也孕育出了岛田忠臣、菅原道真、在原业平等"学问之神"。菅原道真既是平安时代令人恐惧的怨灵,也是后世日本人信奉的"学问之神""学业之神""书法之神"。他的怨灵曾让平安时代的贵族胆战心惊,但这反而推动了菅原道真信仰的形成。在后世的发展中,菅原道真的怨灵色彩逐渐褪去,成为保佑人们学习进步、金榜题名的善神。而且,在祭祀菅原道真的过程中,人们还关注到了他的老师、岳父,即平安时代的贵族诗人——岛田忠臣,也把其遵奉为老松大明神,祭祀于北野天满宫的老松社中。

和菅原道真、岛田忠臣几乎生活在同一时代的在原业平,也是平安时代知名的贵族才子。他出身高贵且擅长和歌,被《古今和歌集》的作者认为是"六歌仙"之一,据说还是《伊势物语》的作者。由于在原业平样貌俊美、恋情复杂,围绕他的故事和传说众多。然而,相关信仰则

---

① "人麻吕"读作"ひとまろ",读音与"人生まる"的"ひとうまる"读音相似,因此引申出祈祷安产之义。而"ひとまろ"又与"火止まる"的"ひとまる"读音接近,所以又引申出防止火灾的含义。

主要集中在他的和歌才能上，如在原神社就是人们赞美在原业平之才华、祈祷学问进步的地方。该神社改建于平安时代建立的在原寺①，神社内竖立着刻有名为"筒井筒"的和歌以及同名瑶曲的石碑。"筒井筒"本是《伊势物语》中的和歌，后来世阿弥受该和歌的启发创作了同名的瑶曲。此外，神社内还立有刻着松尾芭蕉创作的俳句之"句碑"。尽管在原业平的爱情故事、风流逸事也是人们关注的焦点，但人们更多感动于其和歌的辞致雅赡、超超玄著，对他的信仰也主要集中在其和歌的才华上面。

日本中世基本延续了之前时代的"学问之神"信仰，几乎没有出现新的"学问之神"。然而，到了近世，由于思想文化的繁荣以及幕末对国学的推崇，近世的许多国学者、神道学家去世后被祭奠为神。例如，垂加神道的创始人山崎暗斋晚年曾建祠堂，祭祀自己的"心神"。他的弟子在他去世后将封有其"心神"的"御灵代"，即牌位，托付给下御灵神社神主进行祭祀，这就形成了垂加社。再有，复古神道的倡导者，也就是被誉为"国学四大人"的荷田春满、贺茂真渊、本居宣长、平田笃胤，去世后也都被供奉为"人神"。然而，这些祭祀活动大多受到了幕末尊王攘夷运动的影响，离不开国学爱好者、尊皇派的大力宣扬。如祭祀贺茂真渊的悬居翁灵社就是由江户时代晚期的国学者所建，后来改名为悬居神社。祭祀本居宣长的本居宣布长之宫也是由幕末的国学爱好者建立，本居宣长本人被尊奉为"国学神"。而平田笃胤去世后不久就被门人尊为"神灵真柱大人"，祭祀他的平田神社也是在国学运动高涨的情势下由他的家人和门人建成的。

在幕府末期的思想家中，吉田松阴的思想不仅直接推动了幕末尊王攘夷运动的进行，而且为明治维新提供了有力的指导。他曾创办松下村塾，在那里讲授尊王攘夷的思想，培养了很多幕末倒幕派领袖和明治时期的政治家，如高杉晋作、伊藤博文、山县有朋等等。吉田松阴在"安政大狱"中被处死后，高杉晋作等人为其立碑纪念。1882年，其门徒在东京若林地区，也就是他的墓碑附近建立了松阴神社。1907年，伊藤博

---

① 在原寺的来历有不同说法。一种说法是，在原业平去世的880年，人们把在原业平的府邸改造成了在原寺。另一种说法是，其父亲阿保亲王深信是向补陀落山观音院光明寺的观音祈祷后生下了在原业平，于是在835年将光明寺移至此地，称本光明山补陀落院在原寺。

文等人又在其家人建立的祠堂的基础上，在他的家乡山口县建设了松阴神社。由于吉田松阴与明治时期政治家的渊源，松阴神社不可避免地带有一定的政治色彩。例如，在松阴五十年祭时，乃木希典等侵略者赠送了灯笼。但是，从"人神"信仰的角度来看，吉田松阴更多被当作教育家、学者来祭奠，其门徒为他兴建神社、给神社赠送鸟居等行为也是源自对师者的尊重和情感。而且，该神社祭祀的其他"人神"生前也都是吉田松阴在松下村塾任教时教授的学生，如伊藤博文、山县有朋、木户孝允等。从神社内的"自立学习之祖"的石碑、名为"学习之路"的参道、每年举行的劝学祭来看，吉田松阴已经成为日本人祈祷上学安全、学业进步的"学问之神"。

总体而言，与其他类型的"人神"信仰一样，大多数"学问之神"最初也是由家人或门人来祭祀，祭祀目的多是源于对已故者的怀念之情。然而，在他们创作的作品或与之相关的事迹被传颂的过程中，这些人逐渐引起了更广泛民众的关注。尤其是在突出某种文化类型的时候，时隔久远的名人就会被人们重新提起并被神化，进而成为人们信仰的对象。例如，在平安时代，以和歌等文学形式为代表的国风文化较为盛行，知名歌人较多，所以当后世的日本人想要强调和歌的价值时，就将平安时代的知名歌人当作祭祀对象。同样，江户时代的国学派曾盛极一时，涌现出许多拥有多部作品和众多门徒的国学者，所以当幕府末期的日本人强调天皇、国家的意义时，就会将之前的国学派思想家视作神灵。因此，"学问之神"信仰也与一定的历史背景、社会环境密切相关，与当时民众们的思想趋势有紧密联系。当某个时代不再强调某种学问、不再突出某种文化的时候，有些"人神"也就不再是特定人群信仰的对象，而成为更具有普遍意义的保佑人们学问进步、才华提升的神灵。

"二战"后，日本的教育体系发生了巨大的变革，学校教育不仅被视为提高个人素养的手段，而且被看作是学习实用技能和生存本领的场所。所以，人们对学问、才能的评价也就多以成绩、升学、专业水平等来体现，对"学问之神"的信仰也基本上表现为对这些方面的祈祷，而弱化了对"学问之神"生前具有的特定领域才华的关注。在当代的"学问之神"信仰中，菅原道真可以说是信众最多、信仰形式最为多样的一个。北至北海道，南至鹿儿岛，以菅原道真为主要祭祀神的天满宫已经遍及日本各地，多达几百个。天满宫本来是为了抚慰菅原道真的怨灵而建，但现已成为很多人祈祷学业进步、升学顺利的神社。如北野天满宫每年都有大量学生前去参拜，还专门接受修学旅行学生的集体参拜。而民间很多地方至今还有"天神讲"的风俗，也就是在菅原道真的忌日装饰上象征着"天神"赠予的挂轴或其他饰品，供上点心、鱼等食品，祈祷孩子茁壮成长、学业有成。

第三节 "有功之人"死后被祭祀为神

在大多数国家，那些在生前为国家做出贡献的人，通常会在去世后得到国家的祭奠和纪念。而那些为了某个地方发展做出贡献的人，在去世后则会受到当地居民的尊敬和纪念。表达纪念的方式通常有兴建墓碑、纪念碑等。然而，日本却在近世以后将许多去世的"有功之人"认定为神，赋予他们神号，并为他们建造神社。而成为神的"有功之人"，有的曾经是国家的统治者，有的是地方的掌权者，有的则是普通的日本民众。

一 "掌权者"死后被后继者敬奉为神

中世后期，伴随着吉田神道等神道思想的影响，统治者们开始试图通过神道方式规划死后的世界，表示希望死后被祭祀为神。织田信长被认为是怀有此种想法的第一人，但本能寺之变中的结局导致织田信长并未达成所愿。之后，丰臣秀吉、德川家康等人也在生前表示希望死后成为神，并为此做了许多准备。

丰臣秀吉对于自己死后的处理方式，有一种矛盾的心理。他一方面想借助佛教仪式往生净土，另一方面又想成为神道中的神来守护子孙。据记载，丰臣秀吉曾希望死后葬于阿弥陀之峰①，还想将阿弥陀之峰建成丰臣家专属的信仰之地。为此，他模仿奈良大佛修建了京都大佛，并建设安置大佛的方广寺大佛殿。但是，京都大佛在开眼前遭遇地震，受损严重。于是，丰臣秀吉匆忙令人将信州善光寺的阿弥陀佛搬至大佛殿。

---

① "阿弥陀之峰"因行基在此安置阿弥陀如来而闻名，历来是阿弥陀信仰即净土信仰的圣地。平安时代以后，许多人来此修行，亦有很多人死后埋葬于此。

为了表达对阿弥陀佛的尊崇之心,据说丰臣秀吉安排了长达五公里的欢迎队伍。由此可见,丰臣秀吉生前对佛教中的净土、往生等观念抱有很大的憧憬。

既然向往西方极乐净土,那么按理说就不会幻想死后留在人间。但是,丰臣秀吉却一边建设寺院,祈祷往生净土;一边又在遗嘱中要求丰臣秀赖修建神社,用来祭祀他的灵魂。1598年8月,丰臣秀吉在侵略朝鲜战争不利的情势下郁闷而死。10月,丰臣秀赖以方广寺大佛殿之镇守为名,开始兴建祭祀丰臣秀吉的神社。历时半年左右,神社建成,取名为丰国神社。据《丰国大明神祭礼记》记载,"丰国"一词源自朝廷追封丰臣秀吉的神号——正一位丰国大明神。该神号由吉田神道的吉田兼见所创,据说依据是:日本国是"丰苇原中津国",而丰臣秀吉是日本国之王,故尊称为丰国大明神。丰国神社是"神佛习合"的神社,由神主和别当共同管理。担任神主和别当的都是吉田神道的继承人,神主由吉田兼见的孙子荻原兼从担任,而别当则由吉田兼见的弟弟神龙院梵舜担任。该神社占地面积很大,建筑物较多,方广寺大佛殿、莲华王院都是丰国神社的一部分。但是,德川家康掌握政权后,废除了丰国神社。进入明治时期以后,丰国神社才得以复兴。

与丰臣秀吉试图利用神佛祈祷死后世界的心理相似,德川家康也曾设想将神佛结合起来安排死后的事宜。据《本光国师日记》记载,德川家康生前的遗言是"临终后纳身体于久能,在增上寺申付御葬体,位牌立于三川之大树寺。一周忌过后,于日光山建小堂,劝请至此,成八州之镇守"[1]。也就是说,德川家康希望死后埋葬在自己的家乡,即骏河国久能山上,并在一周年祭后,在日光建造殿宇,以守护他所治理的关八州。尽管德川家康生前并没有像丰臣秀吉那样希望建设规模宏大的殿宇,但是他也希望成为守护神,护佑自己的领地和继任者。然而,日光山上最终建成的殿宇并非"小堂",而是包括本社、拜殿、本地堂、御假殿等在内的豪华神社。1617年,神社举行了迁宫仪式,德川家康最终被祭祀于日光东照宫,成为"神佛习合"的东照大权现,并被授予正一位的神

---

[1] 島田裕巳:『「日本人の神」入門　神道の歴史を読み解く』,講談社2016年,第199頁。

阶。关于埋葬方式，吉田神道和山王一实神道之间展开了激烈争论。天台僧天海认为，采用吉田神道的方式埋葬后会很快灭亡，因此吉田神道的埋葬方式并不吉利，他认为德川家康生前希望用山王一实神道的方式埋葬。最终，德川家康的祭葬方式采用了山王一实神道，而本地佛就是主管东方净琉璃世界的药师如来。日光历来是山岳信仰的道场，建有天台宗的轮王寺。德川家康的遗骨于一周年祭的时候从久能山转移至日光，安置于轮王寺的灵庙之内。

东照宫建成以后，历代将军都曾在德川家康的忌日前去参拜，这一仪式被称作"将军社参"。其中，三代将军德川家光参拜的次数最多，据说每两三年就会参拜一次。"将军社参"是展示德川家威严的重要方式，所以每次参拜都会调用大量人马，耗资巨大。随着德川幕府的逐渐没落，到了江户时代后期，将军参拜的次数也明显减少了。

受上述统治者神化现象的影响，许多大名也在死后被祭祀为神。例如，盛冈藩的八代藩主南部利视为了彰显初代藩主南部信直的"威德"，尊奉其为淡路大明神，并修建了樱山神社。同样，长州藩藩主毛利重就将毛利元就的灵位从荻江向村的春日神社迁至荻城二之丸的土地神社，并将毛利元就与毛利家的祖神天穗日命合祀，称毛利元就为仰德大明神。创建的神社称作仰德社，后来改名为丰荣神社。再如，陆奥会津藩的初代藩主保科正之曾热衷于朱子学，同时又是卜部神道的传承人，受山崎暗斋的影响较大。他生前曾表示希望死后葬于盘椅山的山脚下，成为盘椅神社末社的神灵，以守护盘椅神社的主祭神。最终，他的愿望得以实现，被祭祀于土津神社。还有，加贺藩藩主前田利长在祭祀前田利家之前，首先"劝请"天照大神到卯辰八幡社（后来称尾山神社），然后将前田利家与天照大神进行合祀。如此，江户时代出现了大量"人神"信仰的现象，而这些"人神"在生前大多曾掌握一方土地，并拥有一定权力。

到了近代，历史上死去的许多天皇、皇族相继被祭祀为神。在强调皇权神授、天皇权威的时代，那些曾经有过"卓越成就"的天皇自然会被政府优先认定为神。例如，传说是天照大神的五世孙、日本的初代天皇——神武天皇被祭祀于橿原神宫和宫崎神宫；平安时代的开创者、强化中央集权的桓武天皇被祭祀于平安神宫；推翻镰仓幕府、建立南朝政权的后醍醐天皇被祭祀于吉野神宫；被认为实现了公武政权的更迭、开启日本近代化的明治天皇被祭祀于明治神宫。不仅如此，有些以悲剧结局的天皇也有了祭祀的神社，如平安时代的杰出歌人，同时也是日本"四大怨灵"之一的崇德天皇被供奉于白峰神宫；在源平合战中被迫坠海身亡，年仅八岁的安德天皇被祭祀于赤间宫；试图讨伐镰仓幕府的执政者，但最终惨败的后鸟羽天皇和顺德天皇被祭祀于水无濑神宫。

如此，历史上的许多掌权者被近世或近代的统治者宣扬为神，并拥有了祭祀的神社。小松和彦将这种掌权者被尊奉为神的现象称为"支配装置"①。那么，"支配装置"下的"掌权者之人神"出现的缘由是什么呢？第一，丰臣秀吉和德川家康是出于保佑后世子孙的考量，也就是希望自己死后成为神，以保佑子孙顺利继承他们的事业。但是，按照柳田国男关于祖先信仰的论述来分析的话，日本人本来就相信人死后会成为守护子孙的神。这里的神指的是祖先神②，而不是丰臣秀吉他们希望成为的具有个体性的、具体的神。在日本民间信仰中，人死后经过三五十年的"终年忌"后，名字就会被遗忘或忽略，其灵魂成为集体灵魂即祖先的一部分。因此，祖先神是众多死去者之灵魂的集合，是没有名字、不具个性的抽象神明。如果希望名字被长久记住，希望自己的个体灵魂能够被后世所祭祀，那么就需要建设祭祀灵魂的专门神社，并举行相应的祭祀活动。由此可见，丰臣秀吉之所以在生前表示希望被祭祀于神社，可能就是因为担心后继者即丰臣秀赖难以在大名争霸、"下克上"频发的战国时代顺利执掌政权，同时也希望后继者能完成其侵略朝鲜的夙愿。而这种带有个体性和具体性的愿望是祖先神无法实现的。

第二，从现任的统治者的角度而言，尊奉掌权者为神的做法还包含有一定的政治目的，如镇守国家、稳定政局、笼络民心等等。可以说，正是为了契合近代国家对于天皇形象的构建，树立忠君爱国的道德模范，明治政府才把很多天皇、皇族塑造成"人神"。而德川将军正是为了显示德川家的荣威，才积极修建东照宫，并在参拜时举行大型仪式。

第三，神道的自觉在一定程度上为神道解释死后的世界提供了思想

---

① 小松和彦：『神になった人びと　日本人にとって「靖国の神」とは何か』，光文社2006年，第47页。

② 可参考柳田国男：『柳田国男全集13』，筑摩書房1997年，第7—210页。

基础，有助于解释"人神"现象的出现。例如，吉田神道强调"神主佛从"，主张神道的唯一性；国学神道、复古神道力图从神道中剥离佛教，让神道完全独立出来。但是，想要对抗佛教，神道就不能只关注人在世的部分，也要解释人死后的部分。佛教认为人死后可以成佛，而神道认为人死后可以成为神；佛教主张人死后可以往生净土，而神道主张人死后可以守护子孙。毕竟很多人在面对死亡时对自己的人生有所不舍，对后世的子孙有所担心，那么人们希望死后成为神抑或是后世子孙希望先辈死后成为神也就不难理解。

二 "忠君爱国之人"死后被统治阶层宣扬为神

在共同体社会的日本，人们特别强调共同体的整体利益，重视共同体成员的团结一致、协调合作，赞赏为了共同体努力奉献甚至牺牲自我的精神。在儒家文化的影响下，这种精神又以忠、孝、义等道德的形式显化出来。伴随着武士阶层的崛起，忠诚这一道德名目又被逐步放在了突出的位置，因而历史上那些为了效忠统治者或主君而舍生忘死的人就成为人们称颂、赞美的对象，死后也会被人们当作神来信仰。

例如，被后世尊称为武神的楠木正成就是被当作忠义之神所信仰的。他是镰仓末期和南北朝时期知名的武将，曾参加镰仓末期的倒幕运动，帮助后醍醐天皇建立建武政权。建武中兴期间，主要担任守护等职。足利尊氏起兵反叛后，他带领军队奋勇迎敌，最终在凑川战役中失败自杀。南北朝统一后，足利尊氏曾一度担心后醍醐天皇、楠木正成的灵魂变成怨灵作祟，因此邀请僧侣为他们的灵魂进行超度，并为后醍醐天皇建设天龙寺祈祷冥福。但是，在室町时代，楠木正成基本是挑起叛乱的反面形象，也没有祭祀他的神社出现。之后，《太平记》等物语文学将楠木正成描写成为忠君的形象，加上近世儒学派、国学派对于忠孝、勤王思想的重视，近世中期开始有人推崇楠木正成，并把其神格化。如主张"大义名分论"的水户藩藩主德川光圀重修楠木正成的墓地，并亲自在墓碑上题字"呜呼忠臣楠子之墓"。而到了江户时代末期，随着尊王攘夷运动的兴起，作为忠君楷模的楠木正成的形象日益高大，各地兴建了很多楠公社。进入明治时期以后，为了树立尊皇典范，明治政府同意在凑川兴建楠公社，并于1872年改名为凑川神社。自此，关于楠木正成的信仰从儒学派、国学派、水户学派以及尊王攘夷派的自主信仰，变成了被政府主导的被动信仰。抑或说，民众为创造新政府而自发兴起的楠木正成信仰，演变成为统治者为了让人们信奉新政府而强行要求人们遵循的信仰①。这种信仰在近代日本政府的宣传和引导下不断被放大，楠木正成不仅进入了教科书和媒体，而且成为日本政府在侵略战争时引导人们战死沙场的重要手段。

与楠木正成信仰具有相似情况的还有护良亲王、宗良亲王、怀良亲王、北畠亲房、北畠显能、新田义贞、结城宗广、名和长年等等。他们都是在推翻镰仓幕府的战争以及南北朝时期效忠后醍醐天皇，逐渐在后世被人们所祭祀的人物。实际上，由于室町幕府由足利氏掌握政权，这些人死后的一段时间并没有被当作英雄来敬仰，也没有祭祀他们的神社。但是，随着描写这些人物的文学作品以及能乐、歌舞伎等艺能的影响，了解他们经历并对他们的行为进行赞扬的民众逐渐增多，随之进行祭祀的人也就不断增加。尤其进入明治时期以后，一些人趁着政府大力树立忠君典范的浪潮请求为他们建设神社，于是就有了祭祀后醍醐天皇以及效忠后醍醐天皇之皇族和武将的"建武中兴十五社"。

这十五个神社中，有些是由这些历史人物曾经"建功立业"的地方的居民，有些是与他们有某种关联的人申请建设而成的。如祭祀宗良亲王的井伊谷宫是由井伊直宪等人申请建设，祭祀怀良亲王的八代宫是熊本县八代地区的人们申请建立，祭祀藤原师贤的小御门神社是由千叶县成田地区的人们申请兴建，祭祀北畠家的灵山神社由米泽藩的民众提出申请并筹建，祭祀楠木正行的四條畷神社由四條畷附近居民申请兴建，等等。也有的神社是在原来的神社基础上加以改建、升级后建成，如祭祀名和长年的名和神社就是由江户时代建设的神社逐渐发展而来；祭祀北畠显能的北畠神社由江户时代建成的北畠八幡宫演化而成；祭祀新田义贞的藤岛神社由福井知藩事建设的祠堂发展而成；祭祀结城宗广的结城神社由江户时代津藩藩主建设的结城神社演变形成。当然，也有明治政府下令建设的神社，如祭祀护良亲王的镰仓宫、祭祀菊池氏的菊神

---

① 小松和彦：『神になった人びと 日本人にとって「靖国の神」とは何か』，光文社2006年，第172頁。

社、祭祀北畠亲房的阿布野神社等等。

因为明治政府急于确立明治天皇的权威，树立尊皇的典型，所以统治阶层积极提升已有的祭祀"忠义之人神"的神社层次。如祭祀奈良时代镇压藤原仲麻吕叛乱有功的和气清麻吕的护王神社，于1874年被明治政府列入了别格官币社；祭祀镇压平将门之乱的藤原秀乡的唐泽山神社，则于1890年被列入别格官币社。同时，明治政府还努力寻找一些可以凸显其价值观的历史人物，将这些历史人物尊为神，并为他们建设神社加以祭祀。在政府的干预下，日本历史上的很多"尊皇英雄""爱国英雄"被创建出来，就连织田信长、丰臣秀吉等武士们尊崇的"英雄"也被明治政府当作了为国家做出贡献的神。明治天皇就曾称赞织田信长在防止日本被外国侵略以及实现日本统一方面功劳显著，授予他"建勋"之神号，并为其建设了建勋神社。对于丰臣秀吉，明治天皇赞扬他弘扬皇威于国外，功勋卓著，同时复兴了被德川家康废除的祭祀丰臣秀吉的丰国神社。

然而，这些"人神"信仰并非开始于明治时期，即使以前没有神社安置的"人神"，在民间也早就存在相关的祭祀活动。例如，对楠木正成的祭祀从他死后就几乎没有中断过，近世还举行过楠公400年祭、楠公500年祭等大型祭典。织田信长死后，很多寺院设有祭祀织田信长的供养塔，阿弥陀寺中还建有织田稻荷社，本能寺中设有"信长公御庙所"。如此种种，明治政府就是把民间存在的"人神"与意识形态相联系，让历史上存在的那些"人神"的影响力进一步扩大。

此外，那些为了推倒德川幕府、拥立天皇掌权而战斗的人更被日本政府推向了神坛，如幕末积极开展尊王攘夷运动的中山忠光、高杉晋作、松平春岳、锅岛真正等等，都在近代有了对应的神社。伴随着近代日本国家主义、天皇主义的蔓延，在侵略战争中表现突出的"尊皇英雄""为国捐躯的英雄"成为民众崇拜的对象，也是政府褒奖的对象。如侵华战争罪魁祸首之一的儿玉源太郎，生前日本政府就授予他"从二位"的位阶以及"功一级鸱勋章""勋一等旭日桐花大绶章"等荣誉，他死后桂太郎等人还为他建设了儿玉神社。在甲午中日战争、日俄战争中犯有滔天罪行的乃木希典殉死于明治天皇之后，其居所附近的民众在枥木县建设了乃木神社。此外，他的同乡在山口县、众议院议员村野山人在京都、东京都知事阪谷芳郎在东京也陆续建设了乃木神社。而这些被政府大肆宣扬的、被人们所熟知的"神",又与其他在侵略战争中死去的所谓"英灵"一同合祀在了靖国神社。可以说,近代日本的"英雄之神"生前多是献身于天皇、国家的人,是日本政府有意塑造、宣传的结果。但是,不可否认的是,他们本来或多或少就有一些支持者和拥护者,即具有一定的"人神"信仰的群众基础。无论这些支持者和拥护者出于何种目的和理由进行祭祀,都为近代日本政府进一步构建道德典型提供了很好的素材。

三 "对民众有贡献之人"死后被民众祭拜为神

任何国家的历史进程中,都有天灾人祸、民不聊生的阶段。有的是政治黑暗导致百姓苦不堪言,有的是自然灾害致使民生凋敝。在这种情势下,往往有人为了民众的生存而奔走相告,甚至不惜牺牲自己的生命。而那些为了普通民众舍生忘死且带有悲剧色彩的人,就成为当地民众信仰的"英雄之神",冈村辅之、西乡隆盛等人都属于此种情况。

冈村辅之是江户时代中期土佐藩的下级官员。在当地出现灾荒时,他因私自打开土佐藩的米仓分粮给受灾的民众而获罪。因担心罪行连累民众,最终他选择了自杀。冈村辅之死后,当地民众感恩冈村辅之为他们做出的贡献,在当地建设了鉴雄神社加以祭祀。比冈村辅之更加被日本人所熟知的,是被公认为"维新三杰"之一的西乡隆盛。他是明治时期日本人推崇的英雄,祭祀他的南洲神社至今仍然吸引着很多日本人前去祭拜。据说,西乡隆盛具有卓越的领导能力和令人钦佩的人格,生前拥有很多追随者和崇拜者。他在西南战争中战败自杀后,很多士族感恩他为争取士族利益做出的贡献[1],先是为他建设了南洲墓地,后来在墓地旁边建成了南洲神社。之后,宫崎县、山形县等地也陆续建设了相同名字的南洲神社。当然,很多日本人对于西乡隆盛的喜爱和祭拜并非因为他带领士族发动了西南战争,而是因为他在倒幕运动、明治维新等方面做出的贡献。加上人们深信西乡隆盛的失败是政治斗争中遭人算计所致,

---

[1] 大多数观点认为西乡隆盛发动西南战争并非自愿,而是鹿儿岛的士族发动了战争后不得已而为之。

对他充满了深切同情。

非官员的平民百姓中，也有为争取民众利益而遭遇不幸，之后被人们祭祀为"人神"的。比较有名的是江户时代带领村民发动"一揆"即农民运动而被幕府判刑，死后成为村民祭祀的那些人。例如，长野县青木村祭祀的平林新七、堀内永吉、增田与兵卫，都被认为是江户时代"一揆"中的"义士"。据说，享保（1716—1736）年间，一名检地官违反之前的约定来到青木村查看田地，欲征收地租，遭到平林新七等村民的反抗，并被平林新七用镰刀杀死。藩主得知情况后，判定检地官的行为不妥，下令继续减免青木村村民的地租，但同时处死了平林新七[①]。平林新七死后，人们为他建设墓碑，尊他为稻荷大明神，祭祀于新七稻荷神社。到了文化年间（1804—1818），青木村的堀内勇吉又因庄屋（村长）的暴行带领百余名村民发动了"一揆"。最终庄屋被免职，村民的愿望得以实现。但是，堀内勇吉也因此而入狱，最终在狱中病死。他死后，村民在当地建祠堂祭祀他，祠堂后来发展成为现在的勇吉宫。类似的情况还有姬路藩的甚兵卫，他也是在发动"一揆"后被人们所祭祀。宽延元年（1004），由于姬路藩征收重税，农民不堪重负，甚兵卫带领一万多名农民发动了"一揆"。这次"一揆"引起很大波澜，以致于大阪町奉行亲自率兵镇压才得以平息。事件平息后，甚兵卫等多人被处死。之后，当地居民为他建设了置盐神社。

与这些带有悲剧色彩的"英雄"不同，那些为某地发展或救助民众而做出一定贡献的人，尽管没有那么悲壮的人生经历，但也有死后被民众当作神来祭祀的情况。据《义经神社社传》记载，源义经曾经带领部下来到北海道，教授当地人学会了制造船只、织布等技术，因此当地人建设了义经神社，祭祀源义经。还有，江户时代的青木昆阳在享保大饥荒发生后，建议江户幕府在下总国的幕张等地种植红薯，从而避免了很多人被饿死。青木昆阳死后，当地人建设了昆阳神社，并尊奉他为芋之

[①] 也有传言认为平林新七并没有被判死刑，而是被流放。带有悲剧色彩的"人神"故事的结尾，往往有各种猜测和传说。例如，西乡隆盛的死亡也有多种说法，有的认为西乡隆盛并没有在西南战争中自杀，而是去了国外。之所以有这样的传言，是因为很多人不愿意接受他们认为的善良之人遭遇不幸的事实，更不愿意看到那些为人们有所贡献的人被杀害。这些传说当然不符合历史事实，但却反映出人们对于"英雄"的悲悯和同情，以及对"英雄"未来的想象与幻想。

神。同为江户时代的川越藩藩主秋元乔知,因为在处理八濑村和比睿山的边界之争时,做出了有利于八濑村的判决,所以八濑村的村民尊奉他为秋元大明神,并在八濑天满宫内为他建设了秋元神社。平山角左卫门则在担任广岛藩尾道町奉行时,填海造地扩大了住吉港湾,并将尾道港建设成为濑户内海屈指可数的港口。尾道地区的人们为感恩平山角左卫门为当地做出的功绩,在住吉神社内为他建设了平山灵神社。再有,明治初期担任水利官员的松冈万曾致力于填池造地,但大原的居民认为该工程会破坏当地水源,于是提出反对意见。松冈万接受了居民的建议,终止了开垦计划,出于对松冈万的感激之情,大原地区的人们在当地为他兴建了池田神社。

此外,被祭祀为神的二宫尊德、山英一郎等人在造福民众方面,则表现出更广泛的适用性,对后世的影响也更大。二宫尊德是江户时代的思想家、农政家,其"报德思想"至今仍被很多日本人所推崇。他出身贫寒,却从小勤奋好学,成才后致力于开垦荒地、治理河川、改革财政等,努力用自己的知识和思想救助民众。他在小田原开设报德社,开展救助农村、教化民众的运动。他死后,报德社的成员掀起了为二宫尊德建设神社的运动,于是就有了报德二宫神社。而上山英一郎是日本近代知名的发明家、实业家,曾致力于驱蚊香的发明和生产。他不仅推广种植驱蚊香的原材料——"除虫菊",还开设了生产驱蚊香的公司。由于广岛县的向岛是上山英一郎选择的最早种植"除虫菊"的地区,该地区的人们在他在世时就为他建设了除虫菊神社,以彰显上山英一郎为当地做出的贡献。

纵观这些对民众有所贡献、被民众祭祀的"人神",可以看出他们生前往往是那种积极关注民众疾苦、积极回应民众心声的人。无论他们生前是幕藩官员,还是平民百姓,从民众看来都具有一种不惧强权、敢于牺牲的精神。他们既不同于为了氏族而努力,之后被氏族成员祭祀为氏神的人,也不同于那些因忠于天皇而被认定为英雄,进而被国家祭祀为神的人。因为他们的行为造福了那些与他们没有血缘或亲缘关系的人,所以人们就更加感激他们,并自发地为他们建设神社,并举行祭祀活动。可见,这些"人神"祭祀最初就具有一定的民间信仰基础,与自上而下推行的信仰有很大不同。但是,无论影响力多么巨大的人物,相应的信仰活动也是由部分人发起，然后逐步扩展至更广泛人群的。这一点与其他"人神"信仰并无区别。例如，二宫尊德、坂本龙马、西乡隆盛等，他们死后也是先由部下或门人建设墓碑或祠堂，之后随着纪念、祭祀的人越来越多，有些人就提议建设神社，从而把其祭祀为神。当然，贡献面广、影响力大的人，祭祀的人也就越来越多。相反，贡献面窄、影响力小的人，祭祀的人也就多局限于某个共同体或某个区域内。像平林新七这样的"一揆"领导者尽管被村民祭祀为神，但这种"人神"既无法得到政府的支持，也难以使更多的民众感同身受。因此，随着历史的发展，祭祀的人也越来越少，其神社也逐渐败落。

总之，伴随着近世神道的逐渐自觉，神道与佛教逐渐分离，强调神道主体性的思想逐渐活跃。与之相应，神道家开始关注人死后的世界，不再认同"人死后皆成为佛"的佛教思想。尽管近世以后与死亡相关的葬礼、供养仍然多以佛教形式展开，但神道和佛教的日益分离却塑造出了大量"人神"。这些"人神"起初多是国家的统治者或地方的掌权者，之后是普通民众抑或是有一技之长、有特殊才能的人也陆续成为人们供奉的神。加上统治阶层想要通过"人神"的设置树立统治者的权威，统一人们服从、效忠君王的思想，这就推动了包含某种政治目的的"人神"的出现。

纵观日本的"人神"信仰，可以发现近世以前的"人神"多是某人死后多年，伴随着传奇故事的传播，逐渐成为人们祭祀的对象。这些神奇故事中，逝者的灵魂往往被赋予非凡的神秘力量，如菅原道真的怨灵不仅令人生畏，还表现出强大的力量，给人们留下了深刻印象。随着神奇故事在社会上的不断宣扬，人们开始将这些已故之人奉为"神"。同时，将这些神与已经存在的神相融合，赋予新的神更加多元的神力和威严。例如，菅原道真就被视为与雷神、天神相融合，成为雷神和天神的代表。因此，可以看出，"人神"的数量相对较少，并且是在后世人们不断赋予他们更多神力的情况下，逐渐演化为真正的神。

然而，近世的丰臣秀吉、德川家康、冈村辅之等人以及近代的明治天皇、西乡隆盛、乃木希典等人，基本上都是死后就被祭祀为神，并没有与他们相关的神奇传说或故事作为基础。桓武天皇、后醍醐天皇等人虽然在被明治政府祭祀为神时已经逝去多年，但也没有其灵魂具有神秘力量的相关传说。而且，很多人的坟墓与神社位于同一区域，即所谓的"遗骨上面建设神社"，因此近世以后出现的"人神"往往包含了人们缅怀死者、纪念亡灵的情感。正是因为与漫长历史孕育出来的日本民间信仰中的神不同，臭名昭著的靖国神社中的所谓"英灵"无论从神道教的角度如何解释，也难以抹平其祭祀罪犯的特质。与靖国神社不同，日光东照宫、明治神宫、平安神宫等神社在"二战"后逐渐褪去了政治色彩，吸引了众多参拜者。现在的日本人参拜这些神社时，或许并不纠结于神社中祭祀的谁，而只是将神社认为是祈祷平安、祥顺的地方。元旦时去明治神宫参拜的人们，应该没有多少人想着明治天皇夫妇埋葬于此。从这个意义上而言，近代以后的很多"人神"信仰又融入日本人传统的神道信仰之中去了。

第 六 章

神道与日本人的自然崇拜

第一节 日本人的山岳信仰

英国著名的人类学家、宗教学家泰勒在《原始文化》一书中曾提出"万物有灵论"的学说,认为"万物有灵观既构成了蒙昧人的哲学基础,同样也构成了文明民族的哲学基础"[①]。"万物有灵"即万物皆有灵魂,除人和动物以外,山、海、河流、树木、太阳、月亮等自然之物以及风雨雷电、潮涨潮落、昼夜变化等自然现象也有灵魂。多年来,"万物有灵论"以及与之有关的灵魂观念成为宗教学探讨的焦点,也是哲学、人类学、民俗学等学科领域不可回避的重要内容。日本神道的产生和发展也离不开"万物有灵"的观念[②],如高耸入云的山岳、波涛汹涌的大海、一泻千里的瀑布、枝繁叶茂的树木等都曾被认为其本身是神灵或其中有神灵驻留,令人胆战心惊的雷、电、火等自然现象以及力量强大的熊、鹰、蛇等动物亦是如此。其中,在山脉纵横的日本,日本人很早就形成了对山岳本身的崇拜,并逐渐形成了山岳中有神灵的认识。

一 山岳的自然环境和自然资源塑造出山神信仰

山岳信仰指的是将山岳作为崇拜对象的一种信仰,包括神体山信仰、

---

① [英]爱德华·泰勒:《原始文化——神话、哲学、宗教、语言、艺术和习俗发展之研究》(重译本),连树声译,广西师范大学出版社2005年版,第349页。

② 有观点认为,从原始神道的早期形态来看,日本人在很长一段时间内并不认为自然之物、自然现象中驻有灵魂,而是认为其本身就是神。也就是说,最初的神不是抽象的灵魂观念,而是具体的、形而下的认识,之后才产生了"万物有灵"的观念。

巨石信仰等内容。在山地、丘陵占国土面积七成之多的日本，自古以来就有祭祀山神的传统，遥拜神山被认为是日本最古老的祭祀形式。据考古发现，三轮山的山体遥拜可追溯到 4 世纪，即弥生时代该山就已经被神化。木曾御岳山也很早就成为了人们遥拜的对象，至今山上仍有遥拜山体的地方，称作"御岳之四门"，即岩乡村神户、长峰峠、三浦山中、鸟居峠，且四处均建有鸟居和祠堂。之所以山岳如此早地成为日本人信仰的对象，与山岳巍峨挺拔的姿态、神秘莫测的景观有关，也与山岳蕴藏的丰富资源有密切联系。作为祭祀对象的山岳，有的高耸入云、单独存在，如富士山、岩木山等；有的则连绵起伏，峰峦叠嶂，如立山、英彦山等。对于群山环抱的山岳，日本人模拟家庭关系进行命名，如男女山、兄弟山等等。日光三山就对应男体山、女体山、太郎山，分别代表了父亲、母亲、儿子。二葛城山系北端的二上山，则分别称作雄岳和雌岳，祭祀男神和女神。

　　山上的石头亦是大小不一、怪石嶙峋，有的像张牙舞爪的怪兽，有的像和善的老人，形状多种多样。因此，日本很早就出现了把巨石作为神体的信仰，即磐座信仰。如三轮山上的巨石旁边出土的祭祀陶器说明，奈良时代以前三轮山上就存在磐座祭祀。而位于对马海峡的宗像冲之岛上的巨石旁边出土的铜镜、铁器、玉器、滑石器等祭祀器物，显示岛屿上也早就有过磐座信仰。除此以外，日本各地还有很多以磐座信仰为依托的神社。如熊野三山上的神仓神社以"琴引石"为神体，该巨石在"记纪神话"中被称作"天磐盾"；宫城县的钓石神社祭祀一块看上去要落下来的巨石，被认为是男神；群马县的榛名神社境内以多块巨石为祭祀对象，鸟居附近有"犬神石"，双龙门背后有"鉾岩"，本殿附近有"御姿石"；新潟县的漆山神社的磐座是"明神岩"，祭祀明神；三重县的花窟神社则把 45 米高的巨石予以神化，传说伊奘冉尊的坟墓就建在该巨石附近。此外，还有很多虽不建在山上但把巨石作为祭祀对象的神社，如京都桂川流域的松尾大社、岛根县的须我神社等等。

　　实际上，很多古老的神社起源于磐座信仰，最初的祭祀对象就是巨石。例如，出云大社虽然后来主要祭祀在"让国神话"中把"苇原中国"让给天孙的大国主神，但从神社附近巨石旁的真名井遗迹来看，神社出现以前该地曾长时间存在过磐座信仰，磐座信仰或许才是神社建设的最初缘由。然而，在大和国家建设的过程中，大和朝廷根据政治需要把建国神化中的大国主神附加给了该神社，使其具有了浓厚的政治色彩和神话色彩。而日吉大社基本上延续了磐座信仰的传统，祭祀大山咋神。《古事记》中记载大山咋神"住在近淡海国的日枝山，也住在葛野的松尾"[①]，日枝山就是比睿山。比睿山系的八王子山顶有块称作"金大严"的巨石，传说是大山咋神的降临之处。最澄在比睿山开辟天台宗时，之所以把日吉社作为镇守神社，把大山咋神作为镇守神，也是因为比睿山自古以来就有祭祀山神的传统。而"山王神道"中的"山王权现"也是在比睿山山神信仰的基础上，嫁接了中国道教中的"地主山王元弼真君"而出现的。

而且，在无法合理解释雷电、暴雨、火山等自然现象的时代，日本人把山上出现的很多自然现象也作为超越的内容进行崇拜，并根据这些自然现象与自身的利害关系赋予山神不同的特征。例如，由于富士山山高景美，且周期性岩浆喷发，很早就成为日本人心目中的灵山。富士山爆发后，古代朝廷一般都会派敕使去富士山探测神意，供奉御币、神阶。再如，古代山中修行者在山上看到影子在阳光、雾气的交融中呈现出彩虹状的光环时，就以为是神灵出现，于是更加坚定了修行的信心。但是，自然现象有的是人们期待看到和经历的，也有的是人们想要力图避免和逃避的。因此，人们心目中的山神有的温柔可亲且具有保护性，有的则力量强大且具有破坏性。例如，《古事记》中日本武尊在征战伊吹山时，被伊吹山的神使即野猪袭击，日本武尊大放豪言说不用在意山神的神使，结果狂风暴雨袭来，致使他精疲力竭，身患重病，下山后不久便死去。可见，神秘性是古代人祭祀的直接诱发因素，是原始宗教产生的重要根源。

另外，大多山岳蕴藏着丰富的资源，不仅可以给人提供食物、饮水，而且可以提供搭建房屋的建筑材料以及用于燃料的日用材料。如山上的果子、种子、山菜可以食用；草木可以搭建住宅，也可以用作燃料；鸟兽的肉可以食用，皮毛可以制作衣服、鞋子。被认为是世界上最古老的

---

① ［日］安万侣：《古事记》，邹有恒、吕元明译，人民文学出版社1979年版，第37—38页。

木制建筑物——法隆寺，其建筑材料据说就取自山上持久耐用、反腐性强的柏树。而正仓院的"鸟毛立女屏风"中美女服装上贴着的羽毛，则是山鸟的羽毛。同样是山上的资源，发源于山上的河流可以为人们提供生活用水，以及水稻种植必不可少的农耕用水。据说，流经砂砾、树木后，河流中会增加很多矿物质，从而更有利于水稻生长。因此，以水稻种植为主要生存手段的古代日本人多聚居在山脚下，对河流发源地的山脉抱有特殊的感情。不仅如此，含有多种矿物质的河流汇入大海后，还可以促进鱼类和贝类的生长。同时，由于山岳高大雄伟，很多渔民还把附近的山岳作为航行标志，认为山上有神灵指引他们出海航行。如古代东京湾附近的渔民出海时就把千叶县的锯山作为参照物，相信锯山上住有山神，山神可以点起灯光引导他们。隐岐郡西之岛上的烧火山也是附近渔民用于祈祷航海安全的神山，山上的烧火神社祭祀的正是守护航海安全的神灵。

由此看来，自然资源丰富、自然景观多样的山岳既是以砍伐树木为生的采伐工、以狩猎为生的猎人的生存依托，也是以种植水稻为生的农民、以打鱼为生的渔民生活中的必要依靠。山岳风景秀丽但又诡秘莫测，既可以给人们带来恩惠，又可能带来灾难。于是，人们根据自己的需要，赋予山神不同的角色。如猎人、采伐工认为山神是带来木材和猎物的神灵，采矿工认为山神是孕育矿产的女神，渔民认为山神是保护航海安全的守护神，农民则认为山神是保佑耕作顺利的农耕神。例如，富士山的小御岳神社、山梨县北口本宫富士浅间神社里都放着重约400公斤的斧子，是樵夫祭拜的对象。民间故事中的金太郎则手持斧子，被认为是足柄山的山神。就连修验者的祖先"役行者"的画像中，"前鬼"也是拿着斧子。猎人方面，传说磐次磐三郎曾帮助二荒山的山神打败了赤城山山神，进而从二荒山的山神那里获得了在全国狩猎的权力，因而被猎人们奉为保护神。采矿方面，金山彦神是采矿人的祭祀神灵，也是很多富含矿产的山岳的山神。据《古事记》记载，伊邪那美生火神时被烧伤，痛苦不堪开始呕吐，其呕吐物中生出了该神。现在，日本数十个金山神社都祭祀金山彦神，如岐阜县的南宫大社、岛根县的金屋子神社、宫崎县的黄金山神社等等。

人们不仅会根据生产需要塑造山神形象，还会按照生活环境的需要想象山神的作用。如在冬季较长、积雪较多的越后菱山附近，传说山神在每年二月会随着雪崩降临到人间，给人们分发御币，[1] 并提示当年的吉凶。而且，由于菱山在二月尚被积雪覆盖，人们就把山神想象成穿着白色衣服、长着白色头发的老人形象。

如此，很多山岳附近的日本居民都相信山中有神灵，并在山上或山下建有基于该信仰的神社。不同地方、不同职业的人根据生活、生产需要赋予山神特定含义，使山神成为可以实现人们现实愿望、满足人们现实利益且带有人情味的神。

二 作为农耕神的山神与神道祭祀

山岳对于农民而言具有重要意义，山脚下的土壤肥沃，适合农耕，山上流下的水可以灌溉农田，山上的积雪变化还可以提示农耕时间等等。因此，古代很多地方的日本人把山神当作守护农业生产、农业丰收的农耕神。他们按照农耕的时间想象山神来回的时间，认为山神春天来到民间，成为农耕神，秋天回到山上，成为山神。为此，人们在山下建设迎接山神的神社或祠堂，"山神春天来到神社，守护水稻耕作；秋天和人们共享丰收的粮食，然后回到山里。这被认为是日本春祭和秋祭的起源，也是神道形成的基础"[2]。

日本各地有许多春天迎接农耕神的祭祀活动，如御田植祭、御田、春田打、泥祭等。这些活动大多模拟从插秧到收割的过程，用提前庆祝丰收的方式来祈祷新的一年农耕顺利、农业多产。如日本"三大御田植祭"之一的香取神宫在 4 月举行御田植祭，包括耕田仪式和插秧仪式。仪式中，有的人牵着耕牛，有的人拿着镰刀、锄头、铁锹，做出耕田和插秧的动作。与此同时，插秧女子献上田舞、插秧歌。之后，人们穿过参道来到神社的"斋田"，插秧女子一边唱着插秧歌一边插秧。再如，大阪住吉神社的御田植祭也是日本"三大御田植祭"之一。举行祭祀时，插秧女子、巫女、孩子等主要参与人先要参加称作粉黛式或戴杯式的仪式，也就是请人化妆并接受"神酒"。之后，他们通过修祓仪式去除身上

---

[1] 瓜生中：『よくわかる山岳信仰』，KADOKAWA 2022 年，第 50 頁。
[2] 宮家準：『修験道　その歴史と修行』，講談社 2018 年，第 19 頁。

的"污秽",然后列队走向御田。在御田里,人们先把"御神水"灌入田里,然后举行接受秧苗以及插秧的仪式。这期间,人们会吹起海螺,敲响大鼓,挥舞六尺棒,跳起田舞和住吉舞,热闹无比。再如,森水无八幡神社的田神祭据说也源自模仿水稻种植到收获的提前庆祝仪式,并被列入日本"重要无形民俗文化财产"之列。但是,该祭祀活动基本上没有从插秧到收割的具体场景,而是以舞蹈的形式表现丰收的喜悦。活动中,舞女还要把斗笠、年糕、竹筷扔向观众,让观众互相抢夺。这种抢夺的场面在很多农耕神祭祀中都能看到,包含了人们想要得到神之恩惠的愿望。

如此,迎接农耕神的祭祀活动大多采用预祝农业丰收的形式展开,多以庆祝、欢乐的场景呈现。虽然山岳附近的人们举行春祭的时间不同,规模有大有小,但都包含了人们希望农耕神到来后保佑农业生产顺利进行的心理。与春祭不同,秋祭是在水稻收割完成或农业耕作告一段落后举行。秋祭时,为感谢农耕神,人们通常会把丰收的粮食、美酒献给神灵。由于很多地方传说秋祭以后农耕神要回到山上,因此这些地方的秋祭也是欢送神灵回到山上的祭祀活动。如每年8月的盂兰盆节时,就有专门欢送祖先回去的日子。人们用茄子、黄瓜等做成牛马形状,并在制作的牛马身上放上挂面等食物,然后点起送神火把祖先送走。因为祖先神既能保佑子孙幸福、家业传承,也能保护农耕顺利、五谷丰登,所以祖先祭祀在一定程度上也是农耕神祭祀。这样说来,盂兰盆节时送神火的大型活动——京都的五山送火与其说是带有私人的性质的家庭的祖先信仰活动,倒不如说是整个城市的人们为感谢农耕神、欢送农耕神而共同举行的祭祀活动。再有,被列为世界文化遗产的石川县能登半岛北部地区的飨祭[①],也是当地人为感谢神灵带来当年丰收,并保佑明年五谷丰登而举行的民间祭祀活动。仪式当天,各家先将装有稻种的袋子放在祭坛旁边,之后主人穿着正式的和服拿着锄头到田地锄地,意为唤醒农耕神,然后引领农耕神回家。到家后,农耕神先洗澡,然后享用豆饭、萝卜、芋头等美食,之后就寝。待农耕神就寝后,家人开始食用祭祀农耕

[①] 日语中的说法是"あえのこと","あえ"和"飨"同义,意为用美食款待客人,"こと"意为祭祀。

神的贡品，通过神人共食的方式获取神的力量。传说农耕神会一直待到过年，年后主人先请田神洗澡、吃饭，然后穿上正装、拿着锄头到田地把神送走。因为能登半岛多是海拔 200 米以上的丘陵，田地在丘陵上或夹在丘陵中间，所以农耕神多被认为是附近的山神。

这种丰收后感谢农耕神的祭祀活动据说早在弥生时代就已经存在，以天皇为主角的新尝祭也是其中之一。所谓"当新尝之月，以宴会日，赐酒于内外命妇等"①，新尝祭最初也是人们聚在一起，邀请神灵品尝新谷的欢庆活动。后来，随着大和国家中央集权的发展，变成了凸显天皇与神灵渊源、皇祖神与农业丰收之关联的皇室祭祀。新尝祭的意义大多被认为是天皇通过食用新米的方式，让天照大神的"灵威"显现，进而让"灵威"不断延续下去。这貌似与山岳信仰无关，但正如折口信夫把大尝祭认为是"天孙降临"的再现一样，新尝祭也许包含了日本人对天照大神沿着伊势神宫的"心御柱"到达人世间之场景的想象。

而且，古代的山中修行者也按照民间信仰中山神的移动时间进行修行。他们一般在秋天前往山里修行，以获取山神的"威力"；春天来到民间，使用从神那里获得的"威力"帮助百姓。据说，以前很多神社的神职人员也有这种修行，即秋天和冬天在山上修行，春天回到村里，守护村民。如此，他们"通过修行获得神的力量，成为救助人们的神之载体。"② 不仅如此，山中很多动物也被人们赋予了神的特征，成为山神的神使，如青蛙、熊、蛇等。人们认为这些神使也是冬天在山上修行，到了春天，按照神的指示，来到民间救助民众。其中，狐狸与山神、农耕神的关系最为密切，被认为是农耕神即稻荷神的神使，还被很多人认为就是稻荷神本身。传说稻荷神春天来到田地帮助人们耕种，农业丰收后回到山上。因此，稻荷神既是农耕神，也是山神。之所以狐狸成为稻荷神的神使，或许与狐狸的生活习性有关。据说狐狸春天进入发情期时，会来到田地里大声鸣叫，犹如春天从山上而来的农耕神来呼唤人们农耕。而且，狐狸多把巢穴建在坟墓旁边，时而食用尸体的腐烂之肉，自古以来就被民间认为是能够预测人之死亡、夺取人之精气的灵异之物。而山

---

① ［日］舍人亲王：《日本书纪》，四川人民出版社 2019 年版，第 161 页。
② 神道文化会：『自然と神道文化 1　海・山・川』，弘文堂 2009 年，第 128 頁。

岳很早以前就是人死后的埋葬之地，是灵魂的所在之地。这样说来，山神与狐狸相联系就不足为奇。而且，真言密教传入日本以后，佛教中的荼枳尼天信仰也传入了日本。荼枳尼天骑着白狐、手持凶器、食用人肉，一副魔女的形象。这种形象也进一步加强了狐狸的灵异特征，同时也让荼枳尼天成为很多稻荷神社的祭祀神。

总之，以农业生产为主要生存手段的日本人结合农业生产的实际情况，把山神塑造成了农耕神。春天耕种开始时，人们希望神灵保护农耕，所以就把山神想象成来到民间的农耕神。而秋收结束以后，人们需要休息、积蓄力量，所以又把农耕神想象成回到山上、蓄积神力的山神。因为农耕神需要在山里一段时间后才能拥有保护农业的"神力"，所以秋冬之际在山上的这段时间十分重要。待山神下山时，人们就要举行相应的祭祀活动，欢迎山神即农耕神的到来，并祈求神的保佑。

三 作为"他界"的山岳与神道

由于山岳高大耸立、直入云端，日本自古以来就有山岳是通往天上之路的观念。在"记纪神话"中，天孙从诸神居住的高天原降临到日向（宫崎县）的高千穗，说明《古事记》成书前日本就有了神降落到山顶的认识。而日本名山的山顶之所以建有神社或鸟居，据说也是因为附近居民早就持有山岳信仰。例如，大峰山上有七十五处称作"靡"的地方，每个"靡"都被认为是神降临的地方。此外，山上的瀑布、巨树、岩石等也都是神灵的降临之处，是人们崇拜、信仰的对象。瀑布之所以与神灵降临相关，也许是因为瀑布一泻而下的状态比较符合人们对神灵降临的想象。如那智瀑布落差133米，气势磅礴，令人震撼，是飞泷神社的神体。山上的巨树之所以称作神木，可能是因为历史悠久、高大挺拔的树木契合了人们对神灵顺着树木从天而降的场景的想象。如宫城县秋保神社的神木树龄约400年，高20米，树龄和外观都给人很强的冲击感。

既然山岳是通往天界之路，山上的树木、岩石、洞窟、瀑布等也是通往天界之物，那么山岳就具有了连接天界和人世、圣与俗的特征，是不同于人世的"他界"。而"认为一切人和物的灵魂都会在死后升天为神，这是人类从几万年前一直延续下来的宗教观念"①。在日本，神所在的"他界"最终与死者灵魂去往的"他界"融为一体，使山岳成为神和死后灵魂共存的世界。日本自古以来就有把死去的人扔在山上进行埋葬的传统，也就是天葬、风葬。日本各地有很多称作"灵场"的山岳，如恐山、比睿山、高野山、立山、大山等等，至今这些地方还流传着死者灵魂去往山上的说法。其中，恐山是活火山，山上弥漫着硫黄臭气，火山口湖畔则是白色的沙滩，呈现出死寂的景象，很早以前就被作为"灵场"来祭祀。到了平安时代，圆仁高僧在中国学习佛法回国后宣传佛法，行至恐山后发现恐山是巨大"灵场"，并认定山上有108个地狱，于是建菩提寺、雕刻地藏菩萨像。江户时代，恐山附近出现了很多声称能够传达死人声音的巫师。巫师以占卜、巫术为生，每年夏天恐山举行大型祭祀时，很多死去亲人的村民就聚集到巫师这里，请求巫师传递死者的语言。

  这种山岳与死亡的关联性派生了日本人两种截然不同的山岳认识。一是死亡是肮脏、污秽之物，且死者灵魂会长时间在山中游荡，所以山岳是令人恐怖的魔界，山神是可能给人带来灾难的鬼怪。民间故事和绘画作品中很多山神被描绘成女妖、天狗、鬼等令人恐怖的形象。女妖大多头发花白、口角裂开，时常把山上的人诱导至小屋，然后吃掉。天狗在山上出现时，要么发出雷声一般的叫声，震彻山谷；要么长着翅膀在深山老林作乱，骚扰山上的修行者。山鬼则多是吃人、牲畜的凶残形象，民间故事中的桃太郎之所以上山驱鬼，就是因为山鬼经常来到村里破坏房屋，抢夺牲畜和粮食。而赤神神社的相关传说中，也是由于山鬼经常来村里作乱，于是村民骗鬼说，如果鬼一晚上能造出一千层台阶，就把女儿送给它。出于对山里鬼神的恐惧，古代日本人不会轻易进入山里，不得不进山时也要遵循严格的规矩。如埋葬死人时，据说把死尸扔到山上后，要头也不回地赶紧下山，下山后还要让村边等候的村民给他们撒盐驱邪。传说盐可以去除死亡之污秽，是民间驱邪、净化之物。此外，猎人、樵夫也必须知道进山后的各种忌讳才能进山，如不能使用山神不

---

① [日]梅原猛：《世界中的日本宗教》，卞立强、李力译，四川人民出版社2006年版，第25页。

喜欢的词语，不做山神不喜欢的事情，不携带山神不喜欢的食物等等。

二是山岳具有净化死亡之"秽"的作用，是死者得以升至神灵的地方。例如，月山自古以来就是死去的人从山顶去往天界的地方，至今月山神社仍在每年8月13日举行祭祀亡灵的"柴灯护摩"①。日本人认为，死者灵魂在一段时间内在山上飘荡，之后在山顶升天，并在天界与其他死者灵魂合体，成为祖先。为了让死者灵魂顺利成为祖先神，后世子孙需要对死者进行定期祭祀，举行"三十三年忌"等祭祀活动。"三十三年忌"一般在死者去世后的第七日开始，到死者去世三十二年时结束，一共十三回。所以，三十三不是实数，而是取自佛教中三的倍数，表示无限之寓意。实际上，在佛教传入以前，日本早就存在祖先祭祀的传统，佛教的说法只是附会了日本人业已存在的民间信仰，即死者灵魂会在一段时间在山中游荡，最终升天成为祖灵。②统治阶层也相信死者会在山上升天，所以前方后圆的古坟建成山的形状。受中国天圆地方说的影响，圆形代表了天，用来安置死者；方形代表了地，用来表示现世。继任仪式时，继任者从圆形部位走到方形部位，以表示后继者继承了死者的角色，显示从天到地、从"他界"到现世的过程。而奈良时代、平安时代的记载中，从事皇室丧事的官职多带有"山"字，如造山陵司、作山陵司、造山司、山作司等等③，说明当时皇陵建在山上，山可以作为皇陵的代称。

可见，日本人并没有让死亡停留在"秽"这一层面，而是试图通过山岳的神圣性净化死亡之"秽"，甚至通过死亡来达到重生的目的。"记纪神话"中很多死去的神的尸体产生了新的神，如伊邪那美死后腐烂的身体里产生了雷神；火之迦具土神被杀后，头颅、胸部、腹部、阴部、左手、右手、左脚、右脚分别产生了正鹿山津见神、淤滕山津见神、奥山津见神、阎山津见神、志芸山津见神、羽山津见神、原山津见神、户山津见神。而古代修验者使用蛇胆、熊胆等制作的"返魂丹"，则意为让魂魄回到身体、让魂魄回到肉体。再如，修验者进山修行时，之所以穿

---

① 野外举行的法事之一，相当于盂兰盆节时迎接祖先的迎神火。据说最早由圣宝理源大师创立，在真言宗的相关寺院中举行。
② 瓜生中：『よくわかる山岳信仰』，KADOKAWA 2022年，第33页。
③ 国立歴史民俗博物館：『国立歴史民俗博物館研究報告』（141卷），佐倉：国立歴史民俗博物館 2008年，第45－48页。

着人死后的白色装束，就是因为他们想要实践从死到生的过程，也就是经历佛教中所说的"十界"，即地狱界、饿鬼界、畜生界、修罗界、人间界、天上界、声闻界、缘觉界、菩萨界、佛界，最终达到开悟的境界。如修验的名山——大峰山的修行路径从熊野到吉野，传说就是经历从死到生的转换。而且，人们认为山上的动物、植物也会经历从死到生的转变。如阿伊努人认为人只能获得熊的肉体，而无法获得熊的灵魂。山神掌管熊的灵魂，并可以不断创造出拥有新的肉体的熊，进而为人们提供食物和衣物。而熊祭就是阿伊努人在获得熊的肉和皮毛后，把熊的灵魂还给山神的祭祀活动。再有，古代樵夫在山上砍伐树木后，要插上新的树苗，意为请山神用树木灵魂培育新的树木。如此，古代日本人早就有了"死亡孕育新生"的观念，并让山岳充当了去除死亡之污秽、塑造新生命的角色。

不仅如此，很多日本人还认为新生儿的灵魂来自山上，由山神掌管。如有些地方的人相信灵魂从山上顺着河流流淌下来，所以为了获得新生儿的灵魂，就把产屋多建在山脚下神社附近的河边。日本民间故事中也有很多新生儿的灵魂源自山岳的故事，如家喻户晓的桃太郎就是从山上飘下来的桃子中产生的。当然，桃太郎的出生与中国传入日本的桃信仰也有很大关系。毕竟中国的桃经常用来形容女性，还被比喻为女性的性器，自古以来就包含多子、长寿的良好寓意。而日本各地流传的"竹姬"故事中的竹姬是膝下无子的老爷爷在竹山上的竹子里发现，后来成为绝色美人，并经历常人无法经历的爱情的形象。还有，御伽草子中的一寸法师则传说是一名老妇向住吉大明神祈祷后获得的，住吉大神也因此被认为是送子神灵。与住吉神社类似，很多山上的神社被用来祈祷多子多福、平安分娩。如汤殿山神社的神体是一块茶褐色的巨石，巨石被认为形似女阴，且巨石旁有温泉涌出，历来是驱邪避灾、祈祷多子的灵验岩石。再如，冲绳县中城的某神社把洞穴作为神体，洞穴内放有很多白色的石头，传说夫妇只要在洞穴里睡上一夜，并带一块白色石头回家后就可以怀孕。[①]

[①] 神道文化会：『自然と神道文化1　海・山・川』，弘文堂2009年，第117页。堂2009年，第117页。

而且，因为山神可以带来新的灵魂、生命，而且蕴含有人们生活中必需的动物、植物、矿产，犹如女性孕育孩子一般，所以很多地方的山神是女神形象。如日光山、筑波山都有女体山，且山体本身就被认为是神灵。山中的神社中，也有很多祭祀山中女神，如遍及日本各地的白山神社、丹生神社。白山神社的主祭神是白山比卖命，是保佑夫妻关系和睦、顺利产子的神灵。传说伊邪那岐追随死去的伊邪那美到黄泉国后发生争吵，此时该神出现并成功解除了二者之间的隔阂。丹生神社祭祀的丹生都比卖大神也是女神，在纪伊山地的丹生都比卖神社的祝词——《丹生大明神告门》中，该神被描述为天照大神的妹妹，也就是稚日女神。而且，据《播磨国风土记》记载，神功皇后在出兵时曾获得该神的托宣，把衣服、武器染成红色，最终大获全胜。之后，神功皇后的儿子应神天皇向神社进献很多土地，以表示感谢。故事本身当然是后世为了塑造神功皇后的高大形象而编造，但神功皇后的女性角色确实增强了该神作为女神的特征。

与孕育生命、矿产的正面女神形象不同，很多地方的山中女神样貌丑陋且气度狭小。据《日本书纪》记载，天孙琼琼杵尊降到高天原后，喜欢上了大山祇神的女儿木花开耶姬，并与其结婚。大山祇神劝琼琼杵尊把木花开耶姬的姐姐磐长姬①也娶了，但琼琼杵尊称磐长姬样貌丑陋，不愿与其婚配。磐长姬惭愧无比，诅咒道："假使天孙不斥妾而御者，生儿永寿，有如磐石之常存。今既不然，唯弟独见御。故其生儿，必如木花之移落。"②"磐长"意为像磐石一样坚实长久，所以引文中的"生儿永寿"指孩子健康长寿，如同磐石一般。磐长姬的故事在民间广为流传后，很多人认为山中女神样貌难看、器量狭小，而且嫉妒漂亮的女性，喜欢年轻男性。因此，古代很多地方禁止女性进山，目的是防止山神大怒，给人们带来灾难。例如，富士山附近的传说是美女进入富士山后，山神会嫉妒其容貌，然后隐身起来，即用乌云、雾气等遮住富士山。还有一些地方认为山神喜欢比自己丑的东西，所以猎人进山时要带上样子丑陋的虎鱼，并把虎鱼当作贡品放置在祭祀山神的地方。传说山神看到

---

① 《古事记》中写作"石长姬"，"石"和"磐"意思基本相同。
② ［日］舍人亲王：《日本书纪》，四川人民出版社2019年版，第35页。

比自己还要丑陋的虎鱼后会非常高兴，便会赐予猎人较多的猎物。也有一些地方认为山神喜欢男人的性器，所以当祭祀山神或在山上遇到恶劣天气时，年轻男子会把性器露出来，以取悦山神。

第二节　日本人的水崇拜

水自古以来与人类休戚相关，既是生命存在的必要条件，又是生命结构的基本组成部分。古希腊哲学家泰勒斯曾说万物由水做成，大地就浮在水上。著名的宗教学家米尔恰·伊利亚德也曾指出："（水是）源动力和起源，是所有存在可能性的宝库。水在万形之前，并支持万物的创生。"[①] 在70%以上的面积被水覆盖的地球上，水一直是人类生存、万物生长不可或缺的要素。在四面环海的日本，很早就形成了水神崇拜的传统，出现了形式多样、内涵丰富的水神信仰。

一　水的必要性是日本人水信仰的前提

作为岛国，日本的水资源极为丰富。首先，日本被海洋环绕，海洋为日本人提供了鱼类、贝类、海藻等食物，保证了日本人蛋白质、维生素等物质的摄取。早在绳文时代，日本人就懂得利用海洋获取食物，"贝塚"就是很好的说明。日本现已发现2500处左右的"贝冢"，表明古代很多日本人住在海边，并将海洋中的生物作为食物。例如，日本最早的"贝冢"——千叶县的西之城贝冢和神奈川县的夏岛贝冢，是7000多年前的日本人食用贝类等食物后丢弃的废物堆积而成。而在《魏志倭人传》中，有多处记载古代日本人入海捕鱼的场景，如"好捕鱼鳆，水无深浅，皆沉没取之""今倭水人好沉没捕鱼蛤，文身亦以厌大鱼水禽，后稍以为饰"等等。学术界大多认为邪马台国位于九州一带，所以《魏志倭人传》中记载的捕鱼、文身习俗应该指的就是古代九州岛上日本人的生活习惯。时至今日，海边居住的日本人仍有很多人以渔业为生，或从事海水养殖，或定期出海打鱼，把大海中的水产资源作为主要的谋生手段。此外，海

[①] ［罗马尼亚］米尔恰·伊利亚德（Mircea Eliade）：《神圣与世俗》，王建光译，华夏出版社2002年版，第71页。

洋自古以来就是日本人连接日本国内以及世界各国的交通要道，是文化交流、文明互鉴的重要途径。古代的遣隋使、遣唐使无不是乘坐船只越过海洋来到中国，近代的岩仓使节团也是乘船游历欧美各国。如此，海水孕育了可供人们食用的食物，提供了远行的条件，加上海洋浩瀚无际、海纳百川的样态，以及时而惊涛骇浪、时而海市蜃楼的诸多现象，海洋很早就成为日本人信仰的对象。

淡水方面，受季风型气候的影响，日本各地降雨十分频繁，水量非常充沛。雨水汇成无数条河流，流经人们居住的集落，给人们提供了生活、生产用水。进入农耕社会以后，淡水资源是否丰富成为事关日本人水稻种植能否顺利进行的关键因素。因此，人们往往在河流、泉水附近开垦田地，或在地下水充足的地方开辟农田。为了保证农耕用水的充足，并防止旱涝灾害危及农业，日本人积极疏通河道，修建水利设施。而且，利用同一水源和灌溉设施的日本人还会聚居在一起，并约定用水的规则。例如，同一河流附近的居民往往会确定汲取饮用水的时间和洗涤衣服、农具的时间，抑或按照河流流淌的方向确定淘米做饭和洗涤衣服的河流部位，以避免清洗衣物后的水被人们食用。这样，在大型水利灌溉的过程中，人们增强了合作、协同的意识，提升了协作、互助的能力。而农耕社会下水资源的使用在推动农村共同体社会形成、增强农村共同体内部团结的同时，也让水、河流、井口等成为共同体成员倍感珍惜的神圣无比之物。

即使在工业发达、能源多元化的当代，淡水的作用并没有因为科技的进步而减弱。相反，水已成为工业生产中不可或缺的重要原料。没有合格的水，任何工业都难以维持正常运转。与此同时，工业的蓬勃发展也衍生了许多环境问题，威胁着日本人的健康。日本最早的公害事件可以追溯到明治时期的"足尾铜山矿毒事件"。当时，在足尾铜山的开发过程中，度良濑川遭受了严重污染，进而引起了广泛关注，成为日本环境问题的开端。而"二战"后日本"四大公害病"中，则有三个与水源污染有关，即水俣病、第二水俣病、"疼疼病"。这些水污染问题一方面增强了日本人保护生态环境，推进水质改善的意识，另一方面也使日本人的水神信仰在近代及当代得以传承。

二 水崇拜的多样性

由于水对于日本人意义重大、影响深远，日本人很早就根据水在不同气候、不同地理中呈现的形态，塑造出了多种多样的水神，如海神、河神、井神、瀑布神、山口神、雨神、雪神等。而且，人们在事关水源、水质、水量的地方建设神社，祈祷水神的护佑。例如，山岳往往是河流的发源之处，山上的树木、石头等又能净化水质、保护水源，所以很多山上建有祭祀水源神的神社，如奈良县的丹生川上神社、京都的贵船神社等等。而河流交汇处往往水量较大，适合水稻灌溉、水利运输，但也容易发生河水暴涨、河流泛滥，所以河流交汇处多建有祭祀河神的神社，如奈良县的广濑神社、京都的河合神社、新潟县的川合神社等等。再有，河流冲击的河滩往往土壤肥沃、水源充足，但也容易遭受河流泛滥之灾，所以河滩上也多建有祭祀河神的神社，如静冈县的椎脇神社、和歌山县的熊野速玉大社等等。同样，因为河流的终点即河口容易淤堵不畅，造成水量过大、水流过急，所以河口之处也多建有祭祀河神的神社，如和歌山县的熊野阿须贺神社、高知县的水户柱神社。此外，还有祭祀瀑布之神的神社，如和歌山的熊野那智大社、岐阜县的白山长泷神社；祭祀湖泊之神、水沼之神的神社，如岛根县的迩币姬神社、静冈县的池宫神社；祭祀井口之神的神社，如和歌山县的真名井神社、和歌山的矢仓神社；祭祀深渊之神的神社，如高知县的白岩神社、奈良的净见原神社。

诸如此类，与水相关的神灵种类繁多，相关神社不胜枚举。不仅如此，人们还根据水的用途和作用，将水神想象成为可以保佑人们延年益寿、返老还童，或者保佑当地长治久安、社会安定，或是保佑农耕水利、农业丰收的神灵。关于延年益寿，《中臣寿词》中祈祷神灵保佑新任天皇健康长寿的语句是："皇御孙尊御膳都水，宇都志国水天都水成立奉申，事教给依，天忍云根神天浮云乘，天二上上坐，神漏岐、神漏美命前申，天玉栉事依奉，此玉栉刺立，自夕日至朝日照，天都诏户太诏刀言以告，如此告，麻知弱韭由都五百篁生出，自其下天八井出，此持天都水所闻食。"[①] 意思是

[①] 西牟田崇生：『祝詞事典　平成新編　増補改訂版』，戎光祥出版 2017 年，第 174—175 頁。

说，天忍云根命乘着浮云来到高天原，向神漏岐、神漏美命①祈祷"天水"，按照二神的旨意把玉栉立在地上，并用"天津祝词太祝词事"祈祷后，无数干净的竹子生长出来，竹子下面是"天之八井"，而"天之八井"的水就是供天皇喝的"天水"。在这里，水被赋予了长寿、长久之意，旨在象征国家统治的安定长久。《万叶集》中则有水象征长寿、长久的和歌。如在赞美藤原宫的"藤原宫御井歌并短歌"中，作者写道："仰承天渥恩，愿蒙日恩典。愿此御井水，清冽万万年。"② 该作者用井水的"万万年"暗指藤原宫的长久永存，并让井口之神充当了土地神的角色。

关于返老还童，在《延喜式》"出云国造神贺词"中，新上任的出云国造去都城参拜天皇时，使用了如下祝词："彼方古川岸，此方古川岸，生立若水沼间，弥若睿御若睿坐，须须伎振远止美水。"③ 意思是说，祝福天皇如同流向古老河岸的清泉那般愈发年轻，希望天皇像清洗贡品而搅动起来的水那样更加有活力。而且，出云国造去都城前要先在出云国修禊，祭祀出云国的神，然后将出云国的宝贝献给天皇，祈祷天皇代代长久。《万叶集》中也有水可以令人返老还童的和歌："天桥应长，高山再高，愿取月神之长生水，奉君得服用，还童永不老。"④ 该作者之所以希望天桥更长、高山更高，就是为了踏过天桥、高山去取月神那里的返老还童之神水。

农耕方面，因为水源、水质的管理和维持是农业顺利进行的必要条件，水利设施的建设和利用是保证农业丰产的关键因素，所以农耕社会下的很多祭祀活动围绕着保证农耕用水这一目的展开。例如，大阪池上曾根遗迹中，很多建筑物围着井口而建，出土的长颈壶等文物上也画有龙等图案，表明该井口过去曾是当地的灌溉设施，井口周围的建筑物就是为了祭祀而建。再如，御所市南乡遗迹群中有古坟时代葛城氏修建的导水设施，水利设施周围也有祭祀水神的建筑物。再有，缠向石冢等古坟则建有用于储存农耕用水的"周濠"，"周濠"规模宏大、水量充足。

---

① 神漏岐被认为是男神的尊称，神漏美命是女神的尊称。
② [日] 佚名：《万叶集》，赵乐甡译，译林出版社2009年版，第21页。
③ 西牟田崇生：『祝詞事典 平成新編 増補改訂版』，戎光祥出版2017年，第158页。
④ [日] 佚名：《万叶集》，赵乐甡译，译林出版社2009年版，第578页；有改动。

尽管古坟不是专门用于祭祀水神的建筑，但古坟里埋葬的人多是积极开发水资源、努力推进水稻种植的掌权者，所以"周濠"的建设含有人们希望逝去的人或者说神灵保佑水利顺畅的心愿。奈良时代以后，朝廷会定期举行祭祀水神的活动，感谢水神给人们带来五谷丰熟的同时，祈祷新一年的农业丰收。《延喜式》的祈年祭的祝词中写道："水分坐皇神等前白，吉野、宇陀、都祁、葛木御名者白，辞竟奉者，皇神等寄奉奥都御年，八束穗伊加志穗寄奉者，皇神等初穗颖汁……"① 意思是说，神灵带来了饱满的稻穗，所以在吉野、葛木等地献上贡品祭祀神灵。文中的吉野、宇陀、都祁、葛木是朝廷认定的水分社的所在地，分别对应了吉野水分神社、宇太水分神社、都祁水分神社、葛木水分神社。

水分社是在水源之地或河流分岔口祭祀掌管分配水的神灵即水分神的神社。古代日本人认为，水从天上降到山上，然后从山上经由山的出口，流到各地农田。因此，山岳信仰与水神信仰往往融为一体，有些山神也是水神。例如，爱媛县的石锤山是吉野川、仁淀川的发源地，所以附近农民就把石锤山作为"水分"之山予以崇拜。而横跨富山县、石川县、福井县、岐阜县的白山因为是九头龙川、手取川、长良川的发源地，所以这些地方的人们就把白山神作为水神。再有，山形县的羽黑山上的御手水池自古以来就被附近农民当作水源之地，因此羽黑山神也被当作水神祭祀。如此，山岳崇拜与水崇拜交织在一起，成为日本人祈祷水源不断、水量充足的神灵。

而且，为了保证水流不息、源源不绝，人们还会祈祷水神降雨或停雨。如《万叶集》的"一如襁褓儿，求乞母乳般。等候天赐雨，仰望一心盼"②，就是作者见到田地干旱时，希望乌云能带来降雨的和歌。但是，只是乌云聚合并不能如愿，还要借助海神的力量，所以"海神宫阙边，漫天阴云合，赐雨润斯田"③。神社方面，从《延喜式》记载的临时祭来看，朝廷认定的可以用来求雨的神社有几十个，分布在山城国、大和国、河内国、和泉国、摄津国，而且都是大社。平安时代以后，很多史书中

---

① 西牟田崇生：『祝詞事典　平成新編　増補改訂版』，戎光祥出版 2017 年，第 73 页。
② ［日］佚名：《万叶集》，赵乐甡译，译林出版社 2009 年版，第 769 页。
③ ［日］佚名：《万叶集》，赵乐甡译，译林出版社 2009 年版，第 769 页。

都有朝廷去神社求雨的记录。如《日本后纪》大同三年（808）五月条中记载："奉黑马于丹生川上雨师神，以祈雨也。"① 在这里，丹生川上社是求雨的神社，丹生神被认为是雨师神。同时，贵布祢神社也是朝廷用于求雨的神社，《日本纪略》弘仁九年（818）七月丙申条记载："遣使山城贵布祢神社，大和国室生山上龙穴等处，祈雨也。"② 而且，停雨也要祈祷神灵，即："奉白马于丹生川上雨师神并贵布祢神，为止霖雨也。"③

再有，对于日本人而言，大海、河流的对岸也是神灵所在的"他界"，即文学作品和民间故事中所说的常世、理想乡、异乡。柳田国男在《海上之道》中写道，常世、妣之国、根之国指的就是海洋的彼岸，人的灵魂、谷物等都是从彼岸而来。冲绳县有些地方至今仍保留着祭祀从"他界"而来的神的祭祀活动，如"イザイホー祭り"就是迎接大海对岸到来的神灵。举行祭祀活动时，人们请神灵认定该地30岁以上的已婚女性为神女，之后把神送回"他界"。再如，盂兰盆节"送精灵"时，很多地方会将"精灵船"放入河中或海中，请祖先顺着河流或海流回到"他界"。而且，在"迎精灵""送精灵"时，人们会挂起灯笼，或用树木、稻草等点起火，意为给祖先点亮回去的路。

三 神话中的水神与相关信仰

关于水崇拜，《日本书纪》开头就有描述："开辟之初，洲壤浮漂，譬犹游鱼之浮水上也。于时天地之中生一物，状如苇牙，便化为神，号国常立尊。"④ 意思是说，日本国土出现时犹如漂浮在水上的鱼，而最早出现的神形如芦苇的芽儿。这一描述和《古事记》中"如同漂浮在水面上的油脂，象海蜇那样浮游时，萌生一个像苇牙那样的东西，化为神"⑤基本一致。文中虽然没有明确指出日本国土产自水、海洋，但如同漂浮

---

① 冈田干毅：「日本古代の祈雨・祈止雨儀礼について：祈（止）雨特定社をめぐって」，『人文論究』43（2），1993年，第62页。
② 冈田干毅：「日本古代の祈雨・祈止雨儀礼について：祈（止）雨特定社をめぐって」，『人文論究』43（2），1993年，第63页。
③ 冈田干毅：「日本古代の祈雨・祈止雨儀礼について：祈（止）雨特定社をめぐって」，『人文論究』43（2），1993年，第63页。
④ ［日］舍人亲王：《日本书纪》，四川人民出版社2019年版，第3页。
⑤ ［日］安万侣：《古事记》，邹有恒、吕元明译，人民文学出版社1979年版，第2页。

在水上的描述，以及最初的神如同水中生长之苇芽的描写，都显示了古代日本人对于国土、神灵与水之间关联的想象。而国土最终是伊邪那岐、伊邪那美站在天浮桥上，把矛头搅动海水时，从矛头上滴下的海水形成的。也就是说，国土的形成并没有离开海水。

"记纪神话"中的水神有多个，与水神相关的神话故事也有很多。首先，弥都波能卖神是神话中出现较早的水神，在日本各地祭祀较多。但弥都波能卖是《古事记》中的记载方式，读作"みづはのめのかみ"；《日本书纪》中写作罔象女神，读作"みつはのめのかみ"。研究者分析，"みづ""みつ"指水，而"め"指女人，所以判断该神是与水相关的女神。实际上，"罔象"在中国古典中早有出现，《庄子》中有"黄帝游乎赤水之北，登乎昆仑之丘而南望，还归，遗其玄珠，使知索之而不得，使离朱索之而不得，使吃诟索之而不得也。乃使象罔，象罔得之"的说法。其中，"象罔"是该寓言故事中的人物名称，但据考证原作中应写作"罔象"。后世的记载中，"罔象"常指一种朦胧模糊的怪物，如《淮南子》中记载道："山出枭阳，水生罔象，木生毕方，井生坟羊，人怪之，闻见鲜而识物浅也。"对于文中的"罔象"，高诱注解为"水之精也"。由此推测，《日本书纪》应该是借鉴了中国古典中"罔象"的水怪之意。关于弥都波能卖神的出生，《古事记》中的记载是，伊邪那美生完火神后，灼伤了阴部，之后从其尿里产生了该神。后世的人们认为，《古事记》中化生型的五神对应了中国阴阳五行中的金木水火土，火神之后出现水神的设计就是要凸显水可以灭火的特征。从"镇火祭祝词"中"心恶子生置来宣，返坐，更生子，水神、匏、川菜、埴山姬，四种物生给，此心恶子心荒，水神匏、山姬川菜持镇奉"[①] 也可以看出，伊邪那美生下火神后，又生下了水神，火神在先，水神在后。而且，文中明确指出，如果火神带来火灾，则用水神来消灭。也就是说，火神带有破坏性的特点，而水神具有镇压火神的能力。

神社中，有的把该神当作雨神祭祀，如丹生川上神社；有的当作河神祭祀，如大井神社；有的当作瀑布神祭祀，如大泷神社。还有很多地方由于某个产业需要良好水源，便将该神塑造成为保佑商业繁荣、财富

---

① 西牟田崇生：『祝詞事典　平成新編　増補改訂版』，戎光祥出版2017年，第121頁。

丰盈的神。如宫城县岩沼市的金蛇水神社的起源是：平安时代的一名铁匠为了给一条天皇打造佩刀四处寻找清水，来到此地后终于发现了清澈的水源，于是用这里的水打造出了天皇满意的佩刀，此后该地就开始祭祀金蛇大神，也就是罔象女神。再如，福井县今立町大泷神社的摄社①冈田神社的传说是：罔象女神曾来到此地，发现水质优良，便建议人们用当地的水制作滩纸，并教给他们制作方法，因此人们把罔象女神作为这里的守护神。再有，因为罔象女神产自伊邪那美的尿，而粪尿在栽培农作物方面具有重要意义，所以有些地方的人们就把尿里产生的罔象女神认为是肥料之神、农耕之神，如佐贺市的金立神社、大阪府的建水分神社等等。

另一个与火神密切相关的水神是《日本书纪》中的龙神，也就是《古事记》中的淤加美神。该神由伊邪那岐斩杀火之迦具土神后的刀剑上沾染的血产生，因而很多学者认为"记纪神话"的作者是要表明该神是消除火灾的神灵。但在民间，该神多被当作雨神来祭祀，与水稻种植有很深的渊源。现在，日本全国几百个贵船神社都将龙神作为主祭神。另外，各地还有很多祭祀龙神的神社将"龙"字作为神社名称，如龙神社、高龙神社、暗龙神社等等。但是，龙信仰并非日本的本土信仰，而是源自中国。古代中国早就有将龙当作水神的记载，如《史记·秦始皇本纪》中的"始皇梦与海神战，如人状。问占梦，相士曰：'水神不可见，以大鱼蛟龙为侯。'"在中国的传说和故事中，龙王、龙女往往是掌管兴云布雨的灵物，龙王庙则是人们祈祷降雨的庙宇。龙的信仰传入日本后，日本的水神变得更加具象化，水神神社也将龙的雕像、画像作为神社的灵物。如有的贵船神社将山洞当作龙穴，有的贵船神社则在"御朱印"上画上龙的图案等。除祭祀龙神的神社以外，其他与水神相关的神社也有很多将龙或蛇视作神的情况。如镰仓的钱洗弁财天贺福神社的主祭神是弁财天，而白蛇是弁财天的化身。据说使用该神社的清水清洗硬币后，就会财源滚滚、财运亨通。此外，也有许多河神是蛇的形象，如静冈县都田川附近传说都田川里曾有巨蛇居住，而巨蛇就是该河流的镇守神。

---

① 摄社是指附属于本社并祭祀与本社的祭神有深厚关系的神灵的神社，一般规模较小，介于本社和末社之间，摄社和末社合称为摄末社。

因此，河流附近的居民举行祭祀河神的川合渊祭时，会制作十多米长的假蛇，然后抬着假蛇过河，意为再现蛇渡河的场景。再有，池神中也富含有蛇的信仰，如横跨长野县和岐阜县的木曾御岳山的山顶上有五个池子，传说五个池子分别由白、黑、红、蓝、黄五个颜色的蛇居住。因为人们大多认为蛇信仰是龙信仰的根源，龙图腾源自蛇图腾，所以许多地方的人认为蛇神就是龙神，也是水神。

海神中，最为人熟知的是《古事记》中的大绵津见神、绵津见神，也就是《日本书纪》中的丰玉彦、海神、少童命。《古事记》记载，伊邪那岐和伊邪那美生完国土后，先后化生了许多神，其中包括被称作大绵津见神的海神。绵津见神在"记纪神话"中出现多次，在山之幸、海之幸的故事中表现出了掌控水的性格。故事中，弟弟山幸彦想用自己狩猎的弓箭与哥哥海幸彦钓鱼的鱼竿进行交换，结果二人不但没有猎取到食物，山幸彦还把哥哥的鱼钩弄丢了，导致哥哥非常愤怒。山幸彦想用自己的剑做成鱼钩送给哥哥，但哥哥并不接受，坚持要原来的鱼钩。山幸彦没有办法，在海岸哭泣。此时，盐椎神来到山幸彦的身旁，听完他的诉说后，带他去了海底龙宫。龙宫的丰玉比卖即海神的女儿与山幸彦一见钟情，海神绵津见神对山幸彦也很中意，于是将女儿嫁给了他。几年后，山幸彦挂念山上的生活，想起了来龙宫的缘由。海神得知山幸彦的难处后，将鲫鱼吞咽的鱼钩还给了山幸彦，并送给他两件宝贝，说："因为我掌管雨水，所以三年之内必然使你哥哥贫穷。如果他怨恨你这样做而打你时，你可以拿出满潮珠淹他。如果向你求饶，便拿出干潮珠救他。你就这样折磨他。"[1] 可见，绵津见神掌管着洪水和干旱，掌握着潮起与潮落。

绵津见神是许多神社供奉的神祇，如风浪宫、穗高神社、水上水社、和多都美神社以及遍及日本各地的绵津渡海神社等等。从地理区域来看，九州一代与该神的关联较为深远。福冈县东部以及大分县区域在律令制以前称作丰国，管理这一区域的阿云氏也祭祀绵津见神。而九州对马岛上至今还有很多以丰、丰玉命名的地方，如丰玉町、丰玉高校等。学者们据此推测，这些地方很早以前就存在浓厚的海神信仰，丰玉彦、丰玉

---

[1] ［日］安万侣：《古事记》，邹有恒、吕元明译，人民文学出版社1979年版，第55页。

比卖等海神的名字可能就源自九州的海神信仰。从地理环境来看，九州一带是古代日本连接朝鲜半岛和中国大陆的重要据点，是日本人吸收外来文化、进行国际交流的重要通道。对马海流一部分经过朝鲜半岛东部北上，一部分穿过对马海峡进入日本海，沿着日本海北上，并与利曼海流交汇。而利曼海流向南流动，回旋至九州海域，从而使海流形成一个循环。古代日本人顺着海流方向行进时，就能顺利到达朝鲜半岛、中国等地，反之则可能船沉大海、性命不保。冲之岛位于对马暖流和利曼寒流的交汇之处，在古代充当了大陆船只和日本船只往来时的中转站。如此，对于古代日本人而言，海流在为人们的航行提供方便的同时，也带来了潜在的危险。正是由于这个原因，对马岛、冲之岛等地很早就产生了海神信仰，至今这些岛屿上还残留有古代祭祀的痕迹。

四 修禊的传统

修禊是日本人水信仰的重要内容，也是神道祭祀中的重要礼仪。修禊本来是在水边举行的一种消除不祥的祭祀活动，神道中的修禊主要指通过水洗的方式消除罪恶、污秽，以达到身心清净的行为和仪式。中国古代很早就有关于修禊的记载。如《后汉书·礼仪志上》中写道："是月（三月）上巳，官民皆洁于东流水上，曰洗濯祓除去宿垢疢为大洁"，描述了上巳节官民在河边修禊的场景。日本人的修禊习俗是否源自中国，说法不一，毕竟使用水来举行净化仪式的国家、宗教有很多，如佛教的灌顶、伊斯兰教的大净等。但可以肯定的是，日本人使用的"禊"一词出自中国，日本古代修禊的形式和时间也与中国古代基本相似。

日本最早关于修禊的记载出现在《古事记》中。伊邪那岐追逐死去的伊邪那美到了黄泉国，回来后说："我曾经到非常丑恶而又极其污秽的地方去过，所以必须清净一下我的身体。"[1] 于是，伊邪那岐将身上的衣物扔掉，生出了冲立船户神、道之长乳齿神等十二尊神。之后，他说上游的水流太急，而下游水流太缓，暗指不适合修禊，于是来到中游。在中游洗涤时，产生了八十祸津日神、大祸津日神二神。文中指出："这二

---

[1] [日] 安万侣：《古事记》，邹有恒、吕元明译，人民文学出版社1979年版，第13页。

神都是去到污秽之国时，所沾染的污秽形成的神。"① 而清洗这些污秽时产生的神是神直比神、大直比神、伊豆能卖神。"直比"读作"なほび"，意为纠正、纠偏，所以这三神是去除祸津日神灾祸、纠正祸津日神错误的神。之后，伊邪那岐在河流的底部、中间、表层洗涤时，又产生了很多神。最后，洗左眼时化生了天照大神，洗右眼时化生了月读命，洗鼻子时化生了建速须佐之男命。也就是说，日本神话中的"三贵子"都是在修禊的过程中产生的。

从上述记载可以推测，《古事记》产生之前日本可能早已存在修禊的习俗，并且认为修禊有去除污秽、净化死秽、避免灾祸的功能。然而，有学者指出："禊和祓的习惯并不太古。他们列入宫廷仪式大体是从天武天皇的时代开始，从制定《大宝律令》的大宝元年（701）开始，禊祓才法令化。"② 天武天皇时期，大和朝廷积极引进唐朝的律令。但在唐朝律令中，有些规定并不适合当时日本的情况，特别是涉及死刑的规定。这是因为当时的日本社会秩序主要依赖比较原始的道德和习惯，难以接受严苛的死刑。于是，大和朝廷就将唐朝律令中的许多死刑改为流放，减轻了量刑的程度。日本人认为流放意为驱逐、去除，如同放逐建速须佐之男命一样。这样，就可以淡化死刑带来的残酷和冲击。而"祓"本来是与"禊"不同的仪式，主要针对"天之罪"和"国之罪"。"天之罪"多指与建速须佐之男命破坏高天原的行径相关的行径，如摧毁用水设施、损坏稻苗、生扒马皮等等，基本上都是破坏农耕的行为。而"国之罪"多指致使流血的行为、违背伦理的性行为、危害他人生命和财产的行为等等。但是，后世基本上将二者合二为一，都作为去除污秽、罪恶的仪式，称作"禊祓"。

在平安时代中期编纂成书《延喜式》中，对于宫廷内的"禊祓"有详细的描述。书中规定，大祓在6月30日和12月31日举行，文武百官均要参加。6月30日的大祓主要是为了驱除前半年的罪、秽，祈祷后半年的平安；而12月31日的大祓则是为了消除一年的罪、秽，祈祷明年的

---

① ［日］安万侣：《古事记》，邹有恒、吕元明译，人民文学出版社1979年版，第14页。
② ［日］梅原猛：《世界中的日本宗教》，卞立强、李力译，四川人民出版社2006年版，第11页。

安康。大祓词中写道："速川濑坐濑织津比咩云神，大海原持出，如此持出往，荒盐之盐八百道，八盐道之盐八百会坐速开都比咩云神，持可可吞，如此可吞。气吹户坐吹户主云神，根国底之国气吹放，如此气吹放，根国底之国坐速佐须良比咩云神，持佐须良比矢，如此矢，天皇朝庭仕奉官官人等始，天下四方，自今日始罪云罪不在。"① 在文中，从山顶飞速流下的河流旁边，濑织津比卖神将全部的罪带入大海原。之后，在远海多条盐水组成的海潮交汇的地方，速开都比卖神将罪全部吞掉。再之后，在风吹过的地方，气吹户主神将罪吹向根之国、底之国。最后，在根之国、底之国，速佐须良比卖神将罪消灭掉。从此，朝廷的百官以及天下四方的百姓就没有了罪。由此可见，底之国、根之国与黄泉国相连，污秽出自黄泉国，又在黄泉国被消灭。这其中，河流、海、盐的力量被承认，都起到了消除污秽、罪恶的作用。

除大祓外，在新尝祭、祈年祭等国家重要祭典时也会举行"禊祓"。而且，平安时代以后，朝廷每月都会挑选吉日，派遣敕使将载有天皇灾祸的人偶在河滩上冲走，称作"七濑之祓"。"七"并不是实数，而是指多个，意为通过多条河流的力量驱除灾祸。这种承载污秽、灾祸的人偶、衣服等被称作"抚物"，修禊时先用"抚物"抚摸身体，意为让"抚物"吸附人体上的污秽、灾祸，然后在河流、大海中将其冲走。用"抚物"代替人的做法无疑简化了修禊仪式，是用象征物或符号来实现驱邪避灾目的的一种手段。比"抚物"更加容易制作且容易操纵的，是在神社、宫殿等地的神官手里挥洒的大麻，一般由麻、棉、布、纸等物品做成。挥洒大麻时，神官可以根据宫廷礼仪的要求增加多种环节，如供祝词、割苔草②、献金木③等等。如此看来，修禊一直是宫廷内非常重要的神道仪式，是皇族及官员驱邪避灾的重要手段。直到现在，天皇还会在重要时节进行修禊，如平成天皇即位时曾举行大尝祭，其中就包括两次修禊。

在民间，早就有用海水、河水修禊的传统，宫廷内的修禊仪式本身

---

① 西牟田崇生：『祝詞事典 平成新編 増補改訂版』，戎光祥出版2017年，第114页。
② 一种植物，日语中写作"菅曾""菅の葉"。日本人用该植物编制斗笠，或制作蓑衣（茅草衣服）。
③ 铁制或木制的枷锁、刑具，意为赎罪。

就是民间习俗在统治阶层中的体现。如在沼津市的江之浦，每年除夕钟声敲响后，青年们会裸体奔向海里修禊，祈祷航海安全和渔业丰收。再如，冲绳很多地方的人参加完葬礼回来后也会跳进海里，目的是驱除死亡带来的污秽。而鸟羽市石镜浦的海女为了消除污秽、祈祷平安，每年元旦早上会到海里修禊。据说古代日本人最早修禊用的就是海水，后来河边居住的人才开始使用河水。但无论是用海水，还是用河水，人们都喜欢用流动的、清洁的水。即便是神社中的水手舍，也模拟使用海水、河水修禊的习俗，多用流动的水。但是，在后世的发展中，修禊仪式出现了多种形态，有的使用静止的水，甚至沸腾的水。如"汤立"就是在神前放一大锅热水，巫女用竹叶等蘸一下锅中的热水，然后撒向自己和周边。长野县的正八幡神社、香川县的垂水社、神奈川县的白旗神社等至今仍要举行"汤立"仪式。

那么，修禊到底寄托了日本人的什么心理，反映了日本文化的什么特征呢？首先，日本人认为修禊可以去除死亡之"秽"，流水具有消除死亡带来的负面能量。如《古事记》中伊邪那岐修禊是为了去除黄泉国的"秽"，葬礼后人们在大海中修禊也是为了去除死亡的"秽"。但是，日本人并没有使"秽"局限在死亡之上，而是将罪行、灾害等不祥之事，邪恶、狠毒之心理，以及脏污、恶浊身体全部归结为"秽"，从而使修禊具有了清除多种污秽的作用。如"久世清清河滩，禊身除罪秽，祓祝我命亦为妹"[①] 中，修禊可以去除"罪秽"。万叶集中还有用修禊去除谣言的和歌："因君，惹来闲言多；禊赴故都，明日香河。"[②] 现代选举中则有"禊选举"的说法，指有丑闻的政治家通过解释、谢罪等方式争取选民信任，得以昭雪的情况。日本人在处理问题时经常使用"水に流す"这一惯用表达，意思是过去的纷争、恩怨等一笔勾销。而正是因为水清洁且可以流动，所以才被赋予了清除罪行、祸事等含义。

当集团、个人处于"秽"的状态时，自然秩序、社会关系、身体状况也就可能遭受危险，所以修禊就不仅要去除已有的"秽"，还要避免那些尚未显化但放置以后可能会出现的"秽"。在《万叶集》中，丹生王在

---

① [日] 佚名：《万叶集》，赵乐甡译，译林出版社2009年版，第475页。
② [日] 佚名：《万叶集》，赵乐甡译，译林出版社2009年版，第160页。

悼念石田王时写道："天上佐左罗，原野七节菅。手捧去天河，洁神禊水边。悔未能如此，高山岩奉安"①，暗含的意思是如果提前修禊就可以避免死亡。如此，在无法用科学解释自然现象、社会变动、人生变故的年代，人们就将这些不愿意看到的事情归结于某种超越的力量，然后让流水充当清除这些"秽"的角色，通过修禊让歪曲、崩溃的状态恢复到他们认为的正常、合理的秩序。从心灵的角度而言，也就是去除邪恶、肮脏的一面，达到日本人所说的"清明之心"的状态。

第三节 日本人的火信仰

火的发现和使用是人类从野蛮时代走向文明时代的重要标志，是人们烹饪食物、御寒取暖的重要手段。古代人大多通过雷电、火山等自然火感受火的威力，当看到烧毁的树木、动物时，就产生了对火的畏惧之感；而当品尝到烧熟后的食物、感受到火带来的温暖后，又产生了对火的感激之情。或许是在这种认识、情感的驱使下，日本人很早就萌生了对火的崇拜，赋予火以多重含义。

一　火的寓意

在日本人看来，火能去除污秽，是"祓禊"的重要手段。在古代日本，死亡、生育、疾病、事故等被认为是污秽之事，而恶鬼、害虫、野兽等则被认为是污秽之物。为了保证生活顺利进行，必须通过某种方式去除污秽才行。这样，日本各地就出现了很多用火消除鬼怪、害虫等不祥之物的祭祀活动，驱虫祭、鬼火祭数不胜数。关于生育之"秽"，"二战"结束以前，日本很多地方建有去除生育之"秽"的产屋。妇女在产屋生下孩子后，需在产屋待一个月左右的时间，用产屋的火烹饪食物。也有一些地方的妇女生完孩子后，需要和家人在家里待一段时间。等俗定的"避秽"时间到了以后，更换家里的炉火后才能外出。对于死亡之"秽"，静冈县贺茂郡南崎村的习俗是，有家属去世的人家在办完葬礼后，必须及时替换炉火，还要扔掉原有的炉灰。爱知县北设乐地区的做法是，

① ［日］佚名：《万叶集》，赵乐甡译，译林出版社2009年版，第114页。

当村里有人死后，村里人要去秋叶山参拜，并将秋叶山的"圣火"带回村里，替换各家的火种。有些地方还认为参加葬礼的人会沾染死亡之"秽"，所以要单独使用灶火。如神津岛、壹岐岛等地的人们参加完葬礼后，要暂时远离家人居住。可见，更换火种意味着污秽、邪恶的结束，清洁、神圣的开始。为此，很多神社用火举行"禊祓"，在消除污秽的同时，获取神圣、清洁之火，八坂神社的白术祭、平野神社的斋火祭、大神神社的绕道祭、羽黑的松例祭等等都是出于这一目的。小正月（正月十五）的"左义长"也是用火消除过去一年的污秽，祈祷新的一年无病无灾、农业丰收的重要活动。

为了让火具有神圣含义，人们赋予取火器具、取火方法以特殊意义。如伊势神宫、八坂神社、出云大社等都沿用了使用火钻臼、火钻杵取火的方法。人们认为这种方法源自神代，有神灵的护佑。其中，出云大社的取火用具出自作为"日本火出初之社"的熊野大社。每年新尝祭前，出云大社的神官都要去熊野大社取来火钻臼、火钻杵。同时，熊野大社还要举行火钻臼、火钻杵的授予仪式，称作钻火祭。据说，熊野大社是古代出云国造的出生地即松江地区的镇守神社，和出云大社一样，都是古代出云地区地位最高的神社，即"出云国一宫"。而且，古代出云国造家附近建有专门供奉神火的"御火所"，传说这里的火是从出云国造的祖神——天穗日命时期代代相承下来的，所以国造继承仪式也是神火相传的仪式。

人们还用火对祭司、贡品进行神化，如古代很多农村在某人成为"宫座""头屋"之前，会让其食用"神圣之火"烹饪的食物，并戒掉酒肉、辛辣食物等，也就是"洁斋"。大型祭祀前的"洁斋"更加严格，主祭司不仅需数日待在斋馆，而且要用专门的火烹饪。如伊势神宫的内宫和外宫都设置有专门烹饪贡品的厨房，即"忌火屋殿"。"忌火"意为神圣、清洁之火，所以"忌火屋殿"是神圣之地，在此制作的食物则是用于祭祀神灵的神圣之物。

因为火可以烹饪食物、取暖御寒，事关日本人的生存和延续，所以很多地方的人们认为火能带来农业丰收、年谷顺成。如冲绳的很多地方举行麦穗祭、稻穗祭时，都要将麦穗、稻穗献给灶神；九州、四国等地收割水稻时，则会将新穗先给灶神上供；还有很多地方在插秧前和插秧后，将稻米作为灶神的供品。

火还可以为神灵照明，是迎神、送神之灵物，焚烧"庭燎"① 是迎接神灵的神火。《古事记》记载，当天照大神躲进天岩屋户，高天原一片漆黑时，天钿女命跳起舞蹈，同时点起了"庭燎"，天照大神惊奇不已，想要探头看个究竟时，被众神从天岩屋户里拉了出来。如果把天钿女命的舞蹈称作神乐的话，那么神乐和"庭燎"就成为招引天照大神的手段。后世神道的祭祀活动中，也基本上既有神乐，又有"庭燎"的环节。而宫廷的"御神乐"中还有"庭燎"部分的乐曲，且在祭祀开始时就进行演奏。在民间，小正月的"左义长"、孟兰盆节的迎神火和送神火，都是现世的人们用火来链接神灵的重要表现。

但是，火给日本人带来诸多恩惠的同时，也可能烧毁森林、房屋、牲畜以及人，所以火也是令人胆战心惊之物。为了预防火灾、消除火灾，日本自古以来就有祭祀火神的仪式。如《律令》规定，宫廷内的镇火祭由神祇官负责，于6月和12月在宫廷的东南、东北、西南、西北四个方位进行。现在，以镇火祭为名的神社活动还有很多，如大阪堺市的大岛大社、岛根县大田市的物部神社、广岛县廿日市的严岛神社等都会定期举行镇火祭。而爱宕神社作为镇火、防火的神社，承担着人们防火、防灾的期望。现在，爱宕神社在日本有近千家，爱宕之神成为日本人遵奉的镇火之神，爱宕信仰成为日本全国性的信仰。

二 神话中的火神与火

在日本，很多地方流传着火神的故事，历史文献中也有很多描述。《古事记》记载，伊邪那岐、伊邪那美化生国土后生出很多神，其中火神名叫火之夜艺速男神，又名火之炫比古神，又名火之迦具土神。该神在《日本书纪》中名为火神轲遇突智、火产灵，而《延喜式》的"镇火祭之祝词"中称作火结命。在"记纪神话"中，火神的出生并没有带来好的结果，其自身的结局也十分凄惨。先是母亲伊邪那美在生火神的过程中灼伤了阴部而卧床不起，最终死亡。之后，伊邪那岐见妻子死后悲痛不已，拿出十拳剑砍掉了火神的脖颈。由此可见，火神在《古事记》中

---

① 本意是庭院里点燃的用于照明的火，后来指代祭祀仪式时的迎神火、送神火。

是以破坏性极强的形象出现，损伤了母体且导致了母体的灭亡。这一点或许与古代人取火时会损坏取火用具有一定的关联性，是古代人在取火过程中产生的对火的认知在神话中的体现。如钻木取火时，钻火板和钻火杆很容易在摩擦过程中烧焦，呈现出黄褐色，最终钻火用具被烧毁而不能使用。用火镰取火时，虽然铁器和石头较为坚硬结实，不易破损，但火镰用久以后也呈现黄褐色，且不断碰撞的石头也会逐渐磨损。而锯钻法、弓钻法、绳钻法等取火方式由于是用锯、弓、绳摩擦木头后获取火种，木头自然会在摩擦中遭到破坏，在产生火后还会遭受火的伤害。

但是，"记纪神话"并没有让火神停留在负面、消极的形象，而是让其死后创生了很多新的神。如伊邪那岐杀死火神后，沾在剑锋上的火神的血飞溅到石头上，化为石拆神、根拆神、石筒之男神，三神都是石神、雷神；沾在剑背上的血飞溅到岩石上，化成瓮速日神、樋速日神、建御雷之男神，三神均为太阳神；剑把上的血从手指间流出化为暗淤加美神、暗御津羽神，分别是司雨的龙神和山谷中的水神。火神的尸体也化生了很多神，头化为正鹿山津见神，胸部化为淤縢山津见神，腹部化为奥山津见神，阴部化为暗山津见神，左手化为志艺山津见神，右手化为羽山津见神，左脚化为原山津见神，右脚化为户山津见神，即产生了八座山神。关于火神死后产生的诸神与火神之间的关联，神道学家、历史学家进行过很多分析，但这些分析大多没有确切证据，推理也多出于主观臆想。而火神死后化生山神是基于中国五行学说的观点，却有一定的可信度。按照五行学说，火灼热，可焚烧木，木焚烧后化为灰，灰即土，故火生土，而山在五行中属土，所以火神死后化生山神的逻辑与火生土的五行学说有一定的吻合度。

祭祀火之迦具土神的神社主要分布在日本全国各地的秋叶神社。其中，静冈县的秋叶山本宫秋叶神社是最古老的秋叶神社，据说创建于709年。受历史上"神佛习合"的影响，秋叶神社的祭祀神曾被称作秋叶大权现，神社本身也变成了别当寺。但秋叶大权现也是预防火灾、消除火灾的神灵，与古代火之迦具土神的信仰吻合。在中世，秋叶神曾受到武士阶层的追捧，祭祀活动不断。到了江户时代，相关信仰在民间逐渐普及。人们在村口树立"秋叶石塔"，在村里建祭祀秋叶神的祠堂。还有人将秋叶神社制作的"御札"贴在家里的厨房中，让秋叶神成为镇守宅子的神灵。

　　而且，后世有观点认为，在《古事记》中火神死后并没有彻底消失，而是以雷神身份再次出现，也就是伊邪那岐追伊邪那美到黄泉国时，看到的伊邪那美"头上有大雷，胸上有火雷，肚子上有黑雷，阴部有拆雷，左手有若雷，右手有土雷，左脚有鸣雷，右脚有伏雷，共化生八雷神"①。这八神被人们尊奉为火雷神，在《延喜式》中是负责官员饮食的大膳职的祭祀神。至于为何古代日本人把雷神等同于火神，也许是因为他们看到雷电划过天空时感觉到了火的出现，而看到落雷产生火时又感受到了雷与火的关联。祭祀火神的火雷神社有很多，《延喜式》中记载有山城国乙训郡的乙训坐火雷神社、大和国广濑郡的穗雷命神社、大和国宇智郡的火雷神社、上野国那波郡的火雷神社等等。其中，山城国的火雷神社曾位列名神大社，月例祭、新尝祭时宫廷都会献上奉币。大和国的两座火雷神社虽为小社，但十一月相尝祭时宫廷也会献上奉币，可见这些神社都曾受到宫廷的重视。此外，伊豆国田方郡的火牟须比命神社、丰后国速见郡的火男火卖神社等也都是《延喜式》中祭祀火雷神的神社。尽管在后世的发展中有的神社更改了名字，有的神社合祀了其他神灵，有的神社地位发生了改变，但各地的火雷神社、火男火卖神社至今仍然大多祭祀火神，延续了古代祭祀火神的传统。

　　除火神以外，神话故事中还有许多关于火的来源的传说。如在大国主神的"让国神话"中，当大国主神答应"天神御子"的要求后，说："我的住处要象天神御子继承大业治理天下时所居住的宫殿那样，在大盘石上竖起高大的宫柱，盖起高冲云霄的宫殿，郑重地祭祀我，我就经历崎岖之路到遥远的地下国去隐居。"② 于是，建御雷神修建华丽的宫殿，并让水户神的孙子栉八玉神献上美味。栉八玉神割取海带的柄作为燧臼，用海蒪的茎作为燧杵，钻出火来，并说："我所钻出的火，熊熊地燃烧不熄，以至于上通天上神产日巢神新厨房的透烟窗，冒出滚滚浓烟，下则烧得土地坚硬如石，直联地下石层。"③ 冲绳也有海底取火的传说，据

---

① ［日］安万侣：《古事记》，邹有恒、吕元明译，人民文学出版社1979年版，第12页。
② ［日］安万侣：《古事记》，邹有恒、吕元明译，人民文学出版社1979年版，第45页。
③ ［日］安万侣：《古事记》，邹有恒、吕元明译，人民文学出版社1979年版，第45页。

《琉球神道记》记载："当时国无火,去龙宫求之,而国成就,人成长,守护之神现也。"① 类似这样的传说在日本还有很多,反映了海边居住的人们对于火之来源的想象。

为了弄清古代日本人为何有火来自大海的想法,研究者曾把马尾藻等晒干后进行取火实验。② 然而,研究者发现,用海藻取火的过程十分困难,藻类并不是取火的方便用具。也有人认为,古代日本人用于取火的溲疏之果实与马尾藻的形态十分接近,可能这才是海底取火之神话创作的基础。也有一些学者从民间传说中寻找根据,如烧火山的传说是,大晦日的晚上海面上会出现神火(龙灯),之后神火来到烧火神社的社殿,并点燃社殿前面的灯笼。直到现在,烧火神社仍在每年大晦日举行龙灯祭,供奉神火。除上述观点外,还有人从自然现象的视觉感出发分析缘由,如住在海边的人看到太阳在海与天相接的地方升起时,或看到闪电在海上飞光时,就会认为火在海上升起。也有人认为是由于海里的某种石头适合制作打火石③、火与水均具有净化污秽之寓意、火可以帮助出海的人们在夜间识别航海标志、受到中国阴阳五行学说的影响等等。总之,水与火是日本人自然崇拜中不可分割的自然之物,二者相生相克的特点构成了神道信仰的一部分,深刻影响了日本人的民间信仰。

三 与火相关的祭祀活动

神社本厅对日本全国神社的祭祀祭礼进行的调查显示,每年神社举行的火祭有2816个。④ 如果加上小正月的"左义长"、盂兰盆节的迎神火和送神火等民间习俗,那么数量则不计其数。按照时间顺序来分析的话,可以说火祭贯穿了日本人的一整年,影响了日本人生活的方方面面。

首先,在岁末年初,很多地方会举行驱除灾害、祈祷平安的火祭。例如,京都八坂神社在12月28日举行"钻火式",用古老的取火方式升起"白术火",之后在大晦日举行除夜祭。除夜祭后,附近居民还会用神

---

① 松前健:『講座 日本の古代信仰第2巻 神々の誕生』,学生社1979年,第140頁。
② 神道文化会:『自然と神道文化2 樹・火・土』,弘文堂2009年,第87頁。
③ 神道文化会:『自然と神道文化2 樹・火・土』,弘文堂2009年,第88頁。
④ 神道文化会:『自然と神道文化2 樹・火・土』,弘文堂2009年,第104頁。

社的"白术火"制作火绳,把"白术火"带回家,并用"白术火"制作元旦早上的年糕。元旦当天,八坂神社还要举行白术祭,把混有苍术的木屑点燃,并四处挥洒,意为驱邪避灾。再如,奈良县大神神社的绕道祭也是在年初举行,目的也是消灾、祈福。祭祀时先由宫司献上祝词,然后点燃松明,之后去往 19 处摄末社绕行。绕行完毕后,人们来到"神火拜戴所",开始争抢火种,并把火种带回家,点燃神龛处的蜡烛,并用此火烹煮食物。再有,出羽三山的松例祭也是在大晦日到元旦期间举行,并被列入"重要无形民俗文化财产"之列。祭祀活动一般从 12 月 30 日开始,元旦结束。12 月 30 日时,人们用火把比拟"恙虫病"①,然后将火把烧掉,象征着驱除了病灾。12 月 31 日,在出羽三山神社合祭殿内、镜池前面的广场等地还要举行一系列活动,包括把象征恶魔的松明切碎后散开的"网撒"、修验者比较神力的"验竞"、拉拽大松明并将其烧毁的"大松明牵拉"、用打火石摩擦出火的"打火神事"等等。诸如此类,从大晦日到元旦,许多神社举行消除疾病和灾害祈祷新的一年平安和丰收的火祭。

  正月的火祭中,以小正月即正月十五举行的"左义长"最为知名。"左义长"的语源是古代用于击球的球杖,即日语中的"毬杖",读作"ぎじょう"。这种击球游戏起源于中国,传入日本后先在宫廷内被贵族玩耍。正月里,贵族们玩完游戏后,会将用坏的球杖或把用过的球杖折断交由阴阳师做法烧毁,从而形成了一种宫廷仪式。这种仪式在民间普及后,逐渐演化成为一种用火来驱邪祈福的祭祀活动,也就是"小正月"的"左义长"。"左义长"遍及日本全国各地,祭祀形式和祭祀目的亦是多种多样。例如,作为"重要无形民俗文化财产"的神奈川县大矶町的道祖神祭,主要目的是祭祀道祖神。祭祀活动举行以前,人们先在八个区内设置象征道祖神的八个小屋,让孩子们在小屋待着,小屋前放置投币的"赛钱箱"。同时,人们还将新年的吉祥物、装饰品等收集起来,并准备好用于火祭的松树枝、竹子等燃料。1 月 14 日,祭祀活动正式开始,

---

① 医学用语,日语写作"ツツガムシ",是一种生长在人体表面的寄生虫。该段中的活动名称的日语原文为:"网撒"写作"網まき","验竞"写作"験くらべ","大松明牵拉"写作"大松明引き","火打神事"写作"火の打替神事"。

人们在大矶的海岸上点燃事先树立起来的火堆，把之前收集起来的吉祥物、装饰品以及新年书写的书法作品一起烧掉。同时，拉拽象征着道祖神的小屋，并扔入海中，然后再捞起来，用以祈祷渔业丰收。

道祖神本来是立在路边或村口用于防止恶灵、疫病的神，也是孩子的保护神。日本关东地区和中部地区有着浓厚的道祖神信仰，至今很多村庄的村口仍放置有被称作塞之神的石像。而小正月的火祭也有很多是为了祭祀道祖神，称作道祖神祭，如曾被认为是日本"三大火祭"的甲府道祖神祭礼、真鹤町道祖神祭、野泽温泉村道祖神祭都是小正月的火祭。祭祀时，大多会搭建象征着道祖神的小屋，并让孩子们待在小屋里吃年糕、饮甘酒等，意为孩子和道祖神一起食用美食。最后把小屋烧掉，象征着将道祖神送走。

当然，也有很多地方的小正月火祭与道祖神关联不大，名称也与道祖神无关。如群马县中之条町举行的逐鸟祭是为了驱赶田地里的害鸟，祈祷农业丰收。祭祀时，人们抬着大鼓高喊驱逐害鸟的口号穿过大街，并点起大型火堆。秋田县六乡的雪洞祭①也有驱逐害鸟的仪式，还有燃烧写有人们愿望之条幅的"烧天笔"活动，以及拿着燃烧的竹子模拟历史上该地南北军对战的"竹打"仪式。秋田县仙北市的舞火雪中祭②据说也曾是驱除害鸟的火祭，但现在与害鸟基本无关，成为驱邪避灾的祭祀活动。如此，尽管很多地方小正月的火祭与农业有很深的渊源，但进入现代社会后，随着从事农业生产的日本人逐渐减少，火祭不再是单纯祈祷农业丰收的祭拜仪式，而变成了一般意义上的避免灾害、消除疾病的祭祀活动。

正月以后孟兰盆节之前的这段时间，日本各地的火祭数量明显不如正月和孟兰盆节时期多。但是，仍有很多知名的祭祀活动，如3月中旬阿苏神社会举行迎接神灵的舞火祭，人们拿着巨大的火绳围成一个火圈，祈祷五谷丰登。再如，4月中旬日牟礼八幡宫举行松明祭，人们点燃数十

---

① 日语写作"かまくら"，是日本东北地区传统的小正月祭祀活动。一般用雪制作小房子，里面设置祭坛，然后点燃灯笼，祭祀水神。
② 日语写作"火振りかまくら"，是日本有名的祭祀活动之一。举行活动时，人们站在雪地里，手持稻草制作的火绳，然后挥舞火绳，以祈祷新的一年平安顺利。

根十余米长的松明来感谢神灵的恩惠，祈祷农业丰收。爱媛县八幡浜市的天满神社则在4月举行柱松神事，驱除招致火灾的恶魔。祭祀时，人们先从山上把树木搬运至神社，然后将树木即柱松立在神社里。之后，一名男子带着松明登上柱松，表演镇火之舞。

进入6月以后，各地为迎接七夕节和盂兰盆节的火祭逐渐增多。其中，东北地区七夕节的灯火祭在日本非常有名，每年都会吸引很多外地人前去观赏，如青森市、弘前市、熊代市的佞武多①，秋田市的竿灯祭，盛冈市的万灯祭等。作为日本东北地区"三大祭祀"之一的佞武多，有人认为源自七夕节的放河灯习俗，现在已成为青森县夏天的重要标志。活动以灯火照耀下的人偶游行为主要内容，以祈祷无病无灾为主要目的。在没有电的时代，祭祀时用火来照亮人偶，进入现代社会以后则采用了电灯。而人偶模型多是历史上的伟人，或传说中的神灵。人偶高大威猛、张牙舞爪，一副可以压制任何妖魔鬼怪的样态。

驱虫祭也曾是6、7月日本各地重要的祭祀活动，至今很多地方仍有保留。火本来就是驱除病邪的灵验之物，而虫子在夜晚又会扑向火中被烧死，所以很多古代人就用火祭的方式祈祷驱除害虫、保护农耕。驱虫祭多在田地举行，且有大鼓、笛子等乐器伴奏。岩手县的驱虫祭是将两个稻草人立在田里，然后人们一边敲鼓、吹笛，一边跳舞，最后把稻草人烧掉。神奈川县南山田举行驱虫祭时，人们也是敲鼓、吹笛，拿着松明到田里烧毁。而石川县横江的驱虫祭则依托宇佐八幡神社，参加祭祀的人们从神社出发。敲大鼓的人走在前面，其他人拿着松明紧随其后，走到田地后将写有"送虫"的稻草绳烧毁。与各地旨在驱除田地害虫的驱虫祭不同，新潟县五泉市的驱虫祭主要是为了祈祷消除威胁人们健康的"恙虫"。该祭祀活动既有在火上跳过去即用火驱邪的仪式，也有将"五色旗"在阿贺野川、早出川冲走的修禊的内容，是典型的用火和水来行"禊祓"的仪式。

但是，7、8月的火祭中，最多的还是盂兰盆节时期的迎神火和送神火。人们一般在门口、路口、桥头等传说祖先经过的地方，用麦秆、稻草、白桦树皮、松树枝、杉树枝、柏树枝等点火。很多地方的人还会聚

---

① 现代日语多不使用汉字，写作"ねぶた"或"ねぷた"。

集在一起，共同燃起冲天大火来迎接、欢送神灵，如京都的五山送火、鹿儿岛县硫磺岛的柱松、熊本县大宫神社的山鹿灯笼祭、埼玉县猪俣的白八灯等等。其中，以柱松命名的火祭很多，一般都是在高大的柱子上挂上灯笼，然后把小的松明扔向灯笼，让灯笼和柱子燃烧起来。很多火祭会点燃 108 个松明，如栃木县凑町的放河灯、山梨县南部的火祭都是如此。还有很多地方把祭祀活动称作百八灯，如埼玉县秩父市的百八灯、栃木县栃木市的百八河灯等。佛教认为，人生有 108 种烦恼，谓之"百八烦恼"，所以 108 个松明表示的是用火驱除佛教中所说的诸多烦恼。而盂兰盆一词出自佛教的《盂兰盆经》，至今日本的很多寺院在盂兰盆节前后仍会举行"施恶鬼"等法事，所以很多人认为盂兰盆节是与佛教关联较大的节日。但是，中国的七月半习俗本就融合了中国道教、佛教、民间信仰等诸多元素，传到日本后又吸收了神道等方面的内容，所以日本的盂兰盆节是多元文化融合后的产物，佛教特征在某种意义上而言只是停留在形式上而已。

而且，古代日本的新年也曾是祭祀祖先的节日，有使用火来迎接、欢送祖先的习俗。镰仓时代以后，相关认识虽逐渐弱化，但新年祭祀祖先的习俗在新潟县、长野县等地保留到了江户时代前后。例如，菅江真澄的游记中描述道，当他游行至下北地方①时，看到当地的人们在年末点起"门火"迎神的情景："傍晚，用镢头、雪锄刨开雪，立上门松，给御灵献上贡品，点燃桦树之皮，作为松明。"② 也就是说，在宽政四年（1792），下北地方仍有用立门松、点松明的方式来迎接年神的习俗。直到现在，"很多地方小正月的火祭还是为了送神……而大晦日的点火则是为了迎神"③。日本人早就有把一年分成两半来看的认识，正月是前半年的开始，七月是后半年的开始。而前半年开始的新年和后半年开始的盂兰盆节又有很多对应之处，如"盆花"与"松迎"、"盆市"与"年市"等等。由此推测，"盆火"可能就是古代日本新年的"门火"习俗在盂兰盆节时期的变形。

---

① 江户时代的地名，位于青森县内，包括本州岛最北端的下北半岛等地。
② 神道文化会：『自然と神道文化 2　樹・火・土』，弘文堂 2009 年，第 124 页。
③ 神道文化会：『自然と神道文化 2　樹・火・土』，弘文堂 2009 年，第 124 页。

进入秋冬之际,各地火祭数量仍有很多,且祭祀目的多种多样。有的是为了防止农业灾害,祈祷五谷丰登,如熊本市阿苏市霜神社举行的两个月之久的"霜宫火焚",是为了避免霜降对农作物造成伤害。有的是为了感谢田神、欢送田神,如 11 月伏见稻荷大社举行的"火焚"。祭祀时,神官会将神田里的稻秆放入火里燃烧,以此来感谢田神,同时送田神去往山上。有的是为了纪念死者、慰藉亡灵,如福岛县须贺川的"松明照"据说源自伊达政宗攻打须贺川城时,二阶堂氏的家臣手持火把誓死守卫城池的故事,后来当地人在二阶堂神社取来火种举行火祭,再现当时场景的同时,祭祀战争中的亡者灵魂。

本章以日本人的山岳信仰、水信仰、火信仰为例,阐述了日本人的自然崇拜与神道的关联。然而,自然崇拜是原始宗教的基本形式,涉及日本人信仰的方方面面,绝不止于山岳、水、火。单从植物而言,日本既有对松树、柏树、杉树等树木的崇拜,又有关于水稻、小麦等庄稼的信仰。常青树被认为是神依止的场所或神座,称作神篱,所以神社里都有神木供人们祭拜。而神社里挂着的"注连绳"意味着神圣区域的界限,显示了神道与水稻等植物的渊源。而从动物而言,熊、蛇、狐狸、狗等都是日本人信仰的神灵,也被赋予了多种神的功能。例如,在《古事记》中八岐大蛇是带来灾难的祸神、妖怪,而在很多地方蛇又是带来雨水的水神。从自然现象而言,太阳、大风、雨雪、雷电等都是人们信仰的对象,有太阳神、风神、雨神、雷神等多种神灵。以太阳崇拜为例,作为日本皇族乃至日本人祖先神的天照大神就是太阳神,表明日本人早就认识到了太阳对他们的重要意义。总之,自然崇拜是神道产生的源流和基础,是古代日本泛文化现象的表现。它深刻影响着日本人的精神世界,并成为日本人生活习俗的一部分。

终　　章

第一节　神道的历史演变轨迹

一　随政权更迭而不断演变的神道制度

从日本出现国家政权之时起，神道就成为统治阶层关注的焦点。他们设置管理神道的机构，制定与祭祀、神社、神官相关的制度，从政治统治的角度将神道纳入国家体系中。统治阶层试图通过神道的发展与规范巩固自身的权威和统治地位，将神道作为一种宗教形式和精神信仰，用以塑造民众的价值观和行为规范，并通过神道的仪式与祭祀活动来凝聚民众的归属感和集体认同。

在没有文字记载的历史时期，日本应该就有了关于神道祭祀的相关规定。根据《古事记》中对中臣氏等世袭祭祀职位的描述，可以推测大和朝廷在该书成书以前早已设定了专仕于祭祀的职位。到了律令制时期，日本引进了中国相对完备的律令体系，并在此基础上建立了具有日本特色的律令。与中国古代律令不同，日本设置了专门管理神道的机构——神祇官，并制定了管理国家祭祀的法令——《神祇令》。其中，神祇官和太政官位于朝廷机构体系的最高层次，地位非常重要。而《神祇令》则确立了大尝祭、祈年祭等国家祭祀的规格，并对相关祭祀的实施做出了规定。法令还规定，在月次祭、祈年祭时，各地祝部要来到神祇官，接受朝廷的奉币。大和朝廷之所以从国家制度的高度管理和规范神道，一方面是因为古代日本文明程度较低，统治者需要利用神道祭祀来统合民众；另一方面是因为要通过天皇主导国家祭祀的方式提升天皇的宗教权威，进而塑造天皇的绝对权威。

进入平安时代以后，律令制度的实施变得越来越困难，朝廷的权威逐渐衰退。随之，各地的祝部不再按时来朝廷领取奉币，奉币制度也就难以顺利执行。这样，朝廷无法像律令制时期那样统一管理全国的神社，只能从中挑选一些历史悠久、神奇灵验，而且距离都城较近的神社作为固定的奉币神社。这些神社最终被确定为二十二个，对这二十二个神社进行祭祀的制度被称为"二十二社制"。与此同时，地方长官则开始加强地方神社的祭祀，注重地方神社的发展。他们对这些神社也进行层次划分，确立地方最高地位的神社，称为"一宫"，而这种规定地方神社层级的制度被称为"一宫制"。大约从平安时代后期起，"一宫制"成为地方统治者规范地方神社的重要制度。作为律令的解释细则，平安时代成书的《延喜式》中细化了各地神社的规格，规定了官国币社的层次，对地方的神社给予了高度认可。

到了武士掌权的中世，武士逐渐控制了国家的政治权力，朝廷的地位日益没落。但是，幕府并没有废除天皇和朝廷，反而试图借用天皇的宗教权威确立自身的威望。因此，朝廷制定的"二十二社制"和"一宫制"得以延续下来，《神祇令》中关于神祇官以及国家祭祀的规定也仍然存在。而幕府出台的《御成败式目》中也有关于神道的相关内容，如要求掌管地方的御家人重视神社的修缮和神灵的祭祀等。但是，建立在武士政权基础之上的镰仓幕府和室町幕府很少推出成文的政策法规，所以相关神道制度也较为少见，在神道方面的规制也相对宽松。因此，中世日本的许多神社权力很大，不仅掌握了很多土地，而且基本上可以自由买卖。

但是，江户幕府建立以后，更加强化了幕府的实际掌控力，弱化了朝廷的政治功能。幕府制定了《诸社祢宜神主法度》，专门针对神社神主的权力范畴、职务等级、服饰装束，以及社领的买卖等做出规定。按照规定，神主必须按等级穿着打扮，社领不得随意买卖，神社须通过幕府控制的传奏向朝廷申请位阶。机构方面，加强中世业已设置的寺社奉行的功能，让其管理神社以及神官。此外，还赋予吉田家以颁发关于神职位次、着装规格等证书的权力，让吉田家成为幕府控制下的全国神社的总管家。如此一来，幕府将神社管理进一步囊括进幕府管理之中，朝廷的神道制度几乎形同虚设。天皇虽然仍是国家祭祀的主角，但国家祭祀的费用、祭祀设施的建设等等都要依托幕府和各地大名的资助。

江户幕府被推翻以后，明治政府积极重塑天皇的权威，将神道与天皇崇拜紧密结合，并将其作为国家的意识形态。为了巩固神道的地位，先是恢复了律令制时期的神祇官制。但由于神祇官无法发挥实际功能，后改为神祇省。随后，为了推动"大教活动"，再次调整为教部省。然而，这样的调整并未止步，到了1877年，教部省又被废除，职能由内务省社寺局代替。1900年，社寺局被取缔，成立了神社局，以管理神社相关事务。而在1940年，神社局再次扩大规模，更名为神祇院。如此，日本政府频繁地变换神道管理机构，改变机构的规模和职能范围。这一方面反映了统治者对神道的强烈推崇，试图通过强化神道的地位来巩固国家统一和集权的目标。另一方面也说明政府在将本土宗教作为政治统治工具的过程中，与近代日本的政治体制、社会结构产生了许多矛盾。政策方面，相继出台了《废除神官世袭之要件》《官国币社及神宫神部署神职任用令》等一系列政策，将神社建立、神社祭祀、神官任命等全部纳入国家管理之下。这种国家对神道的强势干预在一定程度上塑造了近代日本的宗教和政治格局，使日本近代的神道带有浓厚的政治色彩。

日本战败后，美国占领日本，旨在废除近代日本军国主义、天皇主义的政治制度和体制。1945年，美国当局颁布了"神道指令"，要求立即停止神道与政治的关联。1947年，日本政府实施了《日本国宪法》，明确规定日本实行政教分离，尊重人们的信教自由。之后，又于1951年颁布了《宗教法人令》，对宗教管理做出了更加详细的规定。在该法令的规定下，神道与佛教、基督教等宗教一样，被认定为宗教法人。而这些宗教法人归属文部科学省管辖，成为日本文化建设的一部分。

从上述分析来看，各个时代的统治者都是根据统治需要出台神道政策，设置专门的神道管理机构。由于不同时代的统治者代表不同阶层的利益，怀有不同的政治目的，因而每个时代的神道制度也有所区别。但是，早在律令制时期就开始实施的神祇官制虽然在历史上屡遭重创，但作为制度几乎保留到了近代，而《神祇令》规定的大尝祭、新尝祭、祈年祭等国家祭祀的模式和要求则直接影响到了现代。因为日本的天皇制自产生起就没有被废除过，所以用于塑造天皇宗教权威的许多神道制度也就绵延到了今天。尤其在天皇掌权的律令制时期，以及试图借助天皇权威统合民众思想的近代，神道制度更是备受重视，相关政策层出不穷，成为日本政治统治的重要组成部分。

二 与外来思想融合与分离的神道思想

从思想的角度来看，神道曾吸收了中国的道家思想、佛教思想和儒家思想，同时也受到近代西方思想的影响。和许多日本文化一样，神道的早期形态在很大程度上借用了中国文化的外在形式和内在核心。《古事记》在描述天地生成的开篇中，运用了太极、阴阳等概念。这些概念在中国先秦时期就已经存在，是中国古代思想家对世界本源进行探索的重要基石。与《古事记》中"混沌之气"相类似的描述可以在西汉时期的《淮南子》中找到。该书对宇宙起源的情景有如下描述："古未有天地之时，惟像无形，窈窈冥冥，芒芠漠闵，澒濛鸿洞，莫知其门。"（《淮南子·精神训》）

但是，《古事记》等早期作品在描述天地万物出现以及神灵之间关系时，对于外来思想的借鉴仍相对隐晦。一方面，进入平安时代以后，佛教对神道的影响日益显化，主张神是佛、菩萨在当地再现的"本地垂迹说"在各地兴盛起来，很多神有了佛、菩萨的称号，神社中也建成了神宫寺。作为平安时代最具代表性的神道派别，两部神道和山王神道深受真言密教和天台密教的影响。两部神道由空海创立，主张伊势神宫内宫的祭祀神即天照大神是胎藏界大日如来的垂迹，而外宫的祭祀神即丰受大神是金刚界大日如来的垂迹。山王神道是在比睿山延历寺影响下出现的神道，主要观点是比睿山的镇守神是释迦牟尼的垂迹，称作山王权现。在佛教盛行的镰仓时代，"本地垂迹说"是当时神道思想的重要内容，出现了山王神道的早期著作——《耀天记》。

另一方面，在镰仓时代后期，佛教长期在日本社会的渗透激发了一些神官寻求脱离佛教影响，强调神道自身特点的自觉意识。最早具有这种意识的是伊势神宫外宫的度会行忠等人，他们提倡的神道被称为伊势神道。最初，他们的目标是提高伊势神宫外宫的地位，将外宫的丰受大神塑造成为天地的主宰神，以确立其对伊势神宫内宫的绝对地位。为了彰显丰受大神的主宰地位，他们将佛教、儒学等外来学说视为相对于神道的次要因素，试图从神道中剥离这些外来要素。他们著有"神道五部书"，即《天照坐伊势二所皇太神宫御镇座次第记》《伊势二所皇太神御镇座传记》《丰受皇太神御镇座本纪》《造伊势二所太神宫宝基本记》《倭姬命世记》。与镰仓时代初期成书的《耀天记》相比，"神道五部书"的内容更为丰富，逻辑更加严密，而且更加强调神道自身的优势，因此许多学者认为这些著作标志着日本神道的真正形成。

但是，伊势神道并没能真正排斥佛教，其著名的"根叶花实"理论中，将日本比作根，将佛教的发源地——印度比作果实，只是在理论上削弱了佛教相对于神道的地位。之后，战国时代的吉田兼俱在结合了伊势神道、山王神道、两部神道的基础之上，创立了唯一神道，明确宣称神道具有唯一性。他在《唯一神道名法集》中，将自己主张的神道称作元本宗源神道，指出神道是不依据佛教、儒学理论的纯粹宗教。然而，吉田兼俱一边主张排佛，一边却不自觉地使用了佛教的理念，还是没能创造出独立的神道理论。但是，唯一神道毕竟让神国日本、神皇、神道在形式上具有了唯一的特征，吉田家又通过伪造神书、编造谣言等手段扩大了唯一神道的势力，并争取到了朝廷和幕府的支持，从而深刻影响了近世的神道思想。

与中世的"本地垂迹"和"反本地垂迹"思想中显露的神佛之间的融合与冲突不同，近世日本的神道思想主要在与儒学的纠葛中展开。德川幕府成立以后，把朱子学当作意识形态，极大地推动了儒学在日本的发展。在此背景下，很多儒学家和神道学家纷纷用儒学解释神道，出现了藤原惺窝的"神儒一致说"、林罗山的"神道即王道"、吉川惟足的"理学神道"、度会延佳的"垂加神道"等等。吉川惟足是唯一神道的继承人，本应坚持唯一神道提出的神道的纯粹性，但他却认为道是阴阳之理，并认为国常立尊神是阴阳和合产生的最早的神。而度会佳延是伊势神道的继承人，继承了中世伊势神道"反本地垂迹"的理论，但却认为神道与儒学存在自然的一致性，用易卦解释"神代七世"，并用儒学中的智、仁、勇解释天皇的"三件神器"。

但是，外来儒学的兴盛激发了江户时代的知识人寻求日本文化自身特征的积极性，出现了一批努力排除儒学影响，将神道视作日本文化之根源的思想家。以荷田春满、贺茂真渊、本居宣长、平田笃胤为代表的国学派纷纷提出了各自的神道理论，将儒学传入前的"古道"作为论述的中心。他们之间具有师承关系，持有的神道观点也具有很强的相似性和传承性。他们批判儒学的道德伦理并不能塑造人们自律的道德观，反而会导致人心涣散、王朝更替，相反，日本的"古道"才是顺应自然、永恒不变的道。这些国学家将《古事记》《日本书纪》等作品视为追溯日本"古道"的经典，强调天之御中主神、天照大神等神灵的作用，将日本描述成为自神代开始绵延不绝、天皇"万世一系"的神国。这种思想不仅被幕末尊皇派所利用，成为尊王攘夷的挡箭牌，而且被明治政府用于塑造天皇权威，统合民众思想，进而被法西斯政权用于宣扬天皇主义和军国主义。

进入近代以后，神道作为国家制度被强制推行，神社也被纳入国家的管控之下。这样，政治层面的神道思想基本围绕着塑造天皇权威、培养国民道德而展开。吉田家、白川家以及平田派的神道学者就曾为日本政府积极推行这些理念，神社的神官在政府的要求下也必须以此为基础。与此同时，江户时代后期萌芽的民间信仰受近代宗教教派的影响，大多确立了固定的教主、教义，并建有严密的组织，与依托地缘关系和族缘关系而形成的神社神道以及政府控制下的国家神道有很大区别。如黑住教、神理教、金光教等神道派别都有各自的祭祀神，并且主张祭祀神的唯一性。这就与国家宣扬的天照大神是国民的总祭祀神的理念发生了冲突，因此近代发生了多次日本政府镇压大本教等教派的事件。

日本战败后，近代的天皇主义、国家主义遭到批判，国家神道宣扬的神国观念、天照大神与天皇的关联不再是"二战"后神道思想的主流。神社成为独立的宗教法人，不能再与政治有所关联，因而可以宣扬各自的神灵，主张各自的历史渊源及灵验之处。各个神道教派也成为宗教法人，宣扬各自的教理，有些还与和平、民主等近现代思想相联系，成为具有一定现代特征的宗教派别。

如此看来，日本的神道总是根据政治形势和社会状况不断变换形态。在律令制兴盛时期，神道与国家意识形态紧密结合；在平安时代和镰仓时代佛教兴盛时期，神成为佛、菩萨在日本的垂迹；江户时代儒学盛行后，神道融合了儒学；近代国家主义兴起后，神道呈现出国家主义的面貌；而在"二战"后，和平、民主思想成为主流时，神道又倾向于和平、民主的价值观。然而，尽管神道不断变换形态，但神道的核心并没有发生本质的变化，即神道本体具有一定的稳定性。举例来说，虽然天照大神在两部神道中被解释为大日如来在日本的垂迹，在吉川神道中被解释为智、仁、勇的合体，但无论如何解释，天照大神本身依然是承载这些外来思想的主体。然而，佛教、儒学和近代西方思想对神道的影响并非仅局限于表面，而是在长时间的交融中对神道的内核也产生了一定的影响。"神佛习合"的两部神道、神儒融合的儒学神道自不待言，即使是主张排佛、排儒的唯一神道和国学神道，也未能完全脱离佛教和儒学的影响，而是在佛教的抽象教义或儒学的道德观念的基础上构建了自己的理论体系。可以说，如果剥离了这些外来的思想，日本的神道思想就会失去其基本的逻辑性和内容性。

三 神道祭祀的日益平民化、娱乐化

从祭祀的角度来看，远古时期的日本人就开始对神灵进行想象和显化，并对神灵进行祭祀。日本古代早期各地的统治者也是神道的祭祀者，是连接神与人、彼岸与此岸的通道。统治者带领民众祭祀共同信奉的神灵，通过祭祀者的身份确立在民众中的威望。而他们祭祀的神灵往往是所在氏族的氏族神，有的也是掌控一方的豪族的祖先神。大和朝廷建立统一政权后，统治者仍然通过祭祀来提高威望，确立在国家中的地位。尤其是进入律令制时期以后，祈年祭、镇花祭、神衣祭、三枝祭、月次祭、神尝祭、镇火祭等成为法令规定的国家祭祀。举行国家祭祀时，朝廷会举行规范的祭祀仪式，并要求各国的祝部到神祇官接受奉币，并按照朝廷规定统一祭祀神灵。在国家的推动下，伊势神宫、率川神社等协助国家祭祀的神社获得了较大发展。与此同时，各地依托当地信仰也兴建了许多神社，将当地流传的神灵当作神社的主祭神。只是，在朝廷举行国家祭祀时，这些地方神社必须按照要求祭祀朝廷规定的神灵。这样，各地陆续有了较为灵验且能代表各地信仰特征的神社，如住吉大社、龙田神社、春日大社等。这些地方的神社模仿朝廷的祭祀方式进行祭祀，并由神官管理运营，神道祭祀逐渐规范。

到了平安时代，很多地方的神社也被记入《延喜式》，成为朝廷认定的官国币社中的一员。其中，各地位次最高的神社称作"一宫"，是国司以及地方官最为重视的神社。国司到地方任职时，一般会参拜"一宫"，

进献"神宝"。"一宫"则会为新任国司举行大型祭祀仪式，祈祷国司任职顺利。朝廷方面，将伊势、石清水、贺茂、松尾等二十二个神社作为守护国家的神社，定期举行祭祀，祈祷国家安全昌荣。在旱涝等自然灾害发生时，朝廷还会举行天皇亲临的祭祀。祭祀神方面，在"二十二社制"中，神社中有很多祭祀皇室成员或朝廷官员的氏神，如伊势、石清水等神社祭祀天皇的祖先神，平野、梅宫等神社祭祀桓武天皇母亲家的氏神，春日大社则祭祀摄关家——藤原氏的氏神。

进入中世以后，上述在朝廷、贵族的支持下发展起来的神社有些被庄园主"劝请"为守护庄园的镇守神，有些甚至被自治性较强的惣村"劝请"为村庄的村氏神。人们相信知名的神灵更加灵验，更能保佑人们的安康，所以通过"劝请"知名神而建设的相同名称的神社数量在中世和近世激增，各地出现了很多稻荷神社、熊野神社、白山神社、鹿岛神社、热田神社等等。不仅如此，在神社"御师"等人的宣传和推动下，民众对伊势神宫、熊野大社、住吉大社等知名神社的崇拜意识也日益增强，掀起了多次民众大规模参拜伊势神宫、熊野大社等知名神社的高潮。如江户时代的很多人为了参拜伊势神宫，甚至不惜丢掉工作，瞒着主人偷偷前去参拜。而且，以相同信仰为基础组成的"讲"也在各地兴盛起来，出现了伊势讲、富士讲、稻荷讲等结社。如此，被民众广泛信仰的神社已经不再是单纯守护国家的神社，也不是某个氏族的氏神神社，而是变成了能够满足民众个体心愿、能够实现民众现实愿望的神社。

与此同时，武士阶层所崇拜的神灵也逐渐得到民众的认可，并广泛传播开来。例如，八幡神被源赖信等武士奉为守护神后，各地武士纷纷"劝请"八幡神，兴建八幡神社。在武士阶层信仰的影响下，民众也在各地修建八幡神社。这样，日本全国涌现出数以万计的八幡神社，形成了八幡信仰的热潮。如此一来，八幡神就不再仅是武神的形象，而是成为普通人祈祷交通安全、喜结良缘、金榜题名等日常愿望的守护神。东照宫也曾是武士们尊崇的神社，祭祀德川幕府的开辟者——德川家康。最初，东照宫建在日光，后来各地大名竞相修建东照宫，推动了东照宫信仰在地方的传播。然而，与那些历史悠久的知名神灵相比，近世的"人神"的影响力相对较弱。因此，虽然德川家康死后被视作神灵，但东照宫并未出现伊势神宫参拜那种趋之若鹜的现象。明治政府废除武士制度以后，有些东照宫也随之被废除，近代日本各地的东照宫数量减少到百余座。

在知名神、知名神社的影响下，加上祖先信仰、氏神信仰在民间的传承，江户时代的神道祭祀已经具有很强的民众参与性和娱乐性。祇园祭、神田祭等依托神社而举行的祭祀活动不仅有大量附近居民参与，还有很多外地人慕名而来。与现代祭祀活动相似，人们在祭祀时抬着神轿，跳起神舞，在祈祷农业丰收、平安幸福的同时，尽享祭祀带来的欢乐。村庄的村氏神祭祀虽然大多场面并不宏大，但也是村民们每年神圣且喜庆的活动。祭祀同一神灵的村庄还会联合举行祭祀活动，人们互相协作、分工完成，参与度非常高。而且，各地的民间祭祀大多已经具有了固定的祭祀程序，包括供奉的食物、请神送神的规矩、祭祀者的穿着等等。这些程序和要求大多模仿了朝廷祭祀，是古代朝廷祭祀对民间祭祀影响的重要体现。

经历了被作为国家宗教的近代，神道在"二战"后重新成为人们可以自由信仰的宗教。与"二战"后日本文化的大众性、娱乐性相对应，神道祭祀也更多突出了庆典性和民俗性。节日、季节变化、重要生活事件等成为神道祭祀的契机，使各地的祭祀活动呈现出丰富多彩的特色。这些神道祭祀往往有许多人参与，在增进社区凝聚力、传承文化、增添生活乐趣等方面发挥着重要作用。同时，民俗性的神道活动也融入了日本人的日常生活，建筑祭祀、家庭祭祀等成为民众生活的一部分。朝廷祭祀方面，新尝祭等自古以来传承下来的祭祀仍然按照旧历举行，而祈年祭、月次祭等随着象征天皇制的推行而逐渐变形，有的成为皇室的私人祭祀，有的成为某些神社的祭祀活动。因为现代社会中农业人口已经大大减少，农业产量则主要取决于科技的发展，所以人们对于祈祷农业丰收、风调雨顺的朝廷祭祀的关注也就减少了很多。

总之，与许多日本文化一样，古代日本统治阶层主导的神道祭祀经历了逐渐下沉至民间的过程，最终成为日本民间信仰的一部分。这些神道祭祀最初多带有较强的政治目的，如为了镇守国家、祈祷国家安定等等，祭祀神也多是皇室的祖先神，或是贵族、武士的氏族神。但是，在民间传播的过程中，神道祭祀的政治性逐渐褪去，成为祈祷民众日常愿望的活动，祭祀神的形象也随之变成了与民众能够密切链接的神灵。作为神道祭祀的重要载体,早期的神社也多由朝廷资助和建设,数量很少。但在后世的发展中,各地"劝请"那些统治阶层大力推崇的知名神灵,进而建设了大量相同名字的神社。同时,人们还效仿朝廷或某些知名神社的祭祀方式,从而使神道成为具有相似的祭祀设施、祭祀组织以及祭祀程序的宗教。然而,神道毕竟起源于原始的自然崇拜,最初与政治无关。即便是在强调中央集权、天皇权威的律令制时期,与政治几乎没有关联的民间神道也一直存在,相关的祭祀活动则在民间不断传承。而且,曾被大和朝廷重视的稻荷、丹生、贵布祢等神社本来就是先在民间广为信仰,之后才成为朝廷确定的官国币社。如此看来,很多神道祭祀经历了从民间到统治阶层,之后又从统治阶层再回到民间的过程。

第二节 神道与日本文化

一 神道在日本文化中的角色

按照宗教学的分类方法,神道属于自然宗教,或曰民族宗教。民族宗教建立在一定血缘、地域、文化基础之上,以维护共同体利益为主要目的。其既不同于在世界范围内传播、具有明确创始人和教义、倡导普世价值的创唱宗教,也不同于在狭小的社会集团范围内盛行的未开化的宗教。民族宗教中的民族指的是具有相对共同的文化、语言和历史背景的人群,是民族学、文化学中的民族概念,而并非以国度为区分标准的现代国家概念。因为民族宗教具有自然形成的性格,所以其"既是一切宗教的基础,同时也是比创唱宗教更为古老,较为原始的宗教"[1]。

作为民族宗教的神道,其起源可追溯到远古时期日本先民的自然崇拜,以及强调万物有灵的观念。在其发展的过程,神道吸收了佛教、基督教等创唱宗教的要素,并深受中国儒学的影响。然而,神道并没有被这些宗教和学说完全同化,而是以相对独立和完整的形式与其他宗教并存,至今仍保留有很多日本原始信仰的特征。石田一良曾把神道认为是"不断变换服装的人偶"[2],认为神道不断受到佛教、儒学、基督教等外来

---

[1] [日]村上重良:《国家神道》,聂长振译,商务印书馆1992年版,第7页。
[2] 石田一良:『日本文化史 日本の心と形』,東海大学出版会1989年,第258頁。

宗教的影响，并吸收了很多外来的思想。但是，他认为，无论神道如何更换服装，其本质却没有发生改变。而这种本质就是生出万物的力量，也就是一种生命力崇拜。丸山真男则从"记纪神话"开头部分一连串神出现的叙述中总结出日本人"历史意识的古层"，表述为"持续不断的变而化之的趋势"。他认为，这种趋势作为持续的低音一直流淌于日本人历史意识的底部，其背景是："在地域、民族、语言、水稻种植方式以及与之相联系的聚落、祭祀心态等方面，日本具有和其他文明国家截然不同的同质性，而这种同质性最晚在古坟时代已经出现，而一直延续至今。"[①] 作为思想史的研究大家，二人的思想在很长的一段时间内深刻影响了"二战"后的日本学术界，使很多学者持有"神道＝日本文化的特质"的观点。

从论据的充足性和论证过程等方面来看，这些观点当然有美化神道、夸大神道在日本文化中的作用之嫌，欠缺逻辑推导的严谨性和观点论证的严密性。但是，神道作为本土宗教，的确自古以来就深刻影响着日本人，并没有在外来文化的冲击下消失或断裂。其信众也基本没有超越日本人的范畴，其神灵很少被具有不同文化背景的人群所信仰。第二次世界大战期间，日本人在殖民地兴建了许多神社，企图通过神道来强化殖民统治，但这种信仰却很难被当地原住民所接受，最终在日本战败后，包括神社在内的神道设施在殖民地随之消失。相反，许多日本人移民至外国后，仍然会延续神道的祭祀传统。例如，近代移民至巴西的日本人在有了新的居住地以后，很快就建立起很多神社。至今，巴西的日本人后裔依旧会参拜神社，并举行与日本国内几乎无异的祭祀仪式。

然而，大部分日本人并不自称为神道教徒，也对神道的真正含义不太熟悉。很多学者也认为神道难以被界定为传统意义上的宗教，因为神社神道、民间神道和国家神道并没有明确的教主、圣典和教义，也缺乏规范的组织和固定的教徒群体。实际上，自明治时期以后，出现了一些新的神道教派，如金光教、大理教等。这些教派已具备现代宗教的特征，拥有教主和明确的教义，并且建立了体系化的教会组织。然而，这些教派的信徒数量相对较少，无法与神社神道、民间神道所具有的影响力相

[①] 松沢弘陽、植手通有：『丸山真男集　第十卷』，岩波書店1996年，第7頁。

媲美。与那些神道教派的信徒不同，许多日本人虽然并不主动加入特定的神道组织，却在重要的人生节点和节日庆典时前往神社参拜，也会积极参与当地神社举行的祭祀活动，成为一种不自觉的神道信奉者。

按照民俗学中"日常"和"非日常"的概念来分析的话，神道是日本人非日常文化的重要侧面。"日常"指人们日常生活中的常规、日常性活动和经验，包括人们在日常生活中所从事的劳动、饮食、居住、社交活动等。日常生活是每个人都经历的普通生活状态，它构成了社会中的主要组成部分。"非日常"指的是相对于日常生活而言，与特定时刻、特殊仪式、节日庆典或重要事件相关的活动和经验。这些非日常活动往往在时间、地点、内容、仪式性质等方面与日常生活不同，通常代表着特殊的意义、重要的历史传承，以及社会共同体的价值观和文化认同。通过这些非日常活动，人们在日常生活之外，能够感受到更深层次的情感体验，增进社会凝聚力，并延续着民族的传统与仪式。

对于日本人而言，神社参拜、神道祭祀已经成为他们非日常生活的一部分。日语中的"マツル"（祭祀）指邀请神来到人间享受盛宴，通过款待神的方式提高神的威力。而该词的原义是等候（マツ）神的到来，待神显现后供奉（タテマツル）、服从（マツラフ）于神之意。薗田稔指出："神依附于万物，且具有人不可观看的灵性。人们害怕神的威力，通过祭祀来肯定神的存在。如果人们没有关注神的存在，疏忽了对神的祭祀，神就会作祟让人们知道神的存在。"[①] 也就是说，日本人认为，在日常生活里神隐蔽起来不为人所见，但在非日常的祭祀的日子里，神会显现到人间，接受人们的宴请和供奉，给予人们恩惠，之后再回到隐蔽的地方。

尤其是进入农耕社会以后，日本逐渐形成了以水稻耕作以及衣食住行为主要内容的传统日常文化。但除日常文化以外，日本人还有茶道、花道、佛教、神道等多种多样的非日常文化。其中，"集团主义的稻作农耕是传统日本人的基本生活方式，因此，与此相关程度高的非日常文化

[①] 薗田稔：『文化としての神道　統・誰でもの神道』，弘文堂2005年，第110頁。

必然成为非日常文化的主流"①。尽管原始神道的出现远早于水稻耕作开始的时间，但自从水稻耕作成为日本人主要的生产生活方式以后，神道中就逐渐融入了强烈的农耕的元素。不仅朝廷早就设置了祈年祭、新尝祭等祈祷农业丰收的国家祭祀，民间也在农耕开始前举行欢迎农耕神、祈祷农业顺利的春祭，并在秋收后举行感谢农耕神、送别农耕神的秋祭。人们还将氏神信仰、祖先信仰与农耕相联系，将氏神和祖先视为保佑农业丰收的神灵。因此，与日本人的日常农耕密切相关的神道成为日本人非日常生活的主流内容，是日本人日常生活的重要补充。

随着现代社会的到来，工业化和信息化的快速发展导致从事农耕的日本人数量逐渐减少。然而，神道信仰并未因此而消失，相反，许多神社依然坚持在特定时期举行祈祷农业丰收的仪式，而民众也积极参与其中。当然，神社和神道祭祀并不仅限于农业丰收，自古以来日本就有专门用于祈求武艺精进、工艺进步、学业有成、经营顺利等方面的神社和神灵。这种广泛涵盖各个方面的神道信仰，深刻地渗透到日本人的日常生活中，对于塑造日本的物质文化和精神文化产生着深远的影响。

二 神道与日本人的现世主义

无论是从原始信仰的角度来看，还是从艺术表现、文学作品等角度来看，日本文化都具有典型的现世主义特征。这种特征根源于日本的自然风土，以非超越的原始宗教为背景。众所周知，日本四面环海，由四个大的岛屿和数以千计的小的岛屿组成。土地以山地为主，约占国土面积的70%，众多山脉分割出许多河流，使日本的淡水资源非常丰富。日本国土形状南北狭长，东西较短，但各地基本都属于温带海洋性气候，因此四季分明，降雨充沛。这种地理环境一方面使日本容易遭受台风、地震等自然灾害的侵袭，另一方面也塑造出丰富的森林资源和水产资源，树木繁茂、果实丰富，水域富饶、鱼虾丰富。山河的纵横加上水稻耕作的普及又使日本很早就形成了许多封闭的共同体，共同体内部重视"和"与协调，强调共同体成员的团结一致。

---

① 崔世广：《茶道的特质及其在日本文化中的角色》，《日本问题研究》2021年第4期，第62页。

在自然环境相对优越，共同体环境相对宽松的古代日本，没有出现绝对神、唯一神的信仰。在《古事记》中，最早的神灵——天之御中主神并非像绝对神那样创造了天地，而是出现在天地形成之初。天之御中主神之后的六代神灵也都是被安置在给定的时点上，既不是创造者，也不是被创造者。日本人把现世生活中的具体的愿望投射到对神灵的祈祷，创造出很多具有不同属性和职责的神灵。例如，保佑家庭的有祖先神，守护村落的有村氏神，镇守国家的有皇祖神，还有山神、水神、火神、武神等等。当人们期望避免火灾时，就会向火神或水神祈祷；当渴望农业丰收时，就会向农耕神祈祷；当希望共同体繁荣昌盛、后代延续时，又会向氏神祈祷。诸如此类，人们并不会信仰某一个固定的神，不会让某个神具有绝对的神力，而是根据现实的目的赋予每个神以独特的灵力，使众多的神成为服务于现世的超越的存在。所谓的"八百万神"就是凸显了神道中的神无法计数，反映了服务于人们现实生活的神灵的多样性。由于神灵的灵力与人们现实需求有关，满足的是人们的世俗愿望，因此神的世界和人的世界没有绝对的界限，神灵是相对、具体且富有感情和意志的。例如，在举行神道祭祀时，人们常常会抬着神轿，唱歌跳舞，甚至让人们扮演神灵，让神和人们共同分享美食和欢愉的气氛。

在被奉为神道经典的"记纪神话"中，神灵也被描绘得与现世的人类非常相似。这些神灵拥有与凡人类似的生老病死过程，也体验着喜怒哀乐等情感。例如，伊邪那岐因为伊邪那美的去世而哭泣，速须佐之男命因为与天照大神赌气在大尝殿上捣乱，而天照大神又因为担心速须佐之男命胡闹而躲进岩洞。而且，诸神被视为各个氏族的祖先神，神灵之间的关系反映的正是现世氏族之间的合作与斗争。如此，大和朝廷按照统一各地氏族共同体的过程以及与各个氏族之间的亲疏关系，编写出了带有鲜明政治目的的神话故事。而这些带有明显人类情感和世俗生活式样的神话故事又成为后世的人们编写神道理论的基础，无论是伊势神道，还是唯一神道，都没有真正超越神话故事的世俗性。这一点和伊斯兰教的《古兰经》、基督教的《圣经》有很大区别。在《古兰经》中，真主（安拉）被描绘为至高、至大的存在，超然于人类的感受和情感之上，与人类情感的联系相对有限。而在《圣经·旧约》中，上帝（耶和华）虽然有与人类的互动和情感，但也被描述成无限至高的神，并没有表现出明显的世俗性。

此外，佛教、基督教等宗教通常都会关注人死后的世界，而神道却较少涉及来世，很少谈及死亡的问题，而是把焦点放在现世。许多日本学者曾剖析"记纪神话"和日本的其他神话故事，认为这些神话故事中的死亡象征着重生或新生命的出现，并非生命的终结，从而总结出神道具有生命力崇拜的特征。或许正是因为神道与佛教在互相博弈中逐渐确立了各自的分工，所以神道得以关注人们生存的、现世的世界，而把死后的、来世的问题交由佛教处理。这样，日本人通常会同时信奉神道和佛教，形成了多元宗教的信仰体系。他们在家里同时设置神龛和佛龛，神龛用于祭祀氏神，佛龛用于祭奠逝去的亲人。祈祷农业丰收、结婚生子等现世利益时，前往神社参拜；而在祈求死去亲人的冥福时，又会去寺院祈祷。

如同与佛教各自扮演不同角色、和平共处一样，神道具备与外来文化进行交流和融合的能力。在不同历史阶段，神道总是会根据现实需求和外部形势的变化而不断调整其角色。在佛教盛行、佛教教义在日本受到广泛信赖的平安时代，神道中的神被视为外来佛教在日本的垂迹。当儒家思想兴盛，进而成为日本国家意识形态的江户时代，神又成为伦理道德的典范。而在近代基督教的影响下，许多人模仿基督教教派的组织形式，试图建立一神教的教祖和教义，因此成立了多个神道教派。如此，神道总是根据需求调整，表现出极强的灵活性，同时也因缺乏一贯的思想体系而导致日本思想的碎片化。这也印证了丸山真男所说的"日本缺乏思想的坐标轴"，即日本没有"可以给各个时代的观念和思想赋予相互关联性，使所有的思想立场在与其相关的关系中——即使是通过否定而形成的关系中——力图定立自己的历史地位的那种核心性的或相当于坐标轴的思想传统"[1]。

作为日本的本土宗教，神道表现出来的这种文化特征反映的正是日本人的深层思想逻辑，成为日本人意识的基本结构，深刻影响了日本人

---

[1] ［日］丸山真男：《日本的思想》，区建英、刘岳兵译，生活·读书·新知三联书店2009年版，第4页。

对待事物的态度和认知。日本近代启蒙思想家中江兆民曾尖锐地指出，日本从古至今一直没有哲学，而国家缺乏哲学就好比一间茶室中缺少挂饰，会降低国家的品位。在漫长的历史时期里，日本没有真正本体意义上的哲学讨论，缺乏理论性的、体系性的哲学体系。他们不太擅长形而上学的讨论，即使借鉴了外来的形而上学理论，也容易将其转化为形而下的解释。他们关注感性的、日常经验性的现世，而现世的主要表现就是共同体。

三　神道与日本人的共同体主义

日本地势复杂，群山环绕，河流纵横。在有限适宜水稻种植的土地上，日本各地很早就形成了众多农耕共同体。由于古代交通不便，山川阻隔了不同共同体之间的交流，导致这些共同体具有很强的封闭性。共同体内强调共同体的团结一致，重视成员之间的协调和合作，是可以放松警惕、互相依赖的世界。因为共同体为个人提供生命、生活的保障，古代日本人很早就将共同体的利益视为自己的利益，养成了维护共同体、忠于共同体的伦理观念。与此相对，他们往往认为共同体之外的人和事可能带来灾害，对外部世界十分警惕和排斥。这样，古代日本人形成了界限分明的内外意识，对内强调合作和情感交流，对外则强调竞争甚至斗争。

这种明显的内外有别的共同体意识深刻影响了日本人的宗教信仰，使神道呈现出强烈的共同体主义特征。例如，在"记纪神话"中，伊邪那岐（伊奘诺尊）、伊邪那美（伊奘冉尊）二神出现后，塑造了被认为是日本国家雏形的八大岛。然而，八大岛并不是宏观世界的象征，不具有中国古代所说的天下的开放特征，而是包括近畿地区、中国地方、九州等地在内的区域，与大和朝廷控制的范围基本一致。似乎当时的大和朝廷对其统治区域之外的地区并没有浓厚兴趣，所以将神话中的世界也设置在固定的区域。尽管神话中有神功皇后讨伐新罗等地的故事，但伊邪那岐和伊邪那美所创造的世界并未包含这些地域。相比之下，天照大神将后代统治的八大岛称作"水穗之国""瑞穗之国"[①]，这里的"水穗"

[①] 《古事记》和《日本书纪》中对八大岛的称呼不一样，《古事记》中写作"苇原中国""水穗之国"，而《日本书纪》中写作"丰苇原千五百秋瑞穗国"等。

和"瑞穗"指代富饶水源灌溉下茁壮生长的水稻，说明其主宰的区域是以稻作为核心的固定领域，即大和朝廷兼并其他共同体后形成的更大规模的农耕共同体。

然而，大和朝廷并没有消灭其他氏族共同体，而是在保留了其基本结构的基础上将这些共同体并入大和朝廷的管辖范围之内。因此，各地共同体内的成员结构、成员关系依旧存在，"记纪神话"中的神依旧是各地共同体的守护神。如同共同体的首领一样，神道中的神都有各自管辖和控制的区域，其功能在空间上具有一定的界限，一般不能超出其管控的领域之外。祖先神守护家的安宁和祥和，氏族神则庇佑氏族共同体的稳定与发展。村落神保佑村庄共同体的延续和繁荣，藩国神则守卫藩国的平安与繁荣。而皇祖皇灵则指向更大范围的日本国家，是日本国家这个共同体的守护神。总之，以共同体为基础构建的日本社会中，神道中的神成为具有一定空间限制、拥有固定人群信仰的集团崇拜对象。这决定了日本的神是具体的、相对的，而不是面向世界和人类开放的、具有普遍性格的神，[①] 同时也决定了日本的神服务于共同体的具体利益，带有浓厚的人情味。

丸山真男在论述日本人伦理意识的"古层"[②] 时曾指出，日本人伦理意识的重要特征是共同体的功利主义和情感的纯粹显露。共同体的功利主义不同于以个人为单位的功利主义，其评价标准是对于共同体是否有利，即是否符合共同体的实际利益。这种标准关注固定的共同体，是一种共同体下的"特别主义"[③]。同时，丸山真男认为日本人情感的显露源自内在动机，具有纯粹性、绝对性的特征。但是，当情感的绝对性和共同体主义的相对性交织在一起时，日本的伦理观念就难以形成普遍的、具有超越性的规范。最终，情感表达常常围绕着共同体的需要、价值观

---

① 崔世广：《日本传统文化的基本特征——与西欧、中国的比较》，《日本学刊》1995年第5期，第112页。

② "古层"本是地质学的概念，丸山真男用其比喻日本思想的最底层。他认为，尽管日本不断接受佛教、儒教、基督教、自由民主主义等外来思想，但这些思想并没有改变日本的"古层"，而是不断地堆积在上面。

③ 丸山真男：『丸山真男講義録（第7冊） 日本政治思想史1967』，東京大学出版会1998年，第66页。

和期望展开，以维护共同体的安定与和谐。这样，日本人不仅在现实生活中将价值判断以及情感表达指向共同体，而且在神道祭祀中也不断突出这一点。举行神道祭祀时，共同体成员手舞足蹈、尽情狂欢，试图毫无保留地向神表达情感。他们相信神和人一样，能吃能喝、能歌能舞，喜欢与共同体成员一起欢乐。如此，日本人追求与神灵建立亲近的情感联系，渴望体验神与人之间的亲密感，致力于实现神与人相通、人与神相融的感觉。

但是，神毕竟是日本人心目中超越的存在，被视为具有人所不具备的德行和力量。本居宣长曾在分析《古事记》之后，指出日本的神具有卓越的"美德"，并令人敬畏。虽然"美德"的描述在某种程度上美化了日本神道，但古代日本思想中的"清明心"等赞美日本人的词汇确实源自思想家对古代神话的分析。而这种具有一定超越性格、拥有超出人的能力和"美德"的神就成为维护日本共同体正常运转的重要工具，是防止人与人、共同体与共同体之间冲突的重要手段。在古代共同体之间发生矛盾，并无法解决时，人们就会通过抽签等方式祈求神的裁决。而每个共同体也会定期举行祭祀活动，通过人们对神的畏惧来规范共同体成员的行为。同时，在祭祀过程中加深人们对共同体合作的认同感，并让他们不断确认共同体内部的人际关系以及自己在共同体内的位置。

总之，共同体的相对性、封闭性的特点赋予了神道关注共同体、服务共同体的特征，使神道信仰不具有绝对神、唯一神信仰的普遍性和开放性。然而，随着历史的演变，特别是现代化、城市化的推进，日本人逐渐从共同体中被"析出"①，呈现出个体性、独立性的特征。这样，个人向神祈祷个人得失的现象也就更为普遍，神道的共同体性格也随之弱化。但是，即使在今天，神道祭祀仍然主要以共同体为单位举行，氏神、祖先等，象征氏族（社区）共同体、家共同体的认识也没有发生实质性的改变。而在传统日本文化中，共同体利益往往被认为是最重要的现世。

---

① 丸山真男曾在论文「個人析出のさまざまなパターン」（細谷千博編訳：『日本における近代化の問題』，岩波書店1968年）中指出，日本的现代化过程是个人逐渐脱离共同体的过程，而脱离共同体的方式有个人化、民主化、私事化、原子化四种方式。

因此，神道的共同体主义特征与对现实生活的强烈关注相互交织，形成了一种强调共同体和亲情关系的信仰体系，从而进一步凸显了其现世主义特征。

参考文献

中文文献（按出版时间）

［日］安万侣：《古事记》，邹有恒、吕元明译，人民文学出版社1979年版。

［日］村上重良：《国家神道》，聂长振译，商务印书馆1992年版。

范景武：《神道文化与思想研究》，内蒙古人民出版社2001年版。

［罗马尼亚］米尔恰·伊利亚德（Mircea Eliade）：《神圣与世俗》，王建光译，华夏出版社2002年版。

王维先：《日本垂加神道哲学思想研究》，山东人民出版社2004年版。

程颢、程颐著，王孝鱼点校：《二程集》（上），中华书局2004年版。

［英］爱德华·泰勒：《原始文化——神话、哲学、宗教、语言、艺术和习俗发展之研究》（重译本），连树声译，广西师范大学出版社2005年版。

［日］梅原猛：《世界中的日本宗教》，卞立强、李力译，四川人民出版社2006年版。

王金林：《日本神道研究》，上海辞书出版社2007年版。

［日］佚名：《万叶集》，赵乐甡译，译林出版社2009年版。

［日］丸山真男：《日本的思想》，区建英、刘岳兵译，生活·读书·新知三联书店2009年版。

王守华、王蓉：《神道与中日文化交流》，河北人民出版社2010年版。

李卓：《"儒学国家"日本的实像》，北京大学出版社2013年版。

［日］苅部直、片冈龙等：《日本思想史入门》，郭连友、李斌瑛等译，外语教学与研究出版社2013年版。

［日］义江彰夫：《日本的佛教和神祇信仰》，陆晚霞译，商务印书馆

2018 年版。

［日］舍人亲王：《日本书纪》，四川人民出版社 2019 年版。

［日］清水正之：《日本思想全史》，王丹译，九州出版社 2020 年版。

日文文献（按出版时间）

京都史蹟会編纂：『林羅山文集』，弘文社 1930 年。

賀茂真淵等著：『大日本思想全集第九巻　賀茂真淵集・本居宣長集：附橘守部・上田秋成』，大日本思想全集刊行会 1935 年。

佐伯有義校訂：『吉川神道』，大日本文庫刊行会 1939 年。

林道春著、宮地直一校注：『本朝神社考　一、二』，改造社 1942 年。

柳田国男、中野重治：『柳田国男対談集』，筑摩書房 1947 年。

原田敏明編纂：『神道思想　近世』，神宮皇学館惟神道場 1949 年。

塙保己一：『群書類従第二輯　神祇部』，続群書類従完成会 1959 年。

山田孝雄、山田忠雄、山田英雄、山田俊雄校註：『日本古典文学大系 24　今昔物語集（三）』，岩波書店 1961 年。

亀井勝一郎編集・解説：『現代日本思想大系 5　内村鑑三』，筑摩書房 1963 年。

国史大系編修会：『国史大系（第 4 巻）　日本三代実録』，吉川弘文館 1966 年。

石田一良編集：『日本の思想 14　神道思想集』，筑摩書房 1972 年。

平重道、阿部秋生校註：『日本思想大系 39　近世神道論　前期国学』，岩波書店 1972 年。

黒板勝美、国史大系編修会編集：『新訂増補国史大系〈普及版〉　日本三代実録前篇』，吉川弘文館 1973 年。

田原嗣郎、関晃、佐伯有清、芳賀登校註：『日本思想大系 50　平田篤胤　伴信友　大国隆正』，岩波書店 1973 年。

柳田国男：『柳田国男全集 27』，筑摩書房 1977 年。

岩佐正、時枝誠記、木藤才蔵校註：『日本文学大系 87　神皇正統記　増鏡』，岩波書店 1978 年。

山田昭次：『近代民衆の記録 6　満州移民』，新人物往来社 1978 年。

日本古典学会：『新編　山崎闇斎全集』，ぺりかん社 1978。

松前健：『講座　日本の古代信仰第 2 巻　神々の誕生』，学生社 1979 年。

三枝博音、清水幾太郎：『日本哲学思想全書第 10 巻　宗教 神道篇・キリスト篇』，平凡社 1980 年。

大隅和雄校注：『日本思想大系 19　中世神道論』，岩波書店 1982 年。

井上光貞、関晃、土田直鎮、青木和夫校注：『日本思想大系 3　律令』，岩波書店 1982 年。

石井進、石母田正、笠松宏至、勝俣鎮夫、佐藤進一校注：『日本思想大系 21　中世政治社会思想（上）』，岩波書店 1982 年。

石田一良、金谷治校注：『日本思想大系 28　藤原惺窩　林羅山』，岩波書店 1982 年。

黒板勝美編輯：『国史大系第 3 巻　続日本後紀』，吉川弘文館 1983 年。

平重道：『神道大系　論説篇 10　吉川神道』，神道大系編纂会 1983 年。

黒板勝美編輯：『国史大系第 2 巻　続日本紀』，吉川弘文館 1984 年。

西田長男校訂：『神道大系　論説篇 8　卜部神道（上）』，神道大系編纂会 1985 年。

石田一良：『日本文化史　日本の心と形』，東海大学出版会 1989 年。

柳田国男：『柳田国男全集 14』，筑摩書房 1990 年。

松沢弘陽、植手通有：『丸山真男集　第十巻』，岩波書店 1996 年。

柳田国男：『柳田国男全集 13』，筑摩書房 1997 年。

玉懸博之：『日本中世思想史研究』，ぺりかん社 1998 年。

丸山真男：『丸山真男講義録（第 7 冊）　日本政治思想史 1967』，東京大学出版会 1998 年。

国学院大学日本文化研究所：『神道事典』，弘文堂 2004 年。

薗田稔：『文化としての神道　続・誰でもの神道』，弘文堂 2005 年。

小松和彦：『神になった人びと　日本人にとって「靖国の神」とは何か』，光文社 2006 年。

国立歴史民俗博物館：『国立歴史民俗博物館研究報告』（141 巻），佐倉：国立歴史民俗博物館 2008 年。

神道文化会：『自然と神道文化 1　海・山・川』，弘文堂 2009 年。

神道文化会：『自然と神道文化 2　樹・火・土』，弘文堂 2009 年。

田尻祐一郎：『江戸の思想史　人物・方法・連環』，中央公論新社 2011 年。

高橋美由紀：『神道思想史研究』，ぺりかん社 2013 年。

島田裕巳：『靖国神社』，幻冬舎 2014 年。

井上寛司：『「神道」の虚像と実像』，講談社 2016 年。

島田裕巳：『「日本人の神」入門　神道の歴史を読み解く』，講談社 2016 年。

西牟田崇生：『祝詞事典　平成新編　増補改訂版』，戎光祥出版 2017 年。

新谷尚紀：『氏神さまと鎮守さま　神社の民俗史』，講談社 2018 年。

苅部直、片岡龍：『日本思想史ハンドブック』，新書館 2018 年。

宮家準：『修験道　その歴史と修行』，講談社 2018 年。

岡田荘司：『日本神道史』，吉川弘文館 2019 年。

末木文美士：『日本宗教史』，岩波書店 2020 年。

伊藤聡：『神道とは何か　神と仏の日本史』，中央公論新社 2021 年。

佐藤弘夫：『日本人と神』，講談社 2021 年。

瓜生中：『よくわかる山岳信仰』，KADOKAWA 2022 年。